Vámbéry, Hermann

Etymologisches Woerterbuch der turko-tatarischen Sprachen

Vámbéry, Hermann

Etymologisches Woerterbuch der turko-tatarischen Sprachen

Inktank publishing, 2018

www.inktank-publishing.com

ISBN/EAN: 9783750122635

ETYMOLOGISCHES WÖRTERBUCH

DER

TURKO-TATARISCHEN SPRACHEN.

EIN VERSUCH

ZUR DARSTELLUNG DES FAMILIENVERHÄLTNISSES DES TURKO-TATARISCHEN WORTSCHATZES.

VON

HERMANN VÁMBÉRY,

ORD. ÖFFENTL. PROFESSOR DER ORIENTALISCHEN SPRACHEN UND LITERATUREN AN DER KÖNIGL. UNIVERSITÄT ZU BUDAPEST.

LEIPZIG:
F. A. BROCKHAUS.

1878.

MEINEM GEEHRTEN FREUNDE

HERRN

Dr. OTTO BLAU

GENERALCONSUL DES DEUTSCHEN REICHS IN ODESSA

DEM UNERMÜDLICHEN UND GELEHRTEN FORSCHER AUF SO VIELEN GEBIETEN DES ORIENTALISCHEN WISSENS, DER DIE PHILOLOGIE, ARCHÄOLOGIE UND GESCHICHTE TURANISCHER UND SEMITISCHER VÖLKER IN GLEICHER WEISE BEREICHERT HAT

WIDME ICH DIESE BLÄTTER.

VORWORT.

Eine etymologische Darstellung des türkisch-tatarischen Wortschatzes auf Grund der vergleichenden Sprachwissenschaft ist in Anbetracht der Durchsichtigkeit des zu behandelnden Stoffes einerseits wol minder schwer als ein ähnliches Vorhaben auf dem Gebiete der arischen oder semitischen Sprachen, andererseits aber auch mit mehr Gefahren verbunden, weil man durch häufige allzu grosse Aehnlichkeit des lautlichen Grundstoffs auf der bekanntermassen sehr schlüpfrigen Bahn des Etymologisirens in solche Irrthümer verfällt, die bei mehr complicirten und nicht so leicht zu durchblickenden Sprachelementen schon deshalb leichter vermieden werden können, weil man dort den Irrlichtern einer täuschenden Analogie weniger ausgesetzt ist und auf dem holperigen Terrain bedachtsamern Schrittes einherschreiten muss. Was aber die Etymologie auf dem Felde turko-tatarischer Sprachen am meisten erschwert, das ist der absolute Mangel an ältern Sprachdenkmälern, d. h. es fehlt uns der Einblick in jenes Verhältniss des Uebergangsstadiums, in welchem, um z. B. von den arischen Sprachen zu sprechen, die classischen Sprachen zum Sanskrit stehen. Obgleich man von der Idee, das Sanskrit als eine Muttersprache zu betrachten, schon längst abgekommen ist, so steht dennoch seine grosse Wichtigkeit als Medium zur klaren Darstellung des lautlichen und begrifflichen Verwandtschaftsgrades ausser Zweifel und leistet im Verein mit dem vergleichenden Studium der neuern Schwestersprachen unendlich viel zur Erkenntniss des gesammten arischen Sprachgebiets. Einen solchen Factor nun vermissen wir im Turko-Tatarischen gänzlich. Es fehlt uns ein diesbezüglicher Anhaltspunkt, weil erstens das Türkische infolge der

Culturzustände des Türkenvolks wenig oder selten geschrieben wurde und mit dem Titel einer Schriftsprache nur sporadisch und nur zeitweise belegt werden kann, und zweitens das älteste uns bisher bekannte Monument, nämlich das Kudatku Bilik, aus dem Jahre 1069 stammt, somit nur achthundert Jahre alt ist und noch lange nicht bis zu jenem Zeitpunkte hinaufreicht, in welchem eine solche Völkergruppirung sich vermuthen lässt, die von der heute uns bekannten wesentlich verschieden wäre. Auch ist ferner nicht zu übersehen, dass ein zwischen dem erwähnten Sprachmonument und dem heutigen Uigurischen, d. h. der Sprache Ostturkestans, angestellter Vergleich für die auffallende Stabilität des Türkischen spricht; denn während der Text des Kudatku Bilik jedem Ostturkestaner, ja dem Mittelasiaten im Allgemeinen leicht verständlich ist, lässt sich z. B. von der Sprache der Nibelungen und dem heutigen Deutsch, obwol der Zeitabstand nicht so gar sehr verschieden ist, doch nicht das Gleiche behaupten. Wir können daher im besten Falle bis heute nur das Uigurische und namentlich die Sprache des Kudatku Bilik als das Sanskrit des Türkischen hinstellen und sind im übrigen auf jenen schwachen Leitfaden angewiesen, den die geschichtliche Ueberlieferung von stattgefundenen neuern Völkergruppirungen uns bietet.

Vor allem wollen wir das türkische Sprachgebiet in zwei Haupttheile, und zwar in ein nördliches und in ein südliches theilen, indem wir zu ersterm, das von der Lena bis zum Jenisei, richtiger bis zu den nördlichen Ausläufern des sajanischen Gebirges sich erstreckt, das Jakutische und Koibal-Karagassische sammt den nächst verwandten Dialekten rechnen, zu letzterm hingegen alle die einzelnen Ringe der langen Kette türkischer Sprachen, die vom Innern Chinas bis zur Donau in südwestlicher Richtung sich hinziehen. Beide Theile lehnen sich, was Form und Stoff anbelangt, aus Mongolisch-Mandschuische an, doch da wir die Etymologie des speciell Türkischen und nicht der ganzen Sprachenfamilie uns als Ziel gesteckt haben, so musste vorderhand von diesen äussersten östlichen Gliedern auch schon deshalb abgesehen werden, weil erstens ein solches Vorhaben den Rahmen unserer Arbeit allzusehr erweitern würde, und zweitens, weil nach unserm Bedünken das Mongolisch-Mandschuische, was die eigentliche Volkssprache anbelangt, dem Forscher noch nicht so handgerecht dargelegt ist als das Türkische. Auch ist das Verhältniss der Analogie unter den einzelnen Gliedern des eigentlichen türkischen Sprachenkörpers ein viel innigeres als zwischen letztern und dem Mongolischen, und als einzelne prägnant hervortretende Verbindungspunkte können nur die äussersten Spitzen auf dem östlichen Grenzgebiete, nämlich das Uigurische, Altaische und Jakutische, genannt werden. Ob nun aus diesen Momenten eines engern Anschlusses ans Mongolisch-Mandschuische im letztern die älteste Quelle oder der primitivste Theil der ganzen Familie zu suchen sei, dafür liegen bisjetzt noch keine sichern Belege vor. In Betracht des Umstandes, dass auf einer Wanderung von Westen nach Osten Form und Stoff sich überall reiner erhalten haben, wäre vielleicht eine solche Annahme gerechtfertigt, wenn eben diese Theorie der geographischen Ausdehnung nicht beträchtliche Ausnahmen zeigte, so z. B. das Čuvaschische, dessen Lautlehre in manchen Stücken auf ein höheres Alter hindeutet als selbst das Uigurische. Mit strenger Consequenz lässt sich daher aus dem geographischen und historischen Verhältniss allein auf das höhere oder geringere Alter der verschiedenen Zweige noch nicht schliessen, und es geschicht demnach nur mit Berücksichtigung der Bildungsstadien und der mit denselben zusammenhängenden gesellschaftlichen Bedingungen der betreffenden Völker, dass wir über die Altersverhältnisse einigen Aufschluss erhalten können.

Wir wollen daher vom Türkischen der Nomaden und vom Türkischen der sesshaften Bevölkerung sprechen. Sowie bei letzterm das Uigurische, so muss bei ersterm das Altaische als derjenige Theil der Türkensprache betrachtet werden, der infolge eines primitivern Form- und Wortschatzes in einem verhältnissmässig ältern Gewand sich erhalten hat und bei etymologischen Untersuchungen von demselben Werthe ist wie das Uigurische in der Schriftsprache. Von diesen beiden Endpunkten in westlicher Richtung ausgehend, werden wir bei ersterm, d. h. zwischen dem Kara-Kirgisischen, Kazakischen, Turkomanischen und der Sprache der Jürüks in Anatolien, denselben Abstufungen begegnen wie beim zweiten Theile, d. h. zwischen dem Čagatai, Kazanisch-Türkischen, Azerbaižanischen und Osmanischen. Ueberall haben ähnliche Ursachen ähnliche Folgen hervorgebracht, denn wie in der Sprache der Nomaden gezwungene oder freiwillige Wanderungen, ein stärkerer oder schwächerer Verkehr mit der sesshaften Bevölkerung bleibende Erinnerungen zurückgelassen haben, so trägt auch die Sprache der Sesshaften merkliche Spuren des zeitweiligen fremden Cultureinflusses, ja sogar jeder etwaigen Regung des gesellschaftlichen und staatlichen Lebens. Wenn daher, wie Radloff*) richtig bemerkt, die Dialekte Südsibiriens und der dzungarischen Steppe von dem entstellenden Einflusse des Islam sich freier erhalten haben, weil die meisten dieser Stämme noch heute dem ursprünglichen Schamanenglauben anhängen und mit Mohammedanern nie in engere Berührung gekommen sind, so können wir andererseits nicht übersehen, dass die Kara-Kirgisen z. B. trotz ihrer schon alten Anhänglichkeit an den Islam infolge der seclusiven Existenz in den Thälern des Altai-Gebirges dem fremden moslemischen Einflusse gegenüber sich strenger zu verschliessen vermochten als die Kazaken und Karakalpaken im Norden der Chanate. Und so verhält es sich auch mit der Schriftsprache. Im Ḳudatḳu Bilik ist eine verschwindend kleine Anzahl arabisch-persischer Worte anzutreffen, selbst Allah und Pejgamber sind meist durch Tengri und Jolauč ausgedrückt.

Im Čagatai, d. h. im Türkischen der Chanate, von dem wir vor Baber und Mir Ali Šir nur wenig wissen, haben die periodisch sich zeigenden türkisch-nationalen Regungen lebhafte Eindrücke zurückgelassen, und während das Azerbaižanische, Turkomanische und Osmanische vor dem Mongoleneinfall dialektisch noch gar nicht getrennt waren, finden wir heute an jeder einzelnen benannter Sprachen all die Merkmale der socialen und ethnischen Constellationen treu ausgeprägt. Auch im Nordwesten des türkischen Sprachgebiets sind gleiche Wahrnehmungen zu machen. Das Türkische im heutigen Südrussland, welches nach Dr. O. Blau's gelehrter Abhandlung über die Kumanen wol niemand mehr als die Sprache eines mit den Mongolen eingewanderten Türkenstammes ansehen wird, zeigt einerseits unverkennbare Spuren des osttürkischen Sprachenzweigs, ja es hat dieselben viel treuer erhalten als die um Jahrhunderte später ins südlichere Asien eingedrungenen Schwestern, während andererseits die Religionsverschiedenheit nicht ohne Folgen blieb, denn der Dialekt der

*) Proben der Volksliteratur der türkischen Stämme Südsibiriens, I. Theil (Text), S. XIII.

Kerećen *) (christlichen Tataren), auf den der arabisch-persische Einfluss keine so starke Wirkung hatte, ist verhältnissmässig reiner und primitiver als das Kazanische und Nogaische.

In Ermangelung eines concreten Beweises zur Annahme einer Muttersprache können wir daher nur die schon erwähnten zwei Schlussglieder im Osten, nämlich das Uigurische und Altaische, als die ältesten Schwestersprachen hinstellen, um bei den etymologischen Forschungen das Gesammtgebiet in allen seinen Theilen und Winkeln mit gleicher Achtsamkeit zu durchforschen. Trotzdem die Divergenz der einzelnen Glieder bisweilen von solcher Natur ist, dass dieselben eher für Dialekte als für Schwestersprachen angesehen werden könnten, musste bei Erörterung der Stammsilben doch jene Reihenfolge befolgt werden, welche der klaren Darstellung des lautlichen und begrifflichen Zusammenhangs am besten entsprach, und die Grundsätze, an die ich mich bei Ausarbeitung meines Buches hielt, glaube ich in Folgendem zusammenfassen zu können.

A. Die Stammsilbe.

1) Ob das sogenannte Stoffwort in den turko-tatarischen Sprachen als Wurzel oder vorderhand nur als Stammsilbe hingestellt werden soll, ist eine Frage, die noch immer einer definitiven Entscheidung harrt. Ich meinerseits wäre geneigt, vorsichtshalber bisjetzt nur Stammsilben anzunehmen, da Beispiele vorliegen, in welchen die Wurzel aus dem Grundworte und einem später hinzugekommenen Affixe in solcher Weise entstanden, dass eine Enttäuschung nur nach tieferm Einblicke möglich ist. So ist z. B. ***um*** oder ***un*** (Mehl) von ***og-ov*** (reiben, zerquetschen) nur eine Zusammenziehung des *ogum*, *ovum*, *óum*, und als eigentliche Wurzel kann beim türkischen Wort für Mehl nur *u* genommen werden. Ebenso verhält es sich mit ***eś*** (Geführte) von ***ek*** (paaren, gesellen), *cgiś*, *čiś*, *eś*; ***koś*** (zusammenlegen, hinzufügen) von *koj-uś*, *kóuś*; ***jum-śaḳ*** (weich, mürbe), eigentlich *jogum-śaḳ*. *jóum-śaḳ* (zerrieben) von ***jog***

*) Vgl. Bálint, Kasáni-tatár Szotár; ferner Pervli Opit Slovarja narodno-tatarskago jazika (Kasan 1876).

(kneten); *jaś* (leise) von *javaś*, *jâaś* u. s. w. Die Zahl der hier angeführten Beispiele ist leicht zu vervielfältigen, es ist daher die Annahme einer Stammsilbe anstatt einer Wurzel zur Genüge gerechtfertigt.

2) Ihrer Beschaffenheit nach ist die Stammsilbe entweder triliteral oder biliteral, besteht aber auch in einigen Fällen aus einem einzigen Vocale, vor welchem der anlautende oder auslautende mit der Zeit verschwunden ist. Triliterale Stammsilben sind ***bar*** (geben), ***ber*** (geben), ***köl*** (See); biliterale sind ***ać*** (öffnen), ***il*** (binden), ***öl*** (nass), ***eñ*** (weit) und schliesslich einsilbige ***u*** (Schlaf), ***u*** (Netz).

3) Bei näherer Betrachtung des zwischen triliteralen und biliteralen Stammsilben existirenden Verhältnisses werden wir bald zur Ueberzeugung gelangen, dass letztere nur später entstanden, und zwar nach Verlust des anlautenden Consonanten, folglich nur eine secundäre Form, die triliteralen hingegen die primäre Form repräsentiren. Dies wird am besten aus folgender Zusammenstellung ersichtlich, in der die betreffenden Beispiele bald aus dem Wortschatze einer und derselben, bald wieder aus verschiedenen, untereinander eng verwandten Sprachen genommen wurden, bei deren Uebersetzung nicht der genaue, sondern der allgemeine Begriff vor Augen gehalten wurde. Man vergleiche zu diesem Behufe folgende 47 Stammsilben miteinander.

ać-ćać, ćeć (öffnen).
ag-bag (Netz, Gebinde).
ajt-hajt (treiben).
alau-jalau (Flamme).
al-tal (nieder, unter).
am-ḳam (Medicin).
ar-jar (arm, mager).
aralaś-ḳaralaś (Wirrwarr).
aś-ḳaś (Gewinnst).
aś-ḳaś (reiben).
az-jaz (fehlen, irren).
egir-tegir (kreiseln, drehen).
ege-jege (Herr, Besitzer).
ek-tek, taḳ (hinzufügen).
et-tat (gut, friedlich).
em-meme (Brust, saugen).
eñ-keñ (weit, bequem).
ik-jik (abnehmen).
ile-bile (mit).
il-jil (Jahr).
inć-tinć (ruhig, still).
inźu-jinźu (Perle).
ip-jip (Seil, Strick).
it-jit (anlangen).
il-jit (Geruch).
iś-tiś (innen).
lm-ḳlm (rühren).
ili-jili (warm).
ir-jir (singen).
igi-jigi (weinen).

iz-kiz (heiss, warm).
iš-jiš (hell).
ol-bol (sein, werden).
ong-jak, sak (recht, gut).
or-bor (früh, zuerst).
ot-vot (Feuer).
ok-jok (oben, hoch).
osuk-bosuk (wüst).
öl-höl (nass, feucht).
öč-köč (Groll).
öl-böl (theilen).
ögri-bögri (krumm).
örsele-törsele (zerstückeln).
ömek-kömek (Hülfe).
uzun-vurun (lang).
üz-jüz, jüš (oben, auf).
ur-vur (schlagen).

4) Das gegenseitige Verhältniss der Biliteralen zu den Triliteralen tritt weniger im Bereiche einer und derselben Sprache als vielmehr bei mehrern Schwestersprachen zu Tage. So liebt das Čagataische in gewissen Fällen den consonantalen Anlaut beizubehalten, während das Osmanische sich schon desselben entledigt hat. So *bol-ol, keng-eñ, bile-ile* u. s. w. Hierher gehört auch das vielfach vorkommende Verschwinden des *v*-Anlauts im Jakutischen, während es im Čuvaschischen eine ganze Anzahl solcher labial anlautender Wörter gibt, die anderswo nur als biliterale bekannt sind; z. B. *vul-ol* (er), *vudur-otuz* (dreissig), *vugur-ogus* (Ochs) u. s. w. Der Umstand, dass in den von der alten Heimat entferntern und dem fremden Einfluss mehr unterworfenen Sprachen die Absorbirung des Anlauts häufiger vorkommt, hat uns bestimmt, in den Triliteralen eine primäre und in den Biliteralen eine secundäre Form anzunehmen.

B. Lautverwechselung.

5) Nach dem, was Böhtlingk in seiner Grammatik des Jakutischen mit so viel Scharfsinn und Gelehrsamkeit von der Lautlehre der turko-tatarischen Sprachen gesagt, wäre es schwer, hier wesentlich Neues vorzubringen. Es geschieht daher nur behufs eines bessern Verständnisses unseres eigenen Vorgehens, dass wir hier einige allgemeine Bemerkungen vorausschicken.

6) Bei näherer Betrachtung jener Regel, welche die Lautverwechselung in den turko-tatarischen Sprachen befolgt, werden wir sofort wahrnehmen, dass a) die Norm, welche bisher im Kreise einer und derselben Sprache beobachtet wurde, im gegenseitigen

Verhältniss der verschiedenen Schwestersprachen ihre volle Gültigkeit erlangt, ja in vielen Fällen ist es eben der vergleichende Ueberblick des Ganzen, aus welchem die betreffende Regel sich aufstellen und bestimmen lässt. Während z. B. die Verwechselung des *j* mit *t* als Anlaut im speciell Türkischen sich nur vermuthen lässt (vgl. *jok-tok*), finden wir im Uigurischen und Jakutischen dieses Verhältniss schon mehr ausgedrückt, und im Koibal-Karagassischen, wo jeder türkische *j*-Anlaut durch *d'* und *t'* (lies *dj, tj,* magy. *gy, ty*) wiedergegeben ist, lässt sich sozusagen der Uebergangspunkt dieser beiden Laute erkennen. b) Bei Consonanten unterliegt der Anlaut weniger Veränderungen als der Auslaut, wogegen die Vocale, sei es als Anlaut in den Biliteralen oder als Inlaut in den Triliteralen, so häufigen Veränderungen unterworfen sind, dass sogar in manchen Fällen die sonst streng durchgeführte Regel der Euphonie unberücksichtigt gelassen und oft eine und dieselbe Stammsilbe hier mit hartlautigen, dort wieder mit weichlautigen Vocalen angetroffen wird; z. B. *ana - ene* (Mutter), *aitmak - eitmek* (sagen), und eine grosse Anzahl mit *o* oder *u* theils an-, theils inlautende Stammsilben, die in *ö* und *ü* sich verwandeln. c) Bei biliteralen Stammsilben ist die Verwechselung des Auslauts viel seltener als bei den triliteralen.

7) Da die Veränderung der Vocale, sei es im engern Kreise einer und derselben Sprache oder auch im Bereiche der ganzen Familie, keine solche ist, um bei Darstellung der lautlichen Analogie besondere Schwierigkeiten zu verursachen, so wollen wir uns vorzüglich mit den Consonanten beschäftigen, bei denen die Lautverwechselung oft so stark ist, dass der Anlaut einer Stammsilbe fast in allen Variationen derselben Gruppe vorkommt.

8) Den meisten Veränderungen sind die Gutturale, der stärkste Theil des consonantalen Vorraths im Turko-Tatarischen, unterworfen, und zwar im Auslaute viel mehr als im Anlaute. Als Anlaut, bezüglich dessen nebenbei bemerkt im Osten die Gutturalisation fast durchweg stärker ist, indem wir dort ein scharf aspirirtes *ch* *) vorfinden, wo die Osmanen sich eines einfachen *k* bedienen

---

*) Ich habe dieses *ch* daher durchgängig in *ḳ* transscribirt und selbst dort keine Ausnahme gemacht, wo z. B. Böhtlingk des *χ* und Castrén des *x* sich bedient.

dienen, ist *ḳ* folgenden Veränderungen unterworfen: a) *ḳ = h*, vgl. *kop-hep* (alle insgesammt), *köl-höl* (See, Nässe); b) *k = ć, ś*, vgl. *ḳaḳ-ćaḳ* (schlagen, hauen), *ḳaḳ-śaḳ* (dürr, trocken). Was hinsichtlich der verschiedenen Grade der Gutturalisation des *ḳ* als Anlaut gesagt wurde, das gilt in noch höherem Grade von seiner Eigenschaft als Auslaut. Auch hier ist im Westtürkischen nach stattgefundener Affixirung eine Erweichung zu bemerken, ja in einigen Fällen ist das *ḳ* gänzlich verschwunden. Vgl. uig. *sariḳ*, *ḳuruḳ* und *jaḳ* mit osm. *sarî* (gelb), *ḳuru* (trocken) und *jaa* (Fett); ferner uig. *aḳ-ir* (schwer), *ḳaḳ-urmaḳ* (rösten) mit osm. *air*, *ḳaurmaḳ*. In einigen Sprachen, wie im Kazanischen und Altaischen, ist das Verschwinden des auslautenden *ḳ* vor einem Affix beinahe zur Regel geworden, und so oft wir einem Diphtongen begegnen, können wir beinahe immer die Absorption des in der Stammsilbe vorhanden gewesenen Gutturals vermuthen. Nicht selten ist auch die Erweichung des auslautenden *k* in *g*, *j* und *v*. So: *dök-mek*, *dög-mek*, *döj-mek* und *döv-mek* (schlagen, hauen), *tök-rek*, *töj-erek*, *töv-erek* (Runde, Kreis, herum), *ḳog-maḳ*, *ḳov-maḳ* (treiben, jagen) u. s. w. Das auslautende *k* wechselt noch mit *b* oder *p*, z. B. *ek-üb* (zufügen), und schliesslich muss die Nasalirung des auslautenden *ḳ* oder *k* erwähnt werden, wie wir solche in *ok-ong* (recht, gut), *tök-töng* (drehen, wenden), *jaḳ-jang* (brennen) u. s. w. wahrnehmen.

9) Das anlautende *j* variirt in erster Reihe mit *s* (vgl. das gegenseitige Verhältniss des Jakutischen zu den ost- und westtürkischen Sprachen); diese Veränderung kommt sogar im Bereiche der letztern vor. So *jaḳ-saḳ* (heil, gesund), *jöb-söb* (passend). *j* wechselt noch mit *ć*, *ź*, was im Kirgisischen und Kazanischen beinahe zur Regel geworden ist. Schliesslich wechselt *j* mit *t*, als: *jaltra*, *taltra* (blitzen), *joḳ-toḳ* (Hügel), und fällt als Anlaut bisweilen gänzlich weg, wie dies aus der unter § 3 angeführten Liste am besten ersichtlich ist. Als Auslaut wechselt *j* am meisten mit *t*, so: *jaj-jat* (dehnen), *tij-tit* (verbieten), *toj-tot* (sättigen), *boj-bot* (Wuchs) u. s. w.; ausserdem aber noch mit *s*, *z* und *r*; vgl. *aj-as-at-ar* (die Stammsilbe des türkischen Wortes für Fuss).

10) Das anlautende *t* wechselt, abgesehen von seiner Erweichung in *d*, am meisten mit *ć* (vgl. *tob-ćob* [Knäuel, Haufe], *tük-ćük* [Boden, Grund]) und mit *ḳ* (vgl. *til-kil* [zerbröckeln,

zerhauen], *tir-ḳir* [zerbrechen]). Desto stärker sind aber seine Veränderungen als Auslaut, und zwar a) in *ć ź*; vgl. *bit-bić* (schneiden), *ket-keć* (vorbeigehen), *köt-köć* (wegziehen) u. s. w.; b) in *j* und *s*; vgl. *bat-baj-bas* (erniedrigen, drücken, treten).

11) Die labialen *b, p, f, v* und *m* unterliegen einem häufigen Wechsel untereinander, sowol im engern als auch im weitern Kreise. Während man z. B. im Ostturkestanischen überall *p* hört, wo in den Chanaten ein *b* lautet, und in genannten Theilen das *f* wieder in *p* sich verwandelt, gibt es im Altaischen ausschliesslich nur ein anlautendes *p*. So ist *m* im Ćagataischen häufig als Anlaut gebraucht, wo der Osmane sich eines *b* bedient. Vgl. ćag. *men, minmek, muz, muru, mojun, mor* mit osm. *ben* (ich), *binmek* (aufsteigen), *buz* (Eis), *buru* (Rohr), *bojun* (Nacken), *bor* (braun). *b* wechselt noch mit *j* (vgl. *sub-suj* [Wasser]) und mit *m* oder *mb* (vgl. *ḳap-ḳam* [verschliessen], *hep-hem* [alle], *kom-ḳomb* [Höcker], *jam-jamb* [Poststation]).

12) Die Sibilanten *s, ś, z* und *ź* wechseln theils untereinander, theils mit den verwandten Dentalen *t, d* und mit *ć ź*. Vgl. *süt-süć-ćüć* (süss, geschmackvoll, Milch), *söl-ćöl* (welk, wüst), *sal-tal* (werfen, schaukeln), *bos-boć-bot* (wüst, öde, leer). *z* wechselt noch häufig mit *r*; vgl. *kör-köz* (sehen, Auge), *ḳaz-ḳar* (kratzen, scharren), *boza-bor* (geistiges Getränk). An den erwähnten Sibilanten reihen sich noch die Doppellaute *ć* und *ź* an, die keinesfalls zu den Urlauten der türkischen Sprachen gehören und in den meisten Fällen auf *s*, *ś* und *t* zurückzuführen sind.

13) *L* und *n* sind als Anlaute den eigentlich türkischen Sprachen fremd und kommen als solche mit Ausnahme der Fremdwörter und einiger Affixe nur einigemal vor. Der Osttürke spricht das anlautende *l* noch leicht aus, der Osmane nur, indem er demselben einen Selbstlaut vorsetzt. So: *iliman* (Bucht), *ilimon* (Citrone), statt *liman, limon*. Als Auslaut wechselt *l* mit *j* (vgl. *ül-üj* [Theil], *sil-sij* [reiben, wischen]), mit *n* (vgl. *ḳil-ḳin* [stechen, schneiden], *ćol-ćon* [stumpf]) und mit *r* (vgl. *tal-tar* [gross, geräumig], *tül-tür* [gegenüber]).

14) Das von *l* Gesagte gilt noch mehr von *r*, welches als Anlaut im Westtürkischen nur mit Hülfe eines vorgesetzten Vocals ausgesprochen werden kann. So hat der Osmane aus den Fremdwörtern *Russ* (Russe), *Rum* (Grieche), *raki* (Branntwein), *rahat* (Ruhe), *ruze* (Fasten) *urus, urum, uruḳ,*

iraki, *irahat* gemacht; ja selbst in speciell türkischen Wörtern, wo ein *r* anlautendes Affix sich vorfindet, hat eine Lautverschiebung stattgefunden. So ist aus *čob-ra* (Suppe), *jap-rak* (Blatt), *baj-rak* (Fahne), *baj-ram* (Fest), *top-rak* (Erde), *ög-renmek* (lernen) in der Volkssprache *čorba*, *jarpak*, *barjak*, *barjam*, *torpak* und *örgenmek* entstanden. In der Lautverwechselung variirt *r* mit *z* (vgl. § 12), ferner mit *l* (vgl. *tir-til* [brechen], *kor-kol* [Arm] und mit *j* (vgl. *kir-kij* [brechen, schneiden]), welch letzteres Verhältniss am meisten im Čuvaschischen hervortritt.

C. Wortbedeutung.

15) Wenn wir bei vorliegender Studie, was die Lautveränderung in den turko-tatarischen Sprachen anbelangt, im Vergleiche zu andern Sprachen ein verhältnissmässig leichtes Feld, einen klarern und offenern Gesichtskreis vor uns haben, so ist dies hinsichtlich der Wortbedeutung noch mehr der Fall. Wir dürfen nicht vergessen, dass wir es mit der Sprache eines primitiven, uralten Menschengeschlechts zu thun haben, das in seiner von der umgebenden Natur bedingten Lebensweise viele Jahrtausende lang von fremden Cultureinflüssen unbehelligt geblieben und demzufolge auch noch heute in seiner Sprache das Bild jenes urwüchsigen Ideengangs bewahrt, welcher dem Menschen nur im Stadium der ungekünstelten Natur eigen ist. Was die schmucke Einfachheit, die so meisterhaft und mit bewunderungswürdiger Consequenz durchgeführte Logik der Wortentfaltung anbelangt, so steht die Sprache des Türkenvolks unvergleichlich da und überragt selbst das Arabische, von welchem man scherzweise schon längst bemerkte: es könnte einem dünken, dass diese Sprache von einer Gesellschaft geistreicher Philologen ausgearbeitet und dem Volke zum Gebrauch übergeben worden sei. Im Türkischen hat jeder Begriff seine streng bemessene Grenze, jede Vorstellung ihren genau abgerundeten Kreis, kein Wörtchen ist überflüssig und keine Idee ist in einer solchen Weise zum Ausdrucke gelangt, dass die genaue Definition des betreffenden Wortes zu Deuteleien Anlass geben könnte. Natürlich ist diese entzückende Schönheit, dieser unvergleichliche Vorzug nicht aus dem Rahmen einer einzigen Sprache, sondern

aus dem Gesammtüberblick der ganzen Familie zu erkennen, d. h. sie sind nicht den verschiedenen Entwickelungsstadien entsprungen, sondern müssen, nach dem Geiste der Wortbildung zu urtheilen, schon in jener uralten Zeit vorhanden gewesen sein, als der Stamm noch vereinigt, durch geographische Entfernung noch nicht getrennt war und es in Ermangelung der heutigen Scheidewände nur eine Türkensprache gab. Um Gesagtes durch Beispiele ins hellste Licht zu setzen, könnte ich auf jede beliebige Seite dieses Buchs hinweisen und will daher nur einiges anführen. Nehmen wir z. B. den Begriff des Gehens, so finden wir für denselben *bar-maḳ* oder *var-maḳ*, *mañ-mak* oder *meñ-mek*, *kit-mek* und *jor-imaḳ*, welche Worte, nach dem heutigen Gebrauche zu urtheilen, eine unbestimmte und schwankende Bedeutung geben, nach genauer Prüfung der betreffenden Stammsilben jedoch eine ganz klare und genaue Definition in sich schliessen. Die ursprüngliche Bedeutung von *bar-maḳ* ist nämlich fortgehen, vorwärtsgehen, von *bar, bor*, dem Inbegriff des voran, voraus, in der Verbalform gebraucht, ebenso wie aus *ḳat, ket* (zurück, rücklings) *kat-mek*, später *kitmek* (zurückgehen) entstanden ist; so heisst *meñmek* in der Urbedeutung aufwärtsgehen, aufsteigen, heute auch noch als *minmek* in Gebrauch, von *mañ, meñ*, oben, auf, und schliesslich *jorimaḳ* das Gehen im Allgemeinen, das Wandeln, von *jol, jor* (Gang, Weg), wie dies aus der Darstellung der betreffenden Wortfamilien am besten ersichtlich ist. In ähnlicher Weise klärt sich das Verhältniss zwischen *sözlemek* und *ejtmek* (sprechen, reden oder sagen), zwischen *ašamaḳ* und *jimek* oder *jemek* (essen und speisen), zwischen *bulmaḳ* und *tapmaḳ* (finden) u. s. w. Was daher Curtius in seinen „Grundzügen der griechischen Etymologie" (S. 79) sagt: „Wer nicht blind sein will, lernt aus solchen offenkundigen Thatsachen, dass die Mannichfaltigkeit früher ist als die Einförmigkeit, und gibt jeden Versuch auf, mit Cardinalbegriffen zu operiren", das findet auch in den turko-tatarischen Sprachen volle Bekräftigung. Der Reichthum und die Präcision stammen nicht aus der spätern Periode der türkischen Sprachen, im Gegentheil, diese Eigenschaften haben mit der fortschreitenden allzu weiten Verzweigung und Ausdehnung nur abgenommen; denn je mehr wir zu den alten Mundarten und zu den der heimatlichen Grenze nahe gebliebenen Töchtersprachen zurückkehren, desto heller wird das Licht, dessen wir heute zur Klärung der dunklen Gänge in der Wortforschung bedürfen.

16) Wenn wir daher von der Annahme eines Cardinalbegriffs verschiedener, sich ganz fern stehender Wörter absehen und vielmehr in der Stammsilbe einzelner Wortfamilien jenen gemeinsamen Grundstoff suchen wollen, aus welchem der engere Kreis verwandter Begriffe sich herausgebildet hat, so muss selbstverständlich die Interpretirung einer Stammsilbe von so allgemeiner und unbestimmter Natur sein, dass der geistige Zusammenhang nicht etwa als Resultat einer gewaltsamen Sinnverdrehung, sondern als das Ergebniss eines Gesammtüberblicks der im Turko-Tatarischen ohnehin formell und materiell durchsichtigen Sprachelemente erscheint. Dass unter solchen Umständen die Verdeutschung des Inbegriffs mit Schwierigkeiten verbunden war, ist leicht begreiflich. In erster Reihe galt es, dem ganzen Kreise der concreten und abstracten Begriffe Rechnung zu tragen, dann musste die bildliche Verwendung in Betracht gezogen werden, wobei immer jener Ideengang, jene Sinnesrichtung als Richtschnur diente, welche den turko-tatarischen Völkerelementen in specieller Weise eigen ist. Nehmen wir z. B. den Inbegriff von hoch und erhaben, so werden wir finden, dass es hierfür zwei lautlich ganz getrennte Stammwörter gibt, die in zwei verschiedene Wortfamilien zerfallen und in jeder derselben noch einzelne Zweige bilden. Dieses sind die Stammsilben *aḳ* und *baj* (vgl. §§ 22 und 205). Beide werden auf den ersten Anblick in vieler Hinsicht als Synonyma erscheinen, doch ein tieferer Einblick wird uns bald zu der Ueberzeugung bringen, dass *aḳ* in seiner Urbedeutung sowol als in seinen Derivaten in vorwiegender Weise den concreten Begriff des Aufsteigens, der Bewegung nach aufwärts in sich schliesst, während *baj* eben nur eine abstracte oder bildliche Bedeutung dieses Begriffs enthält. Von *aḳ* z. B. ist entstanden:

uigurisch	čagataisch
aḳaru, joḳaru	*oḳar, joḳaru, egiz* (hoch, hinauf),
aḳmaḳ, joḳalmaḳ	*aġmaḳ* (aufsteigen),
joḳunč	*joḳuš* (Anhöhe),
joḳun	*joġun* (Anhäufung),
üksek	*jüksek* (hoch, erhaben),

während *baj* in folgenden Worten zu erkennen ist:

h*

uigurisch	čagataisch	jakutisch	čuvaschisch
baj	*bai*	*bai*	*pojan* (Prinz, reich, erhaben),
bot	*boj*	*büjü*	*pü* (Länge, Wuchs, Gestalt),
bej	*bi*	*bi*	(Fürst, älterer Bruder),
bajat	*bejat*		(Gott, Erhabener),
batuk	*böjük*,	*bijik*	(gross, mächtig) u. s. w.

Schliesslich durften Sitten und Gebräuche, ja das ganze Leben des Volkes nicht ausser Acht gelassen werden, denn es ist oft der Fall, dass der eine oder andere Zug des uns trivial dünkenden Sittenbildes den lange gesuchten Ring in der Kette der Begriffsanalogie liefert.

17) Von besonderm Interesse wäre es, zu erörtern, in welcher grammatikalischen Form wir uns die Stammsilben in den turko-tatarischen Sprachen vorstellen, d. h. ob dieselben als Verba oder Nomina zu nehmen sind, und ob etwa diese beiden Redetheile voneinander abgeleitet werden können, wie dies von andern Sprachen theils bejahend, theils verneinend behauptet wird. Da, wie wir eingangs erwähnt, in den turko-tatarischen Sprachen das Stoffwort noch nicht als Wurzel angenommen werden kann, indem das als Stammsilbe figurirende Grundelement sehr häufig aus der Verschmelzung mit einem Affixe hervorgegangen ist, so ist es von vornherein unmöglich, die Frage in bestimmter Weise zu beantworten. Wir haben es hier mit einer bedeutenden Anzahl solcher Stammsilben zu thun, die weder ein definitives Verbum noch ein Nomen repräsentiren, sondern nach Hinzufügung der betreffenden Suffixe zu dem einen sowol als zu dem andern sich qualificiren, in vielen Fällen aber auf einem Theile des Sprachgebiets mit, auf dem andern hingegen ohne Affix als Haupt- oder Zeitwort vorkommen. Andere wieder, und diese bilden die überwiegende Mehrzahl, treten entschieden als Verbalform auf, und Hauptwörter entstehen aus denselben nur durch Hinzugabe der betreffenden Affixe. Nehmen wir z. B. die Grundwörter ***ḳat, suḳ, sus, tap*** und ***tal***, so werden wir finden, dass sie sowol für Nominal- als für Verbalformen genommen werden können, denn ***ḳat*** heisst Reihe und reihe (Imperativ); ***suḳ*** heisst uig. Zahl und zählen; ***sus*** heisst still und stillen; ***tap*** heisst Spur und spüren, finden; ***tal*** heisst unten und untergehen, während z. B. ***ḳal*** (bleiben), ***kel*** (kommen), ***kit*** (gehen), ***böl*** (theilen) u. s. w. nur als Verbalformen figuriren und andere wieder, als: *ḳaramaḳ* (sehen), *bojamaḳ* (färben), *tirilmek* (leben),

in *ḳar, baj* und *tir* weder eine Verbal- noch Nominalform zeigen.

18) Es geschieht daher in Uebereinstimmung mit der vorausgeschickten Bemerkung, dass wir bei Uebersetzung der Stammsilben die betreffende Grundvorstellung bald als Haupt- oder Beiwort, bald als Zeitwort anführen, und nur jene Bedeutung ist hier und da mehr berücksichtigt geworden, in welcher solche Stammsilben in den speciell türkischen Sprachen die grössere Verbreitung gefunden.

19) Ein ähnlicher Grundsatz ist auch bei Anführung der verschiedenen Lautübergänge einer Stammsilbe befolgt worden, wo im Zweifel über die ältere und primitivere Form diejenige Variante an die Spitze gestellt ist, die entweder im Uigurischen oder Čagataischen am meisten hervorragt oder die zur Beleuchtung des lautlichen Zusammenhangs der ganzen Familie am meisten beiträgt. So steht z. B. § 1 *ač* an der Spitze, trotzdem der *č*-Auslaut erst später und zwar aus *j* oder *t* entstanden sein muss. So auch § 22 *aš* und nicht das heute gebräuchlichere *eš*, weil *a* als Inlaut der primären Stammsilbe *ḳaš* den lautlichen Zusammenhang der ganzen Wortfamilie am besten hervortreten lässt.

20) Was schliesslich die Zertheilung einer Wortfamilie in verschiedene Zweige anbelangt, so muss selbstverständlich die Verschiedenheit der Lautverhältnisse und nicht die des Begriffskreises als Ausgangspunkt genommen werden. Die einzelnen Zweige, welche mit römischen Zahlen bezeichnet sind, ordnen sich je nach Verwechselung des An- oder Auslautes, wobei im erstern Falle die betreffenden Lautvarianten vor, im zweiten Falle nach dem Striche zu stehen kommen. So ist z. B. bei *baj, bat, bas* zuerst die mit *—j* auslautende, dann die mit *—t* und schliesslich die mit *—s* auslautende Stammsilbe gegeben worden, während z. B. bei *sal, tal* zuerst die mit *s—*, dann die mit *t—* anlautenden Beispiele gegeben werden. Mit Aufstellung besagter Reihenfolge soll keinesfalls gesagt sein, dass wir diese oder jene Lautform zuerst anführen, weil wir die eine für älter oder primitiver als die andere halten. Bei einigen Beispielen, namentlich bei *j, g* und *v*, die aus schärfern oder schwächern Gutturalen entstanden, oder beim gegenseitigen Verhältnisse zwischen *j* und *t*, zwischen *r* und *z*, wo die primäre Form mit Hinweis auf ältere Sprachdenkmäler oder auf minder verfälschte Sprach-

gebiete sich mit ziemlicher Sicherheit nachweisen lässt, wäre dies wol thunlich, doch im ganzen müsste ein solches Gebaren beim heutigen Stand unserer Kenntniss des Alttürkischen als voreilig und jeder soliden Basis entbehrend bezeichnet werden. Ebenso viel Vorsicht erheischte die Abrundung gewisser Wortfamilien, namentlich solcher, bei denen die Erweiterung des ganzen Gebiets durch kaum zu bezweifelnde Lautähnlichkeit und Begriffsverwandtschaft leicht zu rechtfertigen wäre. Nehmen wir z. B. in § 1 die Stammsilbe *ag, aj* mit dem Inbegriff von offen, klar und hell und in § 5 die Stammsilbe *ag, aj* mit dem Inbegriffe von weiss, licht, Mond, so wird die Vereinigung beider Familien in vieler Hinsicht gerechtfertigt sein. Dessenungeachtet haben wir in diesem wie in andern ähnlichen Fällen vorsichtshalber zwei Familien aufgestellt und die engere Zusammenfassung lieber einer spätern Zeit vorbehalten.

Ich habe nur noch einiges über die Quellen zu sagen, die ich bei vorliegender Arbeit benutzt habe. In erster Reihe kommen jene persönlichen Erfahrungen zu stehen, die ich während meines jahrelangen innigen Verkehrs mit Ost- und Westtürken gemacht habe und die, wo es sich um die genaue Definition eines Begriffs, um die wirkliche Bedeutung eines Wortes handelte, mir zweckdienlicher und zuverlässiger schienen als die vorhandenen lexikographischen Angaben, die, sehr häufig das Resultat theoretischer Forschungen, der Haupt- und Nebenbedeutung, dem materiellen und bildlichen Sinne eines Wortes nicht genug Rechnung tragen. Die systematische Ordnung der Bedeutungen eines Grundbegriffs und seiner Abstammungen ist von um so grösserer Wichtigkeit, als dieser bei Darstellung der Begriffsanalogie eines und desselben Wortes in den verschiedenen Schwestersprachen dieselbe Rolle spielt, welche der Grundform bei Erörterung des lautlichen Zusammenhangs einer ganzen Wortfamilie zukommt. Aus besagten Gründen habe ich daher die bei meinen čagataischen Sprachstudien gebrauchten Quellenwerke noch einmal durchgeprüft und besonders im Chulassei-Abbasi und im Lugati-turki des Fazl-ullah Chan (vgl. meine Čagataischen Sprachstudien, Seite 200) auch so Manches gefunden, was bei Abfassung vorliegenden Werkes aufs neue verwerthet wurde. Bezüglich des meinen persönlichen Erfahrungen fern liegenden Theils des türkischen Sprachgebiets habe ich mich zumeist an L. Budagow's „Sravnitelnij Slovar turetzko-tatarskich Naretschij", Petersburg 1869 (Vergleichendes Wörterbuch der turko-tatarischen Sprachen) gehalten. Es ist dies ein Werk, das seinem Titel keinesfalls entspricht, da es im Grunde genommen ein für praktische Zwecke angelegtes Buch ist, in das auch arabisch-persische Elemente aufgenommen wurden und in welchem der Sprachvergleichung nur insofern Rechnung getragen wird, als der zugänglich gewordene Sprachschatz des Osmanischen, Azerbaiźanischen, Čagataischen, Kazanischen, Baškirischen, Kirgisischen, Altaischen, mitunter auch des Sibirisch-Tatarischen und Tobolskischen zusammengetragen ist. Abgesehen jedoch von dem unpassenden Titel, ist die Arbeit gewissenhaft ausgeführt und höchst werthvoll, sodass ohne Budagow's Buch das Zustandebringen dieser Blätter wol viel schwerer geworden wäre. Von bedeutendem Nutzen war mir ferner „Grammatika altaiskago Jazika sosstavlena altaiskoi Missij" (Grammatik der altaischen Sprache, verfasst von den Mitgliedern der altaischen Mission, Kasan 1869), ein ganz neuer und höchst werthvoller Beitrag zur Kenntniss dieses in vieler Hinsicht dem Uigurischen gleichstehenden östlichen Gliedes der turko-tatarischen Sprachenfamilie, und ausserdem noch folgende Werke: Karnevoi tschuvaschsko-russkij Slovar, Kasan 1875 (Čuvaschisch-russisches Wurzelwörterbuch) von N. J. Zolotnitzki und „Pervli Opit Slovarja narodno-tatarskago jazika" (Erster Versuch eines national-tatarischen, d. h. christlich-tatarischen Wörterbuchs) von N. Ostroumow, Kasan 1876. Dass ich im Jakutischen und Koibal-Karagassischen aus den bekannten Werken Böhtlingk's und Castrén's schöpfte, ist wol selbstverständlich.*) Anfangs hatte ich wol die Absicht, bei Darstellung der begrifflichen Analogie auf das unter der Presse befindliche Werk von Budenz: „Magyar-ugor összehasonlító szótár" (Vergleichendes Wörterbuch der magyarisch-ugrischen Sprachen), Rücksicht zu nehmen, da diese interessante und gelehrte Arbeit meines Freundes infolge des Zusammenhangs des Türkischen mit besagten Theilen des ural-altaischen

*) Die hier behandelten türkischen Sprachen kommen in folgenden Abkürzungen vor: uig. = uigurisch, ćag. = ćagataisch, osm. = osmanisch, kaz. = kazanisch, az. = azerbaiźanisch, trk. = turkomanisch, alt. = altaisch, ćuv. = ćuvaschisch, kk. = koibal-karagassisch, jak. = jakutisch.

Sprachgebiets in vieler Beziehung aufklärend und erläuternd wirkt. Ich bin jedoch später von dieser Absicht abgekommen, da einmal das Budenz'sche Buch noch nicht zum Abschluss gelangt ist, zum andern ein solches Vorhaben der Objectivität meiner Arbeit Eintrag gethan haben würde. Das Ziel, wonach ich strebte, war einzig und allein die Etymologie des ćagataisch-osmanischen Wortschatzes; alles übrige in den Bereich dieser Studie gezogene Material soll eben nur zur bessern Beleuchtung des etymologischen Zusammenhangs dienen. Wie weit mir mein Vorhaben gelungen, das muss ich der Kritik überlassen, und vollauf bewusst der schlüpfrigen Bahn, auf der ich mich bewegte, sollen Zurechtweisungen und Verbesserungen mir um so angenehmer sein, da aus diesem Versuche in späterer Zeit ein systematisches Wurzelwörterbuch der turko-tatarischen Sprachen hervorwachsen soll.

Ebenso habe ich mich auch in vorliegenden Blättern jeder Rücksichtnahme auf die culturgeschichtlichen Momente des turko-tatarischen Volkes, welche bei genauer Betrachtung des etymologischen Verhältnisses der einzelnen Wortfamilien sichtbar werden, ja sich einem so zu sagen aufdrängen, enthalten. Aus diesen Momenten, welche ich als *spolia optima* meiner Studie betrachte, ist ein ziemlich reiches Material erwachsen zur Erörterung der primitiven Cultur des turko-tatarischen Volkes, einer Arbeit, mit der ich mich eben beschäftige und die als ergänzender Theil vorliegenden Buches demnächst erscheinen wird.

Budapest, 13. October 1877.

H. VÁMBÉRY.

1.

Ać, aź, at, aj, ag, au, offen, klar, leer, hungerig, nüchtern u. s. w.

I. —ć, s.

uig. *aćmak̦* = öffnen; *aćak̦* = Thür, Thor, Oeffnung; *aćuk̦* = leer, klar, rein; *aćun, aźun* = Welt, Weltall — eigentlich die Oeffentlichkeit, das Offene (vgl. *tam* = finster, verborgen und *tamuk̦* = Unterwelt, Hölle); *ać* = hungerig, bedürftig (vgl. *tok̦* = angefüllt und satt).

ćag. *aćmak̦* = öffnen, klären, erheitern; *ać* = arm, hungerig; *aćik̦* = offen, frei, das Freie; *aćik̦ta* = im Freien; *aćar* = Schlüssel; *aćik̦mak̦* = hungerig sein, leer sein (*k̦arnim aćik̦ti* = ich bin hungerig geworden, d. h. mein Bauch ist geleert); *asnamak̦, esnemek* = gähnen, den Mund aufreissen.

osm. *aź, ać* = hungerig, nüchtern; *aćik̦* = offen, klar, hell, leer.

jak. *as, asabin* = öffnen; *as* = hungerig; *aććik* = nüchtern, hungrig.

kk. *as, ais'* = hungerig; *asarmen* = öffnen; *esarmen* = gähnen.

ćuv. *os'* = öffnen; *ose* = offen, geöffnet.

II. —j, t.

ćag. *ajaz* = offenes, klares Winterwetter; *ajuk̦* = nüchtern, offenen, klaren Sinnes; *aja* = offene Hand, die Handfläche (vgl. dessen Gegensatz: *jumruk̦* = Faust, eigentl. geschlossene Hand).

jak. *at, atabin* = den Mund aufsperren (eigentl.: die Oeffnung öffnen); *atit* = etwas aufsperren; *ataćći* = der den Mund aufsperrt.

kk. *at'erben* = öffnen; *aja* = offene Hand.
čuv. *ojar* = klares Wetter.

III. —*g*, *v*, *u*.

čag. *aguz*, *agiz*, *avuz* = Mund, Oeffnung, Mündung.
alt. *aus*, *uus*, *agsi* = Mund, Oeffnung.
kk. *akse* = Mund.
čuv. *sjuvar* = Mund (*sjuv* entspricht dem *aj*, *av* und *ar* dem *uz*, *iz*).

Trotz der normalen Verwandlung des Auslautes bleibt es immerhin schwer, zu bestimmen, welches die primitive oder älteste Form dieses Stammwortes sei, da der Auslaut *č*, *ž*, die meist gebrauchte Form, nur aus *t* oder *j* entstanden sein kann, schwerlich aber aus *ķ* oder *g*. Ebenso wenig lässt sich erörtern, welches der heute überall fehlende Anlaut gewesen sein mag, obwol ich nach der von Budenz in Art. 204 gegebenen Etymologie des magy. Wortes *tát* = öffnen und *száj* = Mund, *szád* = Mündung (272) geneigt wäre, anzunehmen, dass hier ursprünglich ein *t* oder *d* war, was sich übrigens auch aus dem verwandten čag. *čéčmek* = öffnen, aufmachen vermuthen lässt.

Hinsichtlich des Begriffskreises reiht sich an *ajik* = nüchtern das sinnverwandte *ojak*, čag. *ojgak*, uig. *otuk* = wach an, indem *oj* und *aj* in demselben Grade den offenen, wachsamen Zustand andeutet, in welchem das Juxtaoppositum *uj*, *ut* nicht nur schlafen, sondern auch den Inbegriff des Erschlaffens, des geschlossenen dichten Zustandes ausdrückt. So *süt ujdu* = die Milch ist geronnen, eigentl. dicht, fest geworden; magy. *aludt tej* = geronnene (eingeschlafene) Milch.

2.

ait, *hait*, *aiķ*, *haiķ*, *kaid*, *kaik*, *rufen*, *schreien*, *anschreien*, *antreiben*, *treiben*.

čag. *aitamaķ* = antreiben, treiben; *aitaguči* = Treiber; *aiķarmaķ*, *haiķarmaķ* = schreien, anschreien, treiben.
jak. *aidar* = lärmen; *aidān* = Lärm; *ķai* = Laut, mit dem das Vieh angetrieben wird; *ķaida* = das Rindvieh treiben; *ķaidan* = getrieben werden.

alt. *alda* = treiben; *alkir* = antreiben, anschreien.
osm. *hajde hajde* = Auf! Auf! Marsch!

Wie aus dem jak. erhellt, ist das čag. und osm. treiben, jagen, nur ein abstracter Begriff des concreten schreien, lärmen, mittelst dessen etwas oder jemand gewaltsam fortgetrieben wird.

Vgl. *kak* = einen schrillen Ton geben; ferner das *haj! haj!* der Turkomanen, mit welchem letztere ihre Sklaven und Pferde anzutreiben pflegen.

3.

aj, *ej*, *uj*, *et*, *ut*, *üt*, *gut*, *schön*, *fromm*, *gesund*; *nachgiebig* u. s. w.

I. —*j*.

uig. *aji* = Tugend, Güte, Wohlthat, und hiervon das im Kudatku Bilik häufig vorkommende *asiz* = schlecht, lasterhaft, richtiger *ajsiz* = ohne Gutes, tugendlos; *ajik* = Wohlstand, Wohlbefinden, Reichthum.

čag. *ejkü*, *üjkü* = gut, schön; *ejkülük* = Güte, Schönheit; *ajamak* = schonen, eigentl. gut sein, wohl wollen; *ajav*, *ajané* = Schonung, Wohlwollen; *ujmak* = auf etwas eingehen, gutheissen, genehmigen; *ujgun*, *ujgur* = nachgiebig, gehorsam.

kaz. *ejem*, *üjem* = Zierde, Schönheit, Anmuth; *ejemli* = zierlich, schön; *ejemlenmek* = sich zieren.

jak. *ajinma* = recht, angemessen; *ajinmala* = einwilligen, gutsagen; *aji* = Gottheit, Schöpfung, Schöpfer, Güte; *üt*, *üt-jübin* = freundlich gesinnt gegen jemand sein; *üjügäs* = freundlich.

kk. *ajirben* = bemitleiden; *eke* = gut.

osm. *eju*, *eji* = gut; *ejlik* = Güte; *ujmak* = folgen, willfährig sein.

II. —*t*.

uig. *etkü* = gut, fromm; *etik* = genehm, heilsam; *üt* = Heilung, Genesung; *ütemek* = heilen; *ütči* = Arzt; *utmak* = folgen, befolgen; *utkur* = folgsam.

jak. *ütüö* = gut, sehr; *ütüör* = gesund werden; *eteñe* = glücklich.

Zu dieser ganz normalen Lautveränderung des *j* und *t*, von welcher selbstverständlich der Auslaut *t* die primitive

Form ist, kann noch die von *t* in *s* verwandelte Form des fraglichen Stammwortes gerechnet werden, nämlich *es, as* und dessen causative Form *esir, asir*, welche ich als den dritten Zweig dieser Wortfamilie anführen würde.

III. —*s, z*.

uig. *esen* = wohlerhalten, gesund (wobei das Adverbialsuffix *en* leicht zu erkennen ist); *esenlik* = Gesundheit; *asiramak, asramak* = behüten, beschützen, bewachen; *asrak* = schonend.

čag. *esli* = stark, gross; *esen* = gesund; *esirgemek* = schonen, schützen.

osm. *esirgemek, esirmek* = bewahren.

kk. *esün* = Glück; *isün, ésün* = Wohlfahrt, Gruss.

čuv. *osra* = beschützen, ernähren.

alt. *ezen* = gesund; *ezennik* = Gesundheit; *ezenleś* = genesen.

In dem ziemlich weiten Begriffskreis dieses Stammwortes ist die Analogie der Grundidee von gut, fromm, schön und schonen eine auch in andern Sprachen oft vorkommende. Die Begriffsverwandtschaft von gut und gesund ist z. B. auch im Arabischen *sahih* = wahr, gesund und *sihat* = Gesundheit, ferner im Magy. *jó, jav* = gut, *jog* = Recht und *javas* = Arzt und *gyogyul* = genesen anzutreffen. Was schliesslich das gegenseitige Verhältniss des *aj, ej* = gut zu *uj* = befolgen, gehorchen anbelangt, so mag wol die bekannte Etymologie Abulgazi's vom Worte *ujgur* irre führen; doch ist eben die Folgerung des tatarischen Historikers grundfalsch, denn das Stammwort dieses Eigennamens bedeutet folgen, nachgeben und nicht gerinnen, daher nicht sich vereinigen.

4.

aj, ej, at, üt, *sagen, reden, nennen.*

jak. *üt* = sagen, sprechen; *ütil* = aussagen lassen; *ütin* = sich melden.

uig. *at* = Name, Ruf, Wort; *atamak* = heissen, sagen; *atak* = das Gesagte, Versprechen, Gelübde; *ajumak* = sagen, reden; *ajitmak* = sprechen; *ajkuci* = Redner, Sprecher.

čag. *ajimak, ajitmak, aitmak* = sagen, sprechen; *ajkamak* = häufig oder viel sprechen; *ajkak* = Faselhans, geschwätzig;

ajtim=Gesang; *at*=Name; *atik*=der einen Namen hat, berühmt; *atiḳmaḳ*, berühmt werden; *adak*=Versprechen, Gelübde.

az. *ad*=Name; *adlamaḳ*=heissen, nennen; *adakli*=Braut, Versprochene; *adaś* (eigentl. *ad-daś*)=Namensgefährte.

čuv. *ijt*=sagen; *jat*=Name.

kk. *at*=Name; *adaś*=Freund; *adirben*, *adárben*=nennen.

alt. *ait*=sagen; *aittir*=von sich reden lassen.

Es muss sofort auffallen, dass *aj*, *ej* und die passiv scheinende Form *ajt*, *ejt* in gleicher Weise das active Reden, Sprechen ausdrücken. Das nähere Verhältniss des *aj*, *ej* zu *ajt*, *ejt*, *ait* oder *eit* ist mir unbekannt, doch ist letzteres entschieden eine jüngere Form, denn für die ältere primitive Form von *al*, *aj* spricht erstens das überall unverändert gebliebene *at*, *ad*=Name, Wort; ferner jak. *at*, uig. *aju*= sagen, und das čag. *ajkamak*, eine frequentative Form des alten *aj*=sagen.

5.

aḳ, *ek*, *ag*, *aj*, *ej*, *weiss*, *grau*, *silberfarbig*, *Silber*, *Mond*.

čag. *aḳ*=weiss, grau; *aḳče*=gräulich, Silber; *aḳčil*=gräulich; *aḳar*, *achar*=Bleiche, Pottasche; *aḳarmak*=ergrauen, weiss werden; *agil*=der Hof (weisse Schein) um den Mond; *aj*= Mond.

kk. *ak*=weiss; *akt'e*=Gold; *agarerben*=weissen.

čuv. *akkiś*=Schwan (*ak kus*, weisser Vogel?); *akśar*=Alabaster; *aksa*=Geld; *ojiḳ*=Mond.

Das Verhältniss zwischen *ak*=weiss, und *aj*=Mond, erklären folgende Umstände: 1) ist im Türkischen *aj* in der bildlichen Sprache als weiss, klar gebraucht, so *aj jüzlük*= von hellem, klarem Gesichte, ebenso wie mit *kün*, *küneś*, die strahlende rothe Farbe bezeichnet wird. Vgl. *küj*, brennen, und *kün*, Sonne. 2) Analoge Bildung in andern Sprachen verwandten und fremden Stammes. So soll nach Hunfalvi und Budenz das magy. *hold*, *hód*=Mund, der Grundbedeutung nach weiss, klar bezeichnen. Vgl. ferner Hebr. *lâbhân*=weiss, und *lebhânâ*=Mond.

Mit *aḳ*=weiss, grau, steht auch die Bezeichnung gewisser

Verwandtschaftsgrade, die zumeist auf ältere Mitglieder der Familie Bezug haben, in Verbindung. So čag., uig. *aka aga* = älterer Bruder, osm. *aga* = Herr (vgl. *senis* und *senior*, deutsch grau und Graf); čag. *eke* = Vaters Bruder, Onkel; *ekeči* = ältere Schwester (von *eke* und *eče* = Weib); *aja eje* = ältere Dame, Matrone, und hiervon *ajim* = Madame, Ehrentitel für Frauen, gleich *Begum*, welches nicht von *Beg* = Fürst, sondern von *Bige*, *bike* = Frau abstammt. Ferner jak. *aga* = Vater; *agas* = ältere Schwester; kk. *aga* = Grossvater, Oheim; čuv. *aga* = ältere Schwester.

Schliesslich muss bemerkt werden, dass *ak̦*, *ag*, *aj* in begrifflicher sowol als in lautlicher Beziehung mit *aj-ag* = offen, klar, §. 1, in enger Verwandtschaft steht.

6.

Ag, au, av, u, Netz, Schlinge, Falle; Jagd, jagen.

čag. *ag*, *agh* = Netz (*balik agi* = Fischernetz).
kir. *au*, *av* = Netz, Falle, Schlinge (*bars avi* = Pantherfalle).
alt. *u*, *uu* = Netz; *uula* = mit einem Netze Thiere fangen, jagen.
osm. *aa*, *agh* = Netz; *av* = Jagd; *avlamak̦* = jagen.

Wenn ich nicht irre, gehört diese Stammsilbe in die Familie des *baa*, *bag*, *bagh* = Band, Gebinde, von welchem der labiale Anlaut später verschwunden ist. Zu einer solchen Annahme verleitet eine anderseitige ähnliche Wortbildung, nämlich *jilim* = Netz und *ilik* = Siebe, netzartiges Geflecht, welche von *ilmek*, *jilmek* = binden, knüpfen abstammen; nicht minder auch der Umstand, dass *ag* auch definitiv Geflechte, Gebinde bedeutet. So *örümček agi* = Spinngewebe (das Netz der Spinne).

7.

Ak̦, ag, ek, eg, ok̦, ök, ög, öj, uk̦ und mit dem *j*-Anlaut **jok̦, jük, jik**, welche insgesammt den Inbegriff von *hoch*, *erhaben*, *oben*, *hinauf*, *aufsteigen*, *aufhäufen*, *auflegen*, sowie deren abstracte Abstammungen, als *erhöhen*, *achten*, *ehren*, *preisen*, repräsentiren, und die wir denn auch nach den Hauptklassen ihrer Lautverschiedenheit vorführen.

I.

Aḳ, ag, oḳ.

uig. *aḳari* = hoch, empor, hinauf; *aḳmaḳ* = aufsteigen, in die Höhe gerathen; *oḳmaḳ* = in die Höhe werfen, schiessen; *oḳ* = Schuss, Pfeil, Wurf (in die Höhe, ebenso wie *atmaḳ atiś* = das Wegwerfen, den Wurf nach abwärts bedeutet).

ćag. *oḳar* = hoch; *oguz* = dick, plump, grob; *oḳlamaḳ* = aufwerfen; *agmaḳ* = aufsteigen; *agdirmaḳ*, *aḳtarmaḳ* = aufwühlen, suchen (eigentl. aufsteigen lassen).

osm. *achtarma* = Contrebande, die aus dem Verborgenen hervorgesuchte Waare.

II.

Joḳ, jiḳ.

uig. *joḳaru* = hoch, oben; *joḳalmaḳ* = aufsteigen; *joḳunć* = Erhöhung; *joḳun* = dick, massiv, grob.

ćag. *joḳuś* = Höhe, Anhöhe; *jogun* = dick, aufgehäuft, plump; *jiḳmaḳ*, *jigmak* = aufhäufen, anhäufen, hoch nebeneinander legen; *jigim* = Haufen.

alt. *ju* = anhäufen, sammeln; *juuna* = sich sammeln; *juuś* = Haufen, Sammlung.

kk. *t'ogar* = hinauf; *t'ogarki* = der Obere; *toḳtarmen*, *t'okterben* = aufführen; *t'on* = dick; *toḳtirben* = aufwärts fahren; *sagare* = empor, bergan.

Das kk. *t'oḳ*, *t'og* kann als Verbindungsbrücke zur Stammsilbe *toḳ*, *taḳ* = Anhöhe, Berg, aufwärts dienen, welche letztere, obwol streng genommen zur vorliegenden Familie gehörig, wir als verwandte in einem besonderen Abschnitte besprechen werden.

III.

Ek, eg, ök, ög, üj.

uig. *ekis*, *ökis*, *ükis* = hoch, erhaben; *üksek* = hoch.

ćag. *egiz*, *igiz* = hoch; *üksek*, *ögümek* = anhäufen, aufhäufen, sammeln; *ögülmek* = sich anhäufen, sich versammeln; *ögül* = Haufe, Knäuel; *ögüš* = viel; *ögüm* = aufgehäuft, gigantisch; *ögmen*, *öjmen* = Ernte, Sammlung; *öjür* (uig. *ögür*) = Heerde, Gestüt (eigentl. Haufen oder Sammlung von Thieren).

kaz. *üjmek* = aufhäufen, übereinander legen; *üjük*, *üjüm* = Hügel, Haufe; *üjüklemek* = in verschiedene Haufen legen.

alt. *ees* = hoch, erhaben; *ütün* = Haufe; *üür* = Heerde.

osm. *öjün* = Haufe, Ration (*iki öjün kahve* = zwei Haufen Kaffee).

jak. *üör* }
kk. *ör* } = Heerde, Tabune.

Hierher wollen wir noch die bildliche Bedeutung fraglicher Stammsilben nehmen, als:

uig. *ökmek*, *ögmek* = loben, rühmen, preisen; *ökti* = Lob, Ehre; *öke* = Ehre; *öklik* = geehrt, geachtet; *öktilmek* = gepriesen sein; *öktiči* = Lobredner.

čag. *ögmek*, *ögümek* = loben; *ökte*, *ökti* = Vortheil, Superiorität.

osm. *öjmek* = loben; *öjünmek* = sich brüsten.

Das Verhältniss zwischen *ek*, *ök* = hoch und *ökmek* = loben ist auch bei *maku* = hoch, *maktamak* = loben, preisen anzutreffen.

IV.

Jük, jüž, sük, sjük.

osm. *jüksek*, *jüče* = hoch; *jük* = Bürde, Last (eigentl. das Aufgelegte) *jüklemek* = aufbürden, auflegen.

čag. *jük* = Last, Verantwortlichkeit, Bürgschaft, d. h. was man auf sich genommen hat; *jüken* = Hügel, Anhöhe; *jükürmek* = gehen (eigentl. aufbrechen, Zeltaufheben. Vgl. *köčköčür*, nach § 114.*

alt. *šük* = Last, Bürde.

jak. *sük* = auf seinen Rücken nehmen; *sügü* = die Last, die man auf dem Rücken trägt; *süktör* = jemand mit etwas beladen.

čuv. *sjük* = Bürde; *sjükle* = sich etwas aufbürden.

kk. *t'ügen* = Hügel.

---

* Vom čag. *jükürmek*, *jügürmek* ist das osm. *jürümek* = schreiten entstanden. Belege hierfür sind, dass auch andere Sprachen den Gutturallaut beibehalten haben; so: alt. *jugur*, čuv. *sjügil* = laufen.

In Anbetracht der normalen Lautveränderung des Auslautes *k* in *ż (jük, jüż)* müsste hierher noch eine ganze Reihe begrifflich und lautlich analoger Wörter gerechnet werden, doch wir wollen unserm Vorsatze getreu das schlüpfrige Feld allzuweit gehender Combinationen vermeiden und dieselben als verwandt, aber unter besonderem Abschnitte vorführen.

Fassen wir nun den in vier Unterabtheilungen oder Zweigen enthaltenen Wortschatz näher ins Auge, so werden wir sehen, dass die Stammsilbe der Formverschiedenheit nach entweder als hart oder weichlautig, mit oder ohne *j*-Anlaut vorkommt. Auch der Begriffskreis entfaltet sich in einer ganz natürlichen Weise. Die Grundbedeutung ist hoch, erhaben, oben, hinauf, hinan, mit welcher die eine solche Bewegung interpretirenden Zeitwörter in nächstem Zusammenhange stehen, so: hinaufgehen, aufsteigen, aufheben, aufwerfen, aufstöbern, aufsuchen, aufwühlen u. s. w. Zunächst folgt die Handlung des Hinauflegens, Aufhäufens, Aufbürdens, Uebereinanderlegens und Ansammelns; schliesslich der abstracte oder bildliche Gebrauch, als: erhöhen, preisen, loben u. s. w.

8.

Aḳ, ag, ok, og, au, ou, uu, Werth, Gewicht, Schwere, schwer, langsam, heimlich, verstohlen.

uig. ***aḳ***=Baargeld, Werth, Spende; ***aḳi***, ***aḳḳi***=freigebig; ***aḳiliḳ***=Edelmuth, Freigebigkeit; ***aḳitmaḳ***=spenden; ***aḳići***=Zahlmeister, Spendenvertheiler; ***aḳir***=werthvoll, schwer, ernst; ***aḳirlamaḳ***=ehren, achten, eigentl. jemand für wichtig halten; ***aḳiu***=schwerhörig, taub; ***aḳru***=leise, still.

čag. ***oḳ, og***=Baargeld, Kapital, Werth; ***agir***=schwer, ehrenvoll; ***agirlamaḳ***=achten; ***agirlajiś***=Achtung, Geschenk, eigentl. das Object, mittelst dessen Achtung erwiesen wird; ***agruḳ***=Last.

osm. ***aghir***, ***aalr***=werthvoll, schwer, langsam; ***aghirllḳ***=Schwere, Langsamkeit, Gewicht, Last.

alt. ***uur***=schwer, mühsam; ***uurlan***=Beschwerde oder Mühe empfinden.

kk. *agarin* = langsam.
čuv. *jivir* = schwer, wuchtig.
jak. *tarakan* = schwer, theuer, werthvoll (nach Boehtlingk. Die Analogie des jak. *tar* mit *agir* oder *air* ist nicht angedeutet).

Wenn wir nun fortfahren, den Begriffskreis von werthvoll, schwer und langsam zu erweitern, so werden wir finden, dass *aķ*, *oķ* in Fortsetzung der letzten Bedeutung noch mit *aķ*, *oķ* = heimlich, verstohlen, im Zusammenhange steht. So:

uig. *aķru* = leise, still; *oķri*, *oķrin* = heimlich, verborgen, verstohlen; *oķurlamaķ* = verheimlichen, stehlen; *oķriķ* = Dieb.
čag. *ogrin*, *agrin* = leise, heimlich; *ogri* = Dieb; *oķramaķ* = leise rufen, winseln; *ogurlajin* = verstohlen.
osm. *oghri*, *ouri* = Dieb.
jak. *uor*, *uorabin* = stehlen; *uorujaķ* = Dieb.
kk. *ögor* = Dieb; *agarin* = langsam.
alt. *uur*, *uuri* = Dieb; *uurla*, *oorla* = stehlen.
čuv. *ouru* = Dieb; *oura* = stehlen.

Schliesslich gehört in diese Familie auch schon infolge der Begriffsanalogie von schwer, beschwerlich, schmerzhaft, das uig. čag. *aķru*, *agri* = Schmerz, Unbehaglichkeit; *agrimaķ*, *aķrumaķ* = weh thun; *aķrulmaķ*, *agrilmaķ* = peinigen; čuv. *agir* = sich betrüben. Vgl. uig. *ķatiķ* = hart, beschwerlich und *ķatķu* = Sorge, Plage, ferner das lat. *labor*, welches sowol Arbeit, Beschwerde, als auch Sorge bedeutet.

9.

Aķ, ek, ag, až, ač, *Gift, bitter, sauer, herb, schmerzhaft, kummervoll* u. s. w.

uig. *aķu*, *agu* = Gift; *akši*, *ekši* = sauer; *aču* = bitter, herb.
čag. *agu* = Gift (*agudek ači* = gallenbitter, folglich ausser der concreten Bedeutung von Gift noch eine sehr bittere herbe Substanz); *ačik* = sauer, schmerzhaft, zornig; *ačikmaķ*, *ačikmaķ* = weh thun, bemitleiden, beklagen (eigentl. bitter unangenehm sein); *ačiklurmak* = Schmerzen verursachen).
osm. *ekši* = sauer; *ači* = bitter, Schmerz; *ačimaķ* = weh thun, bedauern.
kk. *at'ek*, *at'ik* = bitter, sauer; *at'enarben* = sich ärgern; *at'inerben* = bemitleiden.

jak. ***aba*** = Gift; ***asi*** = sauer, bitter; ***asin*** = bedauern, beklagen; ***asit*** = sauer machen.
alt. ***aču*** = bitter, sauer, Kummer, Schmerz; ***ačuun*** = heftig (*ačuun ijladi* = er weinte bitterlich); ***ači*** = bitter oder sauer sein, ein schmerzliches Gefühl empfinden.

10.

Al, roth, hochroth, golden, gelblich.

uig. ***alčin*** = röthlich, hellgelb; ***altin***, ***altun*** = Gold, golden.
čag. ***al*** = hochroth; ***altai*** = röthlich; ***altin*** = Gold. (Vgl. ***kizil*** = roth und Gold; slav. *zlato* = gold, *žluti* = gelb; pers. *zer* = Gold, *zerd* = gelb.)
osm. ***al***, ***altin*** (wie oben); ***al at*** = fuchsroth (Pferd).
jak. ***altan*** = Kupfer (rothes Erz?)
čuv. ***ïltin*** = Gold.

Al scheint im Allgemeinen mit Hinblick auf seine Bedeutung strahlend, glänzend zu dem Stammworte *jal* = glänzen, strahlen, zu gehören. Mit *al* werden ausserdem noch Thiere und Gegenstände bezeichnet, die durch eine goldene, gelbliche Farbe ihres Aeussern sich hervorthun. So uig. čag. ***alkuš*** = ein Falke mit röthlichem Gefieder; ***albuga*** = ein kleiner röthlicher Vogel. Im weitern Sinne des Wortes gehört auch hierher ***al*** = bunt, scheckig, dessen eigentliche Bedeutung gefärbt ist. So noch heute im osm. *al ejlemek* = färben, roth färben; *al jaṅak* = rothbackig; *kanle jeri al ejlemek* = die Erde mit Blut färben.

11.

Al, ol, ul, ül, gross, hoch, erhaben, erhöhen, preisen, lobpreisen, segnen.

uig. ***alp***, ***alk*** = tapfer, mächtig, erhaben; ***alkimak*** = preisen, loben; ***alkiš*** = Lobpreisung, Lob, Segen; ***uluk*** = gross, hoch; ***ulam*** = Verherrlichung; ***ulkamak***, ***olkamak*** = wachsen, gross werden, in die Höhe steigen.
čag. ***alp***, ***ulup*** = gross, mächtig, tapfer, Held; ***algamak*** = segnen; ***algajiš***, ***alkiš*** = Segen; ***olgajmak*** = wachsen; ***olčamak*** = verehren, achten, segnen; ***olčas*** = Huldigung, Segen;

ulu, uluk = gross, hoch; *ülken* = hoch, gross; *ülümek* = wachsen.

kaz. *alpaut (Tobolsk) alpagut* = Herr, Gebieter (Budagow).

čuv. *olbut* = Herr; *olip* = gross, reich.

kk. *ülep* = Held; *uluķ* = gross.

jak. *alga* = segnen, verherrlichen; *algi* = das Segnen; *algis* = der Segen; *ülbük* = viel, zahlreich; *ülbüt* = vermehren; *ulu, ulaķan* = gross; *ulal* = wachsen; *ulutui* = stolz sein.

alt. *ulula* = sich gross machen; *ulurķan* = stolziren; *ülken* = Gottheit (des Guten).

Begrifflich ist *al*, was die Bedeutung von sehr hoch, überaus, über die Grenzen anbelangt, noch in jak. *ulis* = aussergewöhnlich, überaus, kk. *alléķ, allik* = breit und in čag. *alis* = weit, entfernt, anzutreffen. Es ist eben diese Begriffsverwandtschaft von hoch, weit, fern und vorwärts, die übrigens auch anderseitig zum Ausdrucke gelangt, als *üs* = oben, hoch und *us(ak)* = weit, gedehnt, und die auf den Nexus des Stammwortes *ül* = hoch, gross mit

Il, el, al = vor, Vorgesetzter, best, voraus, voran hinweist. So:

uig. *ilik* = Prinz, Herrscher, Vorderseite, Erster; *ilkerü, ilrü* = voran, voraus, vorwärts.

čag. *ilej, elej, eli, eldi* = vor, voraus, vorderer; *alin* = zuvor, vorderer Theil, Stirn. Vgl. *önglük* = Façade, Stirn von *öng* = vor; ferner pers. *pišäne* = Stirn, von *piš* = vor, zuvor; *altamga* = Fürstensiegel, das oben, d. h. am Anfang des Actenstückes sich befindet.

kaz. *el* = vor (*eldin ejtmek* = voraussagen, prophezeien, Budagow).

osm. *ilk* = erster; *ilerü* = voraus; *aln* = Stirn.

alt. *ilgeri* = besser, vorzüglich; *alin* = vor, zuvor (*alin edek* = vorderer Theil des Anzugs).

kk. *alén* = Gesicht, Stirn.

čuv. *ilik* = vorderer, ältester; *ülim* = Zukunft, vordere Zeit.

Von *il* als dem Inbegriffe des voraus, vorwärts würde ich das Zw. *ilmek, iltmek*, jak. *ill, ilcäbin* = etwas vorwärts bewegen, fortbringen, führen, tragen, fortschicken, so auch das von demselben abstammende Hw. čag. *ilči*, osm. *elči*, jak. *ilcil* = Gesandter, Bote, ableiten. Ferner das čag. *ilgamaķ* = vorausschreiten; *ilgar* = Vorposten, der schnelle Marsch.

12.

Al, il, nieder, unten, unterer.

uig. *ali* = unten, niedrig, gemein; *alik* = nieder gestimmt, missmuthig; *altin* = unten (*ne altin ne üstün* = weder unten noch oben); *il* = unten, der untere Sitz in einem Zelte oder in einer Gesellschaft. Im čag. und turkm. wird letzteres durch *eden* ausgedrückt, beide bilden das Juxtaoppositum zu *tör* = oberer Sitz, Ehrensitz.

čag. *alt*, *alti* = unten; *alčak* = nieder, niedrig; *alči* = der untere, namentlich der untere Theil der Beinchen beim *ašik ojunu* = Knöchelspiel.

osm. *alt*, *alčak* (so wie oben).

jak. *alin* = der untere, Untertheil; *allara* = unten; *anniga* = nach unten.

kk. *alté* = unterhalb befindlich.

čuv. *aj* = unten, nieder; *ajaldi* = der untere; *ajlam* = Niederung.

Al, il, unten, steht in demselben Verhältnisse zu *ol, ul* = hoch, gross, oben, wie *as* = unten, zu *öz*, *ös*, *üs* = oben; zu bemerken ist jedoch, dass *al* mit dem harten Anlaute die regelmässige Form ist, und dass das weiche *il* nur im Uigurischen des Kudatku Bilik anzutreffen ist.

13.

Al, falsch, betrügerisch.

uig. *al* = List, Betrug; *alči* = falsch, schlau, betrügerisch.

čag. *al* = Täuschung, Trug; *alčimak* = irren; *alčitmak* = irre leiten; *alčik* = Spion; *aldamak* = täuschen, betrügen; *aldag* = betrügerisch; *aldaguči* = Betrüger; *aldanč* = Betrug; *albasti* Alpdrücken (falsches Drücken).

osm. *aldamak*, *aldanč* (so wie oben).

jak. *algas* = Irrthum; *algasä* = sich irren; *albin* = Betrüger.

čuv. *oldav* = Täuschung, Betrug.

Die Stammsilbe *al* scheint, wenn ich nicht irre, dem concreten *al* = nehmen, annehmen, entsprungen zu sein. Ein solches Verhältniss lässt sich aus der passiv-transitiven

Form *aldanmak* = sich täuschen, sich nehmen lassen, vermuthen, nicht minder aber aus dem Zusammenhange des *almak-ališmak* und *aldamak*, deutsch: tauschen, täuschen.

14.

Al, el, il, ul, fremd, wild, aussergewöhnlich, fürchterlich.

alt. *al* = wild, fremd, fürchterlich (*al pörü* = wilder Wolf, *al jiš* = grauenvoller Wald); *aldi* = wildes Thier.
osm. *el, il* = fremd, anders (*el mali* = fremdes Gut).
jak. *ullarii* = sich verändern; *ullarit* = verändern.

In welchem Verhältnisse dieses *al* = wild, fürchterlich, zu *aj, at, as* in
čag. *ajgir* = Unthier, das *Gul-i-bijaban* der Perser,
uig. *atkir* = Unthier,
jak. *atir* }
kk. *askér* } = Hengst, männl. Thier, so kk. *askér täkäk* = Hahn,
wol stehen mag, lässt sich nur vermuthen, Sicheres wäre vorderhand schwer anzugeben. Ebenso muss es noch dahingestellt bleiben, ob das alt. *añ* = wildes Thier (vielleicht verwandt mit *aj*), in *kaplan, arslan, sirtlan* (Tiger, Löwe, Hyäne) zu erkennen sei, wie die Grammatika altaiskago jazika behauptet.

Es darf allerdings nicht ausser Acht gelassen werden, dass *at, aj,* welches obenerwähntem *atkir, ajgir* zu Grunde liegt, mit geringer Lautveränderung auch bei andern Thiernamen anzutreffen ist; so: *at* = Pferd; *ot, öt* = Rind, Ochs, auch der Name eines Gestirns; čag. *oj, üj* = Rind; *ojči* = Rinderhirt; *uj* = Kuh u. s. w., bei welchen jedenfalls ein Zusammenhang existiren muss; doch müssen wir vorläufig auf seine Erklärung verzichten.

15.

Al, il, el, nehmen, wegnehmen, annehmen, greifen, packen, berühren.

uig. *almak* = wegnehmen, ergreifen; *alsikamak* = langsam nehmen; *elik* = Hand (Nehmer, Greifer); *eliklemek* = anpacken, anfassen.

ćag. ***almaḳ*** (wie oben); ***aldaramaḳ***=hin und her greifen, umhergreifen, unbesonnen handeln; ***alaḳmaḳ***=Freibeuterei üben; ***alaḳman***, ***alaman***=Freibeuter; ***alaśmaḳ***=gegenseitig nehmen, auswählen, einander abnehmen, tauschen, handeln; ***alżaśmaḳ*** = austauschen, eintauschen; ***almaśmaḳ*** = durcheinander greifen (*almaś-ḳalmaś* = Wirrwarr); ***aluś***, ***aluć***, ***auć***, ***avuć*** = Handvoll (eigentl. Griff, was auf einmal genommen wird); ***elik***=Hand; ***elkermek***, ***elgermek***=handbar machen, zähmen; ***alik***=gefangen, eingenommen, betrübt.

kaz. ***aliśmaḳ*** = tauschen; ***almaśmaḳ***=verwechseln; ***algaśmak***= zu sich nehmen, an sich ziehen.

alt. ***al***=nehmen; ***alim***, ***aluća***=Pflicht (was man auf sich nimmt); ***algir***=tapfer (der etwas auf oder über sich nimmt); ***algaća*** Braut (die zu Nehmende); ***alïn***=sich betäuben, sich wundern; ***alu***=dumm (eingenommen).

ćuv. ***ala***=Hand; ***alza***=Handschuh; ***il***=nehmen, erhalten; ***olt*** =austauschen.

osm. ***almaḳ*** = nehmen; ***aliśmaḳ*** = gewöhnen (d. h. voneinander nehmen); ***el***=Hand.

jak. ***il***, ***ilabin***=nehmen, empfangen; ***ilin***=etwas über sich oder auf sich nehmen.

kk. ***alerben*** = nehmen; ***ilestërben*** = wechseln; ***algan*** = Gatte, Gattin (der oder die Genommene); ***alak***, ***alik*** = dumm, schlecht.

Dass ich ćuv. ***ala***, ćag. ***elik*** (Hand) von der Stammsilbe ***al***, ***el*** ableite, ja ***elik*** sozusagen für Nomen agentis fraglichen Zeitwortes halte, dazu finde ich mich durch ähnliche Erscheinungen bei der Bezeichnung anderer Körpertheile bewogen. Vgl. uig. ***ataḳ***=Fuss, und ***atamaḳ***=schreiten, gehen; ***kulaḳ*** = Ohr, und das veraltete ***ḳul*** = hören; ***köz*** = Auge, und ***körmek*** = sehen; ***tiś*** = Zahn, und ***tiśmek*** = durchlöchern; ***tirmaḳ***, ***tirnaḳ***=Nagel, und ***tirmaḳamaḳ***=krallen, kratzen u. s. w.

Al wird ausserdem noch als Hülfszeitwort gebraucht, als osm. ***aliḳojmaḳ***=behalten; ***alivermek***=zugreifen; ćag. ***alib barmak***=mitbringen; jak. *talan il*=auswählen; *kördön il*= ausbitten. Bisweilen geht der Auslaut *l* in dem Anlaut der nächstfolgenden Silbe auf, z. B.: alt. *akel*=herbringen *(al-kel)*; *akir*=hereinbringen *(al-kir)*; turkm. *akit*, *ekit*=wegführen *(al-kit)*; az. *apar*=mitbringen *(alib-bar)*.

16.

Am, *an*, *em*, *en*, *Mutter, Frauenbrust, weibliche Genitalia.*

čag. ***amčik̥***=weibliche Genitalia; ***emčik***=Brust (der Frauen); ***emmek***, ***immek***=saugen; ***emürmek***=säugen; ***ana***, ***ene***= Mutter; ***eneke***=Mütterchen.

osm. ***am***=weibliche Genitalia; ***emžek***=Brustwarze; ***meme***= Brust; ***emmek***=saugen; ***ana***, ***ene*** (wie oben).

alt. ***em***=saugen; ***emčik***=Brust; ***ene***=Mutter.

čuv. ***ančik***=ein Thier, das noch saugt; ***ama***=Weibchen, Mutter; ***ëm***=saugen.

ksz. ***ana***, ***anei***, ***enekei***=Mutter, Mütterchen.

kk. ***enä***=Vaterschwester; ***enei***=Weib, Wirthin; ***emei***, ***emd'äk***=Brustwarze; ***ëmerben***=saugen.

jak. ***ömüi***=Brust, Zitze.

Boehtlingk vergleicht auch das jak. ***ije***=Mutter, mit dem turkm.-tat. ***ana***, ***ene***, doch dünkt mir dies nicht richtig, da ***ije*** zur Wortfamilie des ***aja***, ***eje***, ***ačc***, ***eče***, ***ene***= Weib, Frau, Erzieherin, gehört.

17.

An, *am*, *em*, *en*, *im*, *bereit, fertig, existirend, jetzt, sogleich, bestimmt, anzeigen.*

uig. ***anuk̥***=bereit, fertig, gegenwärtig; ***ana***=jetzt, nun; ***anunmak̥***=bereit sein; ***anutmak̥***=bereiten, bestimmen.

alt. ***em***, ***emdi*** (kondom. ***am***, ***amdi***)=jetzt, schon; ***emdigi***= der jetzige, der nächstfolgende (***emdegi künderde***=in den nächsten Tagen).

čag. ***ene***=hier; ***emdi***, ***imdi***=nun, jetzt.

osm. ***imdi***=nun (***šimdi*** von ***šu imdi***=diesmal, jetzt).

jak. ***ani***=Jetztzeit, Gegenwart; ***anigi***=jetzig, fertig, gegenwärtig; ***ana***=anzeigen, anweisen; ***anat***=anzeigen oder bestimmen lassen.

čuv. ***ĭnde***=jetzt, schon.

kk. ***am***=jetzt; ***amŏk***=sogleich.

Die Stammsilbe ***an*** steht nur mit ***oñ***=recht, gerecht, in entfernter Verwandtschaft.

18.

And, ant, *Schwur.*

čag. osm. *and* oder *ant ičmek* = schwören (jak. *andagar* = Schwur; *andagai* = schwören).

Im Ost- und Westtürkischen sagt man überall: einen Schwur trinken, so auch neupers. *sokend chorden* (Schwur trinken), was auf die altturanische Sitte hindeutet, nach welcher beim Schwur die beiden Parteien sich gegenseitig eine Ader öffneten, um das in ein gemeinsames Gefäss gegossene Blut zu trinken*, eine Sitte, welche noch während der osmanischen Occupation Ungarns herrschte, da Solakzade und Pečevi von einem ähnlichen Schwure zwischen Ungarn und Türken in Ofen berichten. Es sind ferner gebräuchlich *and bermek* = schwören; *and tutmak* = einen Schwur halten; *and bozmak* = einen Schwur brechen, und *and ičib bekitmek* = durch Schwur befestigen. Es lässt sich hiernach kaum annehmen, dass diese alte Sitte mit einem entlehnten Worte bezeichnet worden sei, und *and, ant* scheint daher mit *alt, alk, alč* (Segen) gemeinsamen Ursprungs zu sein, wofür auch das magy. *áldomás* = Segen, Trunk beim Abschlusse eines Vertrags oder Bündnisses spricht.

19.

Ar, or, *zwischen, mitten, untereinander, gemeinsam, Gesellschaft.*

uig. *ara* = zwischen, mitten unter; *artak, artaki* = Mitte, mittlerer.

čag. *ara, aralik* = Zwischenraum, Pass; *ariš* = Doppeldeichsel (Zwischenraum, wo das Pferd eingespannt wird); *aral* = See, Insel (eigentl. ein zwischen grössern Körpern eingeschlossener kleiner Körper); *aralaš* = Wirrwarr, Vermischung; *orta* = mitten, mittlerer; *ortak* = Genosse, Theil-

* Diese Sitte ist übrigens noch heute in Afrika anzutreffen. Siehe bei Ladislaus Magyar „Reise in Bihé" die Beschreibung des Kissoko, eines Freundschaftsbundes, welcher ganz mit demselben Ceremoniell verbunden ist.

nehmer; *ortaḳliḳ* = Genossenschaft, Welt; *ortaśmaḳ* = untereinander vertheilen; *ortalaśmaḳ* = vertheilen; *ortanći* = Vermittler.

osm. *ara*, *orta*, *ortaḳ* (so wie oben).

alt. *ara* = Mitte, Zwischenraum; *arala* = vermitteln, dazwischentreten, trennen; *argaći* = Vermittler; *argis* = Vermittelung, Mittel. (Von diesem lässt sich einigermassen erklären das uig. *arḳiś* = Karavane, seiner wörtlichen Bedeutung nach eine Gesellschaft).

jak. *arït* = Zwischenraum; *orta* = Mitte; *ortoñnu* = in der Mitte befindlich; *arï* = Insel.

kk. *ara*, *araze*, *arase* = Zwischenraum; *orte* = Mitte; *arak*, *ortolok* = Insel.

In Anbetracht, dass *aralaś* und *karalaś* (Wirrwarr), ferner *araśik* und *kariśik* (vermischt) von ganz analoger Bedeutung sind, lässt sich vermuthen, dass trotz der Verschiedenheit des gutturalen Anlauts beide Stammsilben gemeinsamen Ursprungs seien; dies um so mehr, da das ćag. *ḳarmaḳ*, *ḳarmaśmaḳ* = mischen, vermengen, entschieden auf die Handlungsweise des Hinundher-, Untereinanderwerfens Bezug hat und mit *karmak*, *karmalamak* = greifen, nichts gemein hat.

20.

Art, *arḳ*, *Rücken*, *rücklings*, *hinten*, *hinterlistig*, *zurück*, *zurückbleiben*, *übrigbleiben*.

uig. *art* = hinten, rückwärts; *artuḳ* = was zurückbleibt, das Uebrige, der Rest; *artuḳluḳ* = mehr, das Uebrige; *arḳuḳ* = versteckt, hinterlistig, betrügerisch; *arkun* = rücklings.

ćag. *art*, *artḳa*, *artḳaru* = zurück; *artamaḳ* = zurücklegen, erübrigen, übrigbleiben; *artuk* = übrig; *arḳa* = Rücken, Stütze, Lehne; *arḳalamaḳ* = sich umkehren, den Rücken wenden.

kaz. *arḳa* (wie oben); *arḳali* = mittelst, durch (d. h. gestützt auf . . .); *arḳan*, *arḳun* = zurück, rücklings.

alt. *arḳa* (wie oben); *art* = hinten; *artin* = etwas auf sich nehmen oder laden (vgl. uig. *ket* = hinten und *ketmek* = auf sich nehmen, ein Kleid anlegen, anziehen); *artiḳta* = erübrigen.

osm. ***ard, ardin***=rückwärts; ***arḳuru***=nach rückwärts.
jak. ***arga***=Rücken, West (vgl. ***ḳatin***=rückwärts und Westen); ***ord***=übrigbleiben; ***orduk, ordu***=Rest, mehr, besser.
kk. ***arga*** (wie oben); ***argandže***=listig; ***arta***=Axtrücken; ***artak***=zu viel; ***artàrmen***=überschreiten (etwas im Rücken haben, zurücklegen einen Weg oder eine Strecke).

Dass der Auslaut *t* hier ein Locativaffix gleich dem *t* in ***alt, ast, eld, ñst*** sei, unterliegt wol keinem Zweifel, obwol andererseits die Veränderung in ***ḳ***, welches fast ebenso stark figurirt als ***t***, allerdings ganz aussergewöhnlich ist. Wie die vorliegende Zusammenstellung zeigt, drückt ***art, ard*** die entlehnte Form des Rücklings, Zurück, Rückwärts aus, während in ***ark, arg*** mehr die positive Bezeichnung von *tergum*=Rücken, inne liegt.

21.

As, ḳas, ḳaz, Nutzen, Gewinnst, Erwerb, gewinnen, ansammeln.

I. *a*—

uig. ***asiḳ***=Nutzen, Vortheil; ***asiḳmaḳ***=nützen, frommen; ***asiḳli***=nützlich; ***asiḳči***=Erwerber; ***asliḳ, asiḳliḳ***=Nützlichkeit.
čag. ***asig*** (wie oben); ***asgiz, asigsis***=nutzlos.
alt. ***astam***=Gewinnst, Vortheil; ***astamda***=im Handel gewinnen.

II. *k*—

osm. ***ḳazanmaḳ***=gewinnen; ***ḳazanč***=Gewinnst.
čag. ***ḳazḳanmaḳ, ḳazḳanč*** (wie oben).
jak. ***kasän, kasänabin***=für sich ansammeln, sich einen Vorrath machen.

Wie aus dem jak. *kasan* erhellt, ist die concrete Bedeutung von ***kaz, as***=sammeln, anhäufen, aus dessen transitiver Form das Zw. gewinnen hervorgegangen ist.

2*

22.

Aś, eś, ḳaś, ḳas, ḳar, reiben, wetzen, scharren, kratzen, radiren, graben.

I. *a*—

uig. ***aśiḳmaḳ*** = reiben, kratzen; ***aśiḳli*** = Feile, ein Werkzeug zum Reiben oder Kratzen.

ćag. ***eśmek*** = scharren, reiben, graben, ausgraben; ***eśinmek, aśinmaḳ*** = sich anreiben, sich abwetzen; ***eśgek*** = ein Werkzeug zum Graben, Grabscheit, Schaufel, Ruder.

kk. ***eśermen*** = rudern, schaufeln; ***iśki*** = Ruder.

osm. ***eśmek, aślnmak*** (wie oben).

II. *k*—

ćag. ***ḳaśimaḳ*** = kratzen, reiben; ***ḳaśaḳ***, *kasau* = Striegel, Kratzer; ***ḳaśinmak*** = sich kratzen; ***ḳasmaḳ*** = der vom Boden des Kessels abgekratzte Theil der Speisen; ***ḳazmaḳ*** = radiren, graben, eingraben; ***ḳozgamak*** = aufwühlen, aufgraben; ***ḳozgun*** = aufgewühlt; ***ḳozgalan*** = Aufwiegelung; ***ḳaziḳ, ḳazuḳ*** = Pflock (eigentl. das Eingegrabene); ***ḳazma*** = Haue, Grabscheit; ***kazan*** = Kessel (eigentl. Vertiefung).

alt. ***ḳazinti*** = Grube, Brunnen.

osm. ***ḳazinmak*** = radiren; ***ḳaśiḳ*** = Löffel.

kk. ***kaśek, kahek*** = Löffel.

jak. ***ḳas*** = graben, aushöhlen, hervorgraben; ***ḳaspaḳ*** = Vertiefung, Graben; ***kasta*** = niederreissen (abstreifen?).

ćuv. ***kas*** = hauen, schneiden; ***ḳaziḳ*** = Abschnitt.

III. —*r*.

jak. ***ḳarii*** = aufwühlen, pflügen; ***ḳarir*** = eine kleine Schaufel; ***ḳor*** = einen Graben graben; ***ḳorui*** = aufwühlen, pflügen.

ćuv. ***ḳoran*** = Kessel, Vertiefung.

kk. ***karerben*** = schaben, rasiren.

ćag. ***ḳarćimak*** = kratzen.

Die Grundbedeutung der Stammsilben ***az, as, ḳas, ḳaz*** und ***ḳar*** ist graben, kratzen, aufwühlen, und das gegenseitige Verhältniss der lautlich verschiedenen Formen ist ungefähr dasselbe wie bei ***as—ḳas*** = gewinnen; ***eng***—

keng = weit; *ḳis—is* = warm u. s. w., wo der gutturale Anlaut ursprünglich vorhanden gewesen und nur später verschwunden ist.

23.

As, az, aś, us, jas, jaz, unten, nieder, klein, wenig, gering, abnehmen, mangeln, fehlen, irren, schaden u. s. w.

I. *a—*

uig. *as* = wenig; *aslamaḳ* = vermindern; *ast* = unterer, niederer; *astin* = unten; *aśaḳ* = herab, hinunter; *aśitmaḳ* = besänftigen; herabbringen, unterdrücken (*köngül aśitmaḳ* = das Gemüth unterdrücken. Vgl. *al* = unten, und *alḳitmaḳ* = besänftigen).

čag. *az* = wenig; *azalmaḳ* = verschwinden; *ast* = unten; *astar* = eine schlechte Gattung Seide oder Leinwand, als Unterlage oder Futter gebräuchlich; *aśaḳḳi* = der untere; *uśaḳ* = klein, gering; *uśatmaḳ* = verkleinern, zerstückeln; *uśalmaḳ* = klein oder niedrig werden.

az. *aśaḳa* = unten, herab; *aśagalanmaḳ* = sich verringern, abnehmen; *aśaḳalamaḳ* = herablassen.

osm. *az, azalmaḳ, astar* (wie oben); *aśaḳ, uśaḳ* = Bursche, Junge; *azmaḳ* = gering oder schlecht werden; *azdirmaḳ* = schlecht machen, entarten lassen; *azgun* = empörend, entartet; *azgaśmaḳ* = böse werden.

čuv. *ar* = klein (nur im Zusammenhange mit andern Wörtern gebräuchlich).

alt. *as* = wenig, sich verirren; *askir* = irre leiten.

jak. *aččat* = verkleinern; *aččan* = vermindert; *aččarai* = kleiner Teufel.

II. *j—*

uig. *jaz* = Schade, Vergehen, Unheil; *jazim* = Fehler; *jazuḳ* = Sünde, Vergehen; *jazmaḳ* = schlecht werden, ausarten; *jazḳurmaḳ* = fehlen.

čag. *jazumaḳ* = sündigen; *jazgurmaḳ* = jemand einer Sünde zeihen, bestrafen; *jazuḳ* = Verbrechen.

alt. *jaziḳ* = Fehler, Sünde; *jas* = fehlen, abnehmen; *jasiḳ* = verringern, irren.

osm. *jaziḳ* = Schade.

Hierher gehört noch das concrete irren, herumirren, seinen Weg verlieren; čag. *adaśmaḳ* auch *azaśmaḳ;* kk. *asarmen, azerben,* sowie auch noch andere Derivata, die insgesammt auf die Zusammengehörigkeit des hier angeführten Wortschatzes sowol in begrifflicher als auch in lautlicher Hinsicht hindeuten.

Nicht zu übersehen ist an diesem Orte die Primärform von *az,* nämlich *ḳaz* = umherirren, umherschweifen, als solche nur im veralteten Worte *ḳazaḳ* = Landstreicher, Vagabund, Nomade, vorhanden; in weichlautiger Gestalt jedoch noch heute im čag.-osm. *kezmek, gezmek* = spazieren gehen, anzutreffen.

24.

Aś, eś, taś, teś, tiś, *überschreiten, übergehen, über die Grenzen oder über das Maass hinausreichen.*

uig. *aśiḳ* = überschreitend, überfliessend; *aśḳamaḳ* = überschreiten; *aśḳaḳ* = übergehend; *aśni, aśniḳi* = vorderst, zuerst, aus der Menge hinausreichend; *aśunmaḳ* = sich über etwas hinwegbegeben.

alt. *aś* = überschreiten eine Anhöhe; *aśin* = überragen; *aśu* = Gebirgspass (eigentl. der zum Ueberschreiten eines Berges bestimmte Weg).

čag. *aśurmaḳ* = etwas übersetzen; *aśuri* = über die Grenzen hinaus, was zu viel, was drüben ist; *aśuḳ, aśuḳli* = Eile (mit Bezug auf die concrete Bedeutung der schnellen Bewegung des Uebersetzens, Ueberschreitens).

čuv. *aś, aẑu** = über etwas hinwegschreiten.

osm. *aśmak* = überschreiten, dessen Causativ *aśurmak* und von diesem *aśiri* = zu viel, zu weit, über die Grenzen hinaus, auf der andern Seite.

kk. *äs, äsabin* = vorübergehen; *äsar* = vorübergehen lassen.

Mit dieser Stammsilbe verwandt ist *taś, teś* = überschreiten, überfliessen, welch letztere Form, wahrscheinlich die primitive, einem weitern Wortkreise zu Grunde liegt. So:

* Mit *ẑ* transscribiren wir das gelinde *sch*, das franz. *j*.

uig. ***taś*** = aussen, Aussenseite, über die Grenzen; ***taśarti*** = draussen, das Freie.
ćag. ***taś, tiś, teś*** = aussen, äusserlich, weit, entfernt; ***taśik*** (vgl. uig. ***aśik***) = überfliessend, überschreitend, übersprudelnd; ***taśka, tiśka, taśkaru, tiśkaru*** = draussen, hinaus; ***taśmak*** = überfliessen, überschreiten; ***taśimak, taślamak*** = hinausbringen, entfernen, wegtragen, tragen, schleppen.
jak. ***tas*** = Aussenseite; ***tasara*** = draussen; ***tasar*** = hinausführen; ***tas*** = tragen; ***tasagas*** = Last, Gepäck.
trkm. ***daś*** = weit, fern.
az. ***daśimak*** = entfernen, tragen, wegtragen.
osm. ***diś*** = aussen, äusserlich; ***diśarl*** = draussen; ***taśmak*** = überströmen.
kk. ***taskár*** = draussen; ***tastirben*** = werfen, lassen.

Hinsichtlich des lautlichen Verhältnisses zwischen ***as, taś*** und deren Derivaten vgl. ***ić, iś*** und ***tiś, teś*** § 38.

25.

As, aś, az, es, is, it, ić, essen, fressen, beissen, trinken, saufen, geniessen.

uig. ***aś*** = Speise; ***aśamak*** = essen, speisen; ***aśuk, asuk*** = Speisevorrath; ***ićmek*** = trinken; ***esürmek*** = sich berauschen; ***isük*** = geniessbar, geschmackvoll.
alt. ***aś, aśan*** = Nahrung zu sich nehmen; ***ezir*** = sich betrinken.
ćag. ***aśam*** = Bissen, Schluck, Trunk; ***aśatmak*** = füttern, nähren; ***aślamak*** = verzehren; ***aślau*** = Krippe (ein Gefäss, aus welchem Thiere gefüttert werden); ***azuk*** = Speisevorrath; ***esremek*** = gefrässig sein; ***isirmak*** = beissen, essen; ***aśi*** = Impfung, Einsetzung, Eingebung; ***isürmek, üsürmek*** = sich besaufen; ***isrük, üsrük*** = betrunken.
kir. ***as*** = Speise; ***asau*** = Fütterung, Bissen.
osm. ***aś, aśamak, ićmek*** (wie oben); ***aślamak*** = impfen (einsetzen, eingeben).
ćuv. ***is*** = trinken; ***iske*** = Getränk.
jak. ***as*** = Speise; ***asā, asïbïn*** = essen; ***asïlïk*** = Nahrung, Futter; ***isik*** = Wegekost; ***itir*** = beissen; ***itirik*** = bissig; ***ista*** = kauen (vgl. *jem* = Speise und *jemirmek, gemirmek* = kauen); ***ït, ïtā-***

bin = ernähren; *is* = trinken; *itir* = sich betrinken; *itiriäk* = betrunken.

kk. *aś* = Korn, Saat, Brot; *aśerarmen* = verschlingen; *eśerarmen* = nagen; *ezererben* = beissen; *eśrük*, *izerek* = betrunken.

Wie aus der vorstehenden Zusammenstellung ersichtlich, ist der Grundbegriff von *aś*, *aś* u. s. w. eigentlich einnehmen, zu sich nehmen, in sich aufnehmen; daher der nur geringe lautliche Unterschied zwischen Essen und Trinken nicht nur in den verschiedenen Dialekten, sondern sogar in einer und derselben Mundart, und daher denn auch *aślamak* = impfen, d. h. eingeben, einpfropfen, in die Familie dieser Stammsilbe gehört.

Wenn *aś* in entschiedener Weise den concreten Begriff des Einnehmens gibt, so drückt *jemek* oder *jimek* nicht so sehr essen, sondern mehr verzehren, vertilgen aus. So sagt man z. B. *miras* oder *mal jimek* (ein Erbtheil oder Vermögen verzehren) und nicht *aśamak*.

26.

At, aj, as, et, ej, es, Vater, Grossvater, Vetter, Bär, nebst der Bezeichnung einer bedeutenden Anzahl Verwandtschaftsgrade beider Geschlechter.

uig. *ata* = Vater; *atik* = Bär.

jak. *ese* = Grossvater, Bär. Boehtlingk bemerkt hierzu: „Die Samojeden nennen den Bären Altvater (Carlén im Bulletin historico-phil., IV, 39, Anm. 17); der gemeine Mann in Schweden, aus Furcht den wahren Namen zu gebrauchen, Altchen — *hin gamle* oder Grossvater (Ernst Moritz Arndt in den Monatsblättern zur Ergänzung der Allgem. Zeitung)."

tuv. *aba* = Mutter; *obà* = Bär.

ćag. *ata* = Vater, Ahne, Männchen (einiger Thiere: *ata büri* = Wolf, *ata kaz* = Gänserich); *atag* = Stellvertreter des Vaters; *ajik* = Bär; *atalik* = Vezierrang in Chiwa (eigentl. derjenige, den der Fürst aus Achtung mit dem Vatertitel — *atalik* — beehrt); *aći*, *aśi* = älterer Bruder (Lugati Fazlullah Chan); *etke*, *etcke* = Oheim.

kk. *ada* = Vater; *ad'a* = Onkel, Tante.

Die charakteristische Gemeinsamkeit des Ursprungs von Vater und Bär, also nicht nur bei den nördlichen Altajern, sondern auch bei den Uiguren und andern heute südlich wohnenden Türken ist ein neuer Beweis für die Annahme, dass das Türkenvolk aus dem hohen Norden nach dem Süden gewandert sei.

27.

At, aj, az, ar, *schreiten, Schritt, Fuss, Stütze.*

jak. *atak* = Bein, Fuss, Stütze; *atîlla* = schreiten, einen Schritt machen.

uig. *atak* = Fuss; *atakun* = auf den Füssen.

alt. *ajak* = Fuss, Stütze; *alta* = schreiten; *altam* = Schritt.

čag. *ajak* = Fuss; *adak araba* = Gehwagen, Rollwagen, mittelst dessen die Kinder gehen lernen; *atim* = Schritt.

čuv. *oda* = schreiten; *ot* = gehen; *ora* = Fuss; *oralan* = sich auf die Füsse stellen.

kk. *azak* = Fuss.

Atak, ajak steht zu *atamak* (schreiten) in einem solchen Verhältniss wie *elik* (Hand) zu *almak* (nehmen); *kulak* (Ohr) zu *kul* (hören) u. s. w. Einen fernern Beleg liefert noch das *jak ata* = seiend (? stehend), ungefähr gleich dem romanischen *stare* = stehen und sein, nicht minder aber auch zum gegenseitigen Verhältniss des magy. *állni* = stehen, und türk. *olmak* = sein, aufrecht stehen.

28.

At, it, it, jit, *werfen, wegwerfen, verschleudern, verlieren, zu Grunde gehen.*

jak. *it* = schiessen; *ît* = loslassen, fortlassen, abschicken; *iti* = der Schuss, das Schiessen; *itačči* = Schütze.

kk. *aterben* = schiessen; *étarmen, édarmen* = fortschicken, senden; *t'lterben* = verlieren.

uig. *jitmak, jitmek, itmak, itmek* = werfen, wegstossen; *jittürmek* = verlieren, vergeuden; *jitikmek* = zu Grunde richten.

čag. *atmak̦* = werfen, schiessen; *atim* = Schuss, Wurf (vgl. *ok̦* = Schuss, Pfeil und *okmak* = werfen); *itmek* = stossen, anstossen, jagen; *itiürmek* = verlieren, wegwerfen; *itük, jitük* = Verlust.

čuv. *ivit* = verlassen, werfen.

Abgesehen von der ganz normalen Lautveränderung des Anlauts *a* in *i* und von letzterem in *i* und *ji*, ist auch die begriffliche Entfaltung eine ganz regelmässige. Die Stammsilbe drückt überall die Handlung des Wegwerfens, Entfernens aus, während die leidende Form das Verschwindenlassen, Verlieren bedeutet. — Fraglich ist, ob nicht etwa *itük, etük, etek* = Saum eines Kleides oder Berges, ferner *eten, eden* = der unterste Theil im Zelte, als die zuerst anstossenden Theile, mit *itmak* = stossen, ausstossen, gemeinsamen Ursprungs sind?

29.

At, aj, *anders, verschieden, ändern, absondern, trennen.*

uig. *atin* = anders, verschieden, ein anderer; *atinmak̦* = sich verändern, anders werden; *atirmak̦* = etwas absondern, trennen.

jak. *atin* = ein anderer, verschieden.

čag. *ajirmak* = trennen, absondern; *ajruk̦, ajri* = abgesondert, getrennt; *ajran* = Scheidewand, der Balken, mittelst dessen zwei im Stalle stehende Pferde voneinander getrennt werden.

kaz. *ajrim* = abgetheilt; *ajirma* = Absonderung, Unterschied.

osm. *ajirmak̦, ajri* (wie oben).

čuv. *ojir* = trennen; *ojrik̦, orik̦* = ein anderer.

Selbständig wird die Stammsilbe, wie wir sehen, nur im uig. und jak. gebraucht, während in den übrigen Mundarten zumeist die causative Form vorkommt. Hierher gehört noch čuv. *av* und čag. *ajinmak, ajnamak* = verderben, eine Aenderung vom Guten zum Schlechten. So heisst es *su ajnadi* oder *čaj ajnadi* = das Wasser oder der Thee ist verdorben, d. h. eines andern Geschmacks geworden.

30.

Eg, ej, et, es, ös, ij, it, Herr, Besitzer, Eigenthum, eigen, sein selbst.

uig. *ige, ite, iti, idi* = Herr, Besitzer, Gott; *itilik, idilik* = Gottheit, Herrschaft, Schutz; *et* = Eigenthum, eigen; *ös* = selber, sein eigen.

čag. *ege, eje* = Herr, Gott, Besitzer; *ejelemek* = in Besitz nehmen; *ejeletmek* = in Besitz übergehen lassen; *öz* = selbst, sein, eigen.

az. *jejmek, ejmek* = besitzen, beherrschen.

alt. *ee* = Eigenthümer, unsichtbarer Geist, Dämon (*tu eezi* = Berggeist, *su eezi* = Wassergeist); *ös* = selbst; *östörin* = für sich allein.

jak. *iččí* = Besitzer, Herr, Eigenthümer.

kk. *is, es* = Eigenthum, Besitz.

čuv. *jišin* = sich aneignen; *jiš, jiš* = Familie, Zusammengehörige (vgl. das begrifflich analoge pers. *chiš* = eigen, Familie; čag. *kaum-i-chiš* = Familie, eigentl. sein eigenes Volk).

Trotzdem die Stammsilbe mit dem Auslaute *g, j* hier als die erste angeführt ist, weil diese Form heute am meisten vorkommt, so ist doch mit Sicherheit anzunehmen, dass *t, d* die ältere Form bildet, wie erstens aus dem uig. *iti*, jak. *iččí*, zweitens aus der Lautveränderung in den Sibilanten *s, z* hervorgeht, von denen der letztere viel näher zum *t* oder *d* als zum gutturalen *g* oder *j* steht.

31.

Ek, eg, ej, ij, ev, üb, üj, öv, neigen, beugen, umwenden, wenden, drehen, umdrehen, kreiseln u. s. w.

uig. *ekmek* = biegen, neigen; *ekri* = gebogen, krumm.

čag. *egmek, egri* (wie oben); *ijmek* = wenden, drehen; *ijinmek* = sich abwenden.

osm. *ejmek, ejri* (wie oben).

Viel ausgedehnter ist der Kreis dieser Stammsilbe mit Hinzugabe des *er, ir, ür,* nämlich in der causalen Form des betreffenden Zeitworts. So:

uig. *evirmek, evürmek* = drehen, wenden, im Kreise bewegen; *evürülmek, evirilmek, evrilmek* = sich im Kreise bewegen, kreisen; *evre, evüre* = wiederum, aufs neue; *evri, evrik* = umgekehrt, verdreht; *evren* = Schicksal, Los, Himmel (vgl. pers. *ćarch-i-gerdan* = Schicksal, Himmel, eigentl. das sich drehende Kreisel).

ćag. *egirmek, igirmek, ijirmek, öjürmek, övürmek* = drehen, wenden, kreisen, umkehren; *evrilmek, ivrilmek* = sich herumdrehen; *egrim, igrim, üjrüm, öjrem, övrem* = die schnelle, kreisförmige Bewegung, Strudel, Wirbel, Behendigkeit, Kriegsfertigkeit; *igrik, igrim, ijrim* = Wasserrad.

alt. *eebir* = drehen; *eebre* = rund herum; *iir* = spinnen.

jak. *übir* = das Kräuseln; *übirdä* = sich kräuseln (vom Wasser).

kk. *eberben* = umkehren, umwenden; *egerben* = biegen; *êger, îger, igir* = schief, krumm.

ćuv. *übünder* = umkehren.

In der passiv-transitiven Form mit *il, iil* begegnen wir dieser Stammsilbe im Folgenden:

uig. *ekilmek* = sich neigen.

ćag. *egilmek* } wie oben.
osm. *ejilmek* }

jak. *ögülün* = krumm werden, sich biegen; *ögüllübüt* = verbogen, krumm.

Und schliesslich treffen wir das causative *ögür, öjür, övür* in zusammengezogener Form in *öür, ör, ür* noch in folgenden, lautlich sowol als begrifflich leicht erkennbaren Wörtern an, als:

ćag. *örmek, ürümek* = flechten, winden; *örme, örük* = Seil, Strick; *örüm* = Zopf, Geflechte; *örgemći, ürgemći* = Spinne; *arkam (orgam?)* = Seil; *orgamći* = Seiler; *örgemek* = flechten, winden.

osm. *örmek, örümćek* = Spinne; *örü* = Geflecht, Zopf.

alt. *ürmek* = spinnen, weben; *uruk* = Geflecht.

kk. *örürmen* = flechten; *örük* = Haarflechte.

ćuv. *arla, avirla* = spinnen; *arman* = Mühle.

jak. *ürii* = umdrehen; *ürgii* = sich umdrehen.

Vergl. *tek, deg* (Kreis, Runde), bei welchem der dentale Anlaut noch nicht verschwunden und demnach als die ursprüngliche Form dieser Stammsilbe zu betrachten ist.

Ein ähnliches Verhältniss manifestirt sich zwischen *eg, ek, ög, ök* (drehen, wenden) und dem primitiven, mit labialem Anlaute versehenen *bök, bük, büg* (umdrehen, umwenden, krümmen).

Als zu *ek, eg, ej* gehörig würde ich noch nennen *eger, iger, ejer* = Sattel, von der gekrümmten, gebogenen Form so genannt. So: der Sattel eines Berges, nämlich dessen Bug oder krummer Einschnitt.

An den früher erwähnten osm. *ej* und čuv. *ar, av* reiht sich noch folgender Zweig fraglicher Wortfamilie an:

čag. *ajlamak̦* = umringen, umkehren; *ajlanmak̦* = sich umkehren, sich drehen, sich wenden; *ajlanš* = Wendung.

kaz. *ajarmak̦* = wenden (*küz ajarmaj* = ohne ein Auge abzuwenden, Budagow); *ajlaś* = Kreis, Bezirk.

alt. *ajla* = umwenden, kreiseln.

osm. *ajartmak̦* = verleiten (eigentl. jemand von etwas abwenden); *ejlenmek* = sich aufhalten oder unterhalten (eigentl. sich herumtreiben).

kk. *aihanerben* = sich drehen.

32.

Ek, iib, ik, hinzufügen, paaren, Paar, zwei, Zwilling.

uig. *ekmek* = hinzufügen, vereinen; *eklik* = vereint, gepaart; *ekiz* = Paar, Zwilling; *eki, iki* = zwei.

čag. *ekermek, egermek* = sich paaren, sich an jemand anschliessen (regiert den Dativ), begleiten; *ekinti, ikinti* = das Nachmittagsgebet, das zwischen der Mittags- und Abendzeit eingeschaltete Gebet; *ikmek* = einschalten, zugeben, säen; *iklik* = Zugabe.

osm. *ekmek* = säen; *ikiz, ekiz, igiz* = Zwilling.

kir. *eki* = zwei.

kk. *ikki* } = zwei.
čuv. *ikke* }

jak. *ikki* = zwei; *übi* = Zugabe; *üb, übübin* = etwas zu etwas fügen.

Von der Stammsilbe *ek, eg* muss früher *ekeś, egeś* (sich gegenseitig zueinander gesellen, sich aneinander anschliessen, verbinden) entstanden sein, aus welchen folgende hierher gehörige Formen

eś, aś = Gefährte, Genosse, verbinden, vereinen

sich gebildet haben. So:

alt. *eeś* = begleiten, zusammengehen, Begleiter, Gefährte.

ćag. *eś* = Gefährte, Geselle, Paar, Seitenstück; *eśmek* = verbinden, vereinigen, knüpfen; *eśme* = Band, Verbindung.

osm. *eś* = Freund, Genosse; *eślemek* = paaren; *eśmek* = zusammengehen.

kk. *eiś* = Gefährte, Weibchen.

Die Stammsilbe *ek, eg* ist übrigens nicht nur mittelst des alt. *eeś*, welcher Dialekt mit Vorliebe die inlautigen Gutturale und Labiale absorbirt, in obigem *eś* zu entdecken, sondern auch noch in *ermek* = nachfolgen, folgen, zusammengehen, welches aus *egermek*, *ekermek* zusammengezogen worden ist, leicht erkennbar.

33.

Em, am, im, um, Ruhe, Sanftmuth, Linderung, Heilung, Beruhigung, Hoffnung.

uig. *em, am* = Medicin, Heilung, Linderung; *emik* = heilsam, gesund, lindernd; *amul*, *emül* = sanft, still, gelassen; *amir*, *emür* = Ruhe, Friede; *emrülmek* = sich beruhigen, in Frieden leben; *emlemek* = heilen; *emći* = Arzt; *umunmak* = hoffen, vertrauen (eigentlich sich besänftigen, beruhigen); *umunć* = Hoffnung).

ćag. *eme* = Medicin; *emlemek* = heilen; *imrak* = friedlich, freundschaftlich, erwünscht, ersehnt, Freund; *imranmak*, *emrenmek* = Sehnsucht haben; *ummak* = hoffen; *umsuz* = verzweifelt (hoffnungslos); *umsunmak* = verzweifeln.

kaz. *imći*, *emći* = Arzt.

osm. *imrenmek* = nach etwas Begierde oder Lust zeigen.

alt. *emire* = inbrünstig bitten; *emirek* = sehnsuchtsvoll; *emde* = heilen; *amir* = Ruhe, Friede, Zustimmung; *amiraak* = friedlich.

jak. *ëm* = Medicin; *ëmtiä* = heilen; *amarak* = heftig liebend; *amtan* = Geschmack.

kk. *amėķ, amiķ* = ruhig; *amėr, amïr* = still.
čuv. *amal* = Heilmittel, Mittel; *amal usti* = Arzt.

Trotzdem wir *am, em* als Stammsilbe anführen, so ist doch die Möglichkeit nicht ausgeschlossen, in derselben eine von *aj, ej* (gut, gedeihlich) abgeleitete Silbe zu erblicken, dies um so mehr, da das uig. *ajumaķ* = gut werden, genesen (so auch osm. *eji olmak* = genesen), eine stattgefundene Verschmelzung des *ajum* in *am* oder *ejim* in *em*, gleich dem čag. *ormak* = zerreiben, und *um* = Mehl (zerriebenes) von *ovum*, vermuthen lässt. *am* = Medicin muss früher einen gutturalen Anlaut gehabt haben, wie dies aus dem überall gleichmässig gebrauchten *ķam* = Doctor, Quacksalber, ersichtlich ist.

34.

Em, üm, en, krank, schwach, morsch, abgearbeitet, geplagt.

uig. *emeke, emke* = krank, elend; *emgek* = Mühe, Qual; *emgemek* = Mühe geben, peinigen; *emgenmek* = sich plagen; *emgenikli* = der sich peinigt.
čag. *emgeklemek* = sich abarbeiten; *emekči* = Arbeiter.
osm. *emek* = Mühe; *emekdar* = ein Ausgedienter; *eñel, engel* = Last, Mühe, Plage.
jak. *ümäk* = faul, morsch, schwach (auch abgeplagt, denn in diesem Sinne ist das Wort *ümäķsin* = alte Frau aufzufassen); *ümgünii, ümsürgüi* = schwach werden.
čuv. *amaķ* = Mühe, Arbeit, Qual.

Die Stammsilbe ist *em, üm, am* und *k, g* ist nur ein Frequentativum. Mit *em* verwandt dünkt mir noch das uig. *ömek*, čag. *kömek* = Hülfe, eigentl. Arbeit, Mühe.

35.

En, eñ, enč, jen, jenč, in, inč, jinč, jünč,

klein, jung, neu, leicht (ferner in Anbetracht des geistigen Zusammenhangs zwischen osm. *kolaj* = leicht, und *jeng* = Vortheil, so: *bu išin ķolajï nedir* = wie kommt man dem zu Leibe,

oder: *aňin ķolajini bilirmisin* = kannst du das überwältigen?),
Sieg, Vortheil, besiegen u. s. w.

I.

Ohne consonantalen Anlaut.

čag. ***ini*** = klein, jung, jüngerer Bruder; ***inaķ*** = der jüngere Prinz; ***inäk*** = das Junge gewisser Thiere; ***inške, ince*** = dünn, zart, fein; ***inčmek, enčmek*** = zerstossen, zerbröckeln, zerquetschen; ***öň*** = leicht.

uig. ***inčke***, dünn, fein.

alt. ***oňoi*** = leicht; ***oňoilo*** = erleichtern.

jak. ***ini*** = der jüngere Bruder.

uig. ***öngi*** = Erleichterung, Sieg.

II.

Mit consonantalem Anlaut.

čag. ***jingi, jengi*** = neu, jung; ***jöngül*** = leicht, schwach; ***jeng-mek*** = besiegen; ***jengilmek*** = besiegt werden; ***jengiš*** = Sieg, Vortheil; ***jengiči*** = Sieger; ***jengišmek*** = um den Sieg ringen (sich gegenseitig abschwächen).

uig. ***jeng*** = Sieg, Leichtigkeit; ***jengilmek*** = siegen; ***jengitmek*** = erleichtern, mildern.

alt. ***jengi, jangi*** = neu, frisch; ***jeng, jende*** = besiegen; ***jengii*** = Sieg; ***jengiš*** = wetteifern; ***jengir*** = erneuern.

osm. ***jeňi*** (wie oben); ***jeňil, jeňli*** = leicht (in Gewicht); ***jeň-gin*** = siegreich; ***jeňmek*** = besiegen; ***jeňginlik*** = Sieg.

jak. ***saňa*** = neu; ***saňar*** = neu werden; ***saňard*** = erneuern.

kk. ***ňěk*** = schwach, gering.

čuv. ***sjine*** = neu, jung; ***sjin*** = besiegen, überwältigen; ***sjumol*** = leicht.

An das jak. ***saňa*** = neu; ***saňar*** = sich erneuern, so auch alt. ***jangi*** (neu), reiht sich die Stammsilbe ***jan*** = erwidern, erneuern, wiederbeginnen u. s. w. an, und zwar in folgenden Mundarten:

uig. ***janmaķ*** = erwidern, umkehren, vergelten; ***janut*** = Erwiderung, Vergeltung, Antwort; ***jana*** = wieder, aufs neue.

čag. *janmak̦* = umkehren, abstehen, zurückgehen, bereuen; *jene* = wieder.

osm. *jine*, *jene* = wieder.

Eine interessante Erscheinung bildet hier die Stammsilbe **inč, jinč, enč, jenč**, wo der doppelte Auslaut **nč** nicht von *ñ* oder *ng* entstanden, sondern allem Anschein nach das *č* Diminutivaffix *čk*, *čik* beim ursprünglichen Auslaut *n*, *ñ* zurückgeblieben ist. Dies tritt am besten hervor, wenn wir bemerken, dass das osm. *inče*, im čag. *inčke*, im Uig. schon *inčke*, folglich sehr klein, sehr schwach, dünn bedeutet. Mit **inč, enč** u. s. w. steht im Zusammenhange a) čag. *inči*, Zierath, kokettes Weib; *inčü*, *jinčü*, kk. *ninďi*, *ťinďi* = Perle, Schmuck; ferner *inču* = Page, worin die Grundidee des Kleinen, Zärtlichen oder Niedlichen Ausdruck gefunden (vgl. *čeče*, *čeče* = klein, zierlich und Schmuck); b) uig. *inčkimek* = verletzen, beleidigen; čag. *inčmek*, *jenčmek* = quetschen, zerstossen, d. h. klein machen; *jenčitmek*, osm. *inčitmek*, kar. *jinčitmek* = beleidigen, beschädigen, quälen.

Die Stammsilbe **jeng** ist noch zu erkennen im osm. *jigit*, turkom. *jegit* = Jüngling, Held.

Schliesslich ist **in, en** noch anzutreffen:

čag. *enmek*, osm. *inmek* = absteigen, herabkommen; *eniš*, osm. *iniš* = Abhang; *enük* = Darmbruch, Hodensack (vgl. *tašak̦* = *testicula* und *tašamak̦* = herabhängen); *öngür* = Senkung einer Ebene.

jak. *ünüä* = Abhang eines Berges.

čuv. *an* = herabgehen; *anat* = unterer Theil, bei welchen insgesammt der abstracte Begriff des Abnehmens wieder die concrete Bezeichnung des Herabsteigens, Herabkommens angenommen hat.

36.

Er, ür, ir, ür, ur, *Kraft, Stärke, Männlichkeit, Grösse, Macht, Mann, Tugend.*

uig. *er* = Mühe, Plage, Mann; *erk* = Kraft, Macht, Stütze; *erklik*, *erklik* = kräftig, mächtig; *erikmek* = kräftig werden; *ersik* = edel, grossmüthig.

čag. *er*, *eren* = Mann, Held; *erlik* = Männlichkeit, Kraft; *erkeč* (von *er koč*) = Bock; *irik* = gross, stark, alt; *iriklik* = Grösse, Stärke.

alt. *erik* = sich anstrengen, bemühen oder plagen; *erü* = Plage, Mühe, Kraft; *erlik* = die höchste unterirdische oder feindselige Gottheit im Schamanenglauben; *erkin* = Wille, Macht.

jak. *ür* = Mann, Kraft, Ausdauer; *ürdäķ* = von Ausdauer; *ürügür* = beständig; *ürüi* = Mühe, Leiden; *ürüķ* = Zorn, Heftigkeit; *ürkä* = alt, abgenutzt.

kir. *irük* = Wille, Macht, Stärke; *irüksiz* = ohnmächtig; *irkünlemek* = Macht oder Freiheit geben.

osm. *iri* = gross; *er*, *eren* = Mann, Held; *erkek* = Mann, Männchen; *ergen* = unverheirathet, Jüngling.

čuv. *ar* = Mann; *ará* = Kraft, Männlichkeit; *irik* = Wille.

kk. *er* (wie oben); *ergek* = Männchen.

In Anbetracht des Umstandes, dass *dögmek* = schlagen, prügeln, *kakmak* = einschlagen, klopfen, ausklopfen (ein Kleid) und *urmaķ*, *vurmaķ* = schlagen mittelst Kraft, tödten, abschlagen bedeutet, demgemäss nicht so sehr die That des Schlagens als die einer grössern Kraftanwendung; nicht minder mit Hinsicht auf das gegenseitige Verhältniss zwischen magy. *erö* (Kraft), *verni* (schlagen), čuv. *ará* (Kraft), *per* (schlagen), wäre ich geneigt, das turk.-tat. *ur*, *vur* als zur fraglichen Stammsilbe gehörig zu bezeichnen. *Ur*, osm. *vur*, čuv. *per*, drückt erstens die Handlung des Schlagens, Kämpfens und gewaltsamen Anstossens aus; zweitens die Handlung des Ausschlagens, als čag. *ur*, *urma* = Blase, Ausschlag; *uruķ* = Sprosse, Ausschlag eines Baumes, Zweiges, und in bildlicher Bedeutung Abkömmling, Zweig einer Familie, Familie; jak. *uruta* = verwandt machen; kaz. *ürčün* = Nachkommenschaft; kir. *ürčün* = Geschlecht; drittens das Ausschlagen eines Weges oder Bezirkes, als *oram* = Stadtviertel; *uru* = Kreis, Gang in Bergwerken; *určin* = Bezirk, District.

37.

Ib, ip, jip, jüp, *Strick, Seil, Faden, Garn, Gewundenes.*

uig. *jüp*, *jöp* = Strick, Garn, Band.

čag. *jip* = Strick; *jipek* = Seide; *ipkin* = grober Zwirn; *üpčin* = Panzerhemd, welches bekanntermassen aus geflochtenem Eisengarn besteht.
osm. *ip, ipek, iplik* (wie oben); *iplemek* = zusammenbinden.
alt. *jibek* = Zwirn.
jak. *sab* = Zwirn, Faden.
čuv. *sjip* = Garn.

Seiner Grundbedeutung nach scheint *ib, ip, jip* mit *i, ij, iv* = drehen, winden, spinnen, verwandt zu sein, ebenso wie *urgam, urma, arkam* = Strick, Seil, die Stammsilbe *ur, or* = flechten, winden, zu Grunde liegt.

38.

Ič, iš, is, öz, üz, tiš, teš, innen, inwendig, Inneres Mittleres, Mark, Kern, eindringen, Eingang, Loch, Oeffnung.

I. *i*—

uig. *ič* = innen, geheim; *ičil* = das Centrum eines Landes oder eines Volkes.
čag. *ič* (wie oben); *iček* = Eingeweide, Inneres; *ičre* = hinein; *ički, ičeki* = das Inwendige; *ičton* = Unterkleid (inwendig getragenes Kleid).
kir. *iš* = inwendig; *išik* = Eingeweide, Inneres.
az. *išik* = Thür, Eingang.
jak. *is* = der innere, Eingeweide; *isinnägi* = innerlich; *istan* = Unterkleid, Hose.
kk. *isti, išti* = das Innere; *izik, ed'ik* = Thür.
čuv. *iš* = Inneres.
alt. *ič* = inwendig (*ičkerdin* = von innen); *ešik* = Thür (*jaan ešik* = Thor).

II. *ü*—

uig. *üz* = das Innere; *üze* = Samen, Korn, Embryo.
čag. *üz, üzek* = Mark, Kern, Mandel; *üzlenmek* = ins Mark eindringen; *üzlük* = markig, kräftig.
jak. *üös* = Mark eines Baumes, Centrum, Mitte.
alt. *özök* = das Innere; *özön* = Mark.
kk. *özün* = Baummark.

In *ic* einen nächsten Verwandten von *ač* = öffnen, eindringen, zu erkennen, wird gar nicht schwer sein, zumal die Laut- und Begriffsanalogie der von beiden Stammsilben abgeleiteten Wörter hierzu die besten Merkmale sind. So čag. *ačak*, alt. *ešik*, kk. *ešik* (Thür, Oeffnung, Eingang). Was die Sondertheilung des *iš* und *üš* anbelangt, so ist letzteres deshalb besonders angeführt worden, weil es auf den concreten Begriff von Mark, nämlich Innerstes eines Körpers, Bezug hat.

III. *t*—

uig. *tišmek*, *tešmek* = eindringen, löchern; *tišük* = Loch, Oeffnung.

čag. *tišmek*, *tišük* (wie oben); *tiši* = Weibchen der Thiere. Vgl. hebr. *nekêbhâ* = Weibchen, und *nâkabh* = durchlöchern.

jak. *tüs*, *tüsübin* = durchstechen; *tüsin* = einen Leck bekommen; *tisi* = Weibchen.

kk. *tišek*, *tešek* = Loch; *tiše* = Weibchen.

alt. *teš* = löchern; *tešik* = Loch.

39.

Ij, ej, et, it, thun, machen.

uig. *itmek* = thun, machen; *itinmek* = sich bereiten, sich rüsten; *itik* = Werk, Arbeit; *itiš* = Gefäss (eigentl. ein Gemachtes, Zeug).

alt. *et* = machen; *edin* = etwas für sich machen.

kk. *ederben* = machen; *ides*, *idiš* = Gefäss.

čag. *ijlemek*, *itmek* = thun, machen; *ijledik* = That, das Gemachte.

osm. *ejlemek*, *etmek* (wie oben); *edinmek* = sich machen.

Bei der normalen Veränderung des Auslautes *j*—*t* ist nur zu bemerken, dass *j* in den ältesten Sprachmonumenten der östlichen Dialekte nie vorkommt und selbst heute bei den Azerbaizanern, Turkomanen und Osmanen viel mehr im Gebrauche ist als in den Khanaten.

40.

Ij, is, es, os, us, ut, *wehen, blasen, wittern, riechen, stinken.*

I. *—t, j.*

uig. ***it, jit***=Geruch; ***ibar** (ijbar, itbar?)*=Moschus (was einen Geruch hat).

čag. ***ij, is***=Geruch; ***ijlemek***, ***islemek***=riechen; ***ibar*** (wie oben).

az. ***ijlamak***=riechen, schmecken.

alt., ***jit***=Geruch, Geist (*jakši jit*=Wohlgeruch); ***jitla***=beriechen.

jak. ***ī***=Moschus, scharfer, beissender Geruch; ***īlak***=einen scharfen, beissenden Geruch von sich gebend; ***sit***=Geruch; ***sittä*** wittern, nach dem Geruche gehen; ***sitii***=faulen, verfaulen (eigentl. einen Geruch von sich geben, und in diesem Sinne ist lautlich und begrifflich mit ihm verwandt das čag. ***sasmak***=übelriechen, faulen; ***sasik***=übelriechend, verwest, was in Fäulniss übergegangen ist).

kk. ***t'ét***=Geruch, auch ***t'és; t'étteg***=riechend.

čuv. ***ibar*** (wie oben).

II. *—s, t.*

čag. ***ismek***=wehen; ***islemek***=flattern, fliegen; ***isnemek***=riechen, beriechen, wittern; ***isnemek***=wiehern; ***iškirmak***=pfeifen; ***osurmak***=einen Wind lassen; ***osuruk***=Wind, Furz.

osm. ***esmek***=wehen; ***islemek***=pfeifen; ***islik***=Pfeife; ***osurmak, osuruk, usuruk*** (wie oben).

jak. ***uturuk***=Furz.

kk. ***etermen***=wiehern.

Die Begriffsanalogie des Riechens und Wehens ist erstens aus der lautlichen Verwandtschaft des *ij, it*, čag. *ij, is*, kk. *t'ét, t'és* (Geruch) und *et* (wehen), zweitens durch ein anderseitiges ähnliches Verhältniss ersichtlich. So: alt. ***kak***=wehen, und osm. ***kokmak***=riechen, einen Geruch haben. Es ist allerdings höchst charakteristisch, dass Gestank und Wohlgeruch von einer und derselben Stammsilbe gebildet werden, doch ist dieses Verhältniss selbst in dem culturell meist vorgeschrittenen Osmanischen unverändert geblieben, denn *eji kokmak* heisst riechen, *fena kokmak* = stinken.

41.

Iḳ, aḳ, ag, joḳ, abfahren, abfliessen, abwärts getragen werden, fliessen, rinnen.

kir. *iḳ* = die Windseite (*iḳ ŧak*, ein Gegensatz von *ŧil ŧak* = die dem Winde gegenüber befindliche Seite. So: *tez tez karangdar ḳoj igib kitpesin* = seht euch zeitig um, dass die Schafe nicht vom Winde getragen werden).

čag. *iḳmaḳ, aḳmaḳ* = fliessen, abwärts gehen; *agmaḳ* = herabgleiten, abrutschen (so: *tüjening jüki agib kitti* = die Last des Kamels ist herabgerutscht); *iḳin, aḳin* = stromabwärts; *iḳiḳ* = was herabfliesst, flüssig.

osm. *aḳmaḳ* (wie oben); *aḳintl* = Strömung; *aḳin* = Einfall (eine bildliche Benennung des stromartig sich ergiessenden militärischen Einfalls, und hiervon *aḳinži* = ein zum Ueberfalle bestimmter Truppenhaufe).

jak. *īḳ* = Urin (eigentl. Abfluss, und hat daher mit *sidik* nichts gemein, wie Boehtlingk irrthümlich annimmt); *īḳtä* = harnen, (abfliessen lassen).

kk. *agarben* = fliessen; *agazarben* = stromabwärts fahren.

čuv. *joḳ* = fliessen, rinnen; *joḳtar* = vergiessen, verschütten; *ük* = fallen.

So viel von dem concreten Begriffskreise dieser Stammsilbe. Dieselbe hat aber auch noch einen ziemlich weiten Begriffskreis abstracter Bedeutung in dem lautlich eng verwandten

Jik, jek, ük, ek, aḳ, abnehmen, sich vermindern, ermangeln, krank, gebrechlich, mangelhaft, fehlerhaft.

uig. *jik* = Krankheit; *jiklik* = krank, im Abnehmen begriffen; *jiklemek* = erkranken; *jikitmek* = schwächen, krank machen; *jiksik, üksik* = kränklich, gebrechlich, mangelhaft.

čag. *jik, jek* = Uebel, Krankheit, schwach, unangenehm; *ük-*

sük = mangelhaft; *üksümek* = mangeln, abnehmen, sich vermindern; *aḳsaḳ* = fehlerhaften Fusses, hinkend.

osm. *eksik* = mangelhaft; *eksilmek* = abnehmen; *aḳsaḳ* (wie oben); *aḳsamaḳ* = hinken.

jak. *agin* = aufhören, nachlassen; *agijaḳ* = Mangel, wenig (*as agïjaga* = Mangel an Nahrung).

kk. *aḳsaḳ* } lahm.
čuv. *oḳsaḳ* }

alt. *jek* = Widerwillen, Abscheu; *jeksin* = sich ekeln. An letztgenannte Form und an čag. *jek* (*jek körmek* = verabscheuen) reiht sich das *ek*, *ik*, *ig*, *ij*, in čag. *ikrenmek*, *igrenmek*, osm. *ijrenmek* = sich ekeln, sich scheuen; *ijrenč*, *ijrinti* = Ekel, Abscheu.

42.

Il, *jil*, *el*, *ol*, *ul*, *schliessen*, *binden*, *zumachen*, *zusammenbringen*, *versammeln*.

uig. *ilmek* = zumachen, schliessen; *ilinmek* = sich anknüpfen, sich anschliessen; *ilḳi*, *jilḳi* = Heerde, Gestüt (eigentl. Versammlung von Thieren); *il* = Volk, Leute, Nation (eigentl. eine Versammlung, eine Gemeinde), Land; *il* = Friede, Bund.

čag. *ilmek*, *il*, *ilḳi*, *jilḳi* (wie oben); *ilgemek* = zuknöpfen, zumachen (ein Kleid); *ilgek* = Knopf; *ilik* = geschlossen; *ilenmek* = sich an jemand anschliessen; *ilenček* = zudringlich, der sich an jemand anhängt; *olamaḳ*, *ulamaḳ* = binden; *ulatmaḳ* = gebunden werden; *ile*, *bile* = mit (eigentl. verbunden, in Verbindung).

kaz. *ilenmek* = zudringlich sein; *ilenü* = Zudringlichkeit.

osm. *ilmek* = anheften, anstossen; *ilik* = Knopf; *iliklemek* = zuknöpfen; *ilmek* = Knoten, Masche; *jilim* = Leim; *ile*, *bile* (wie oben).

čuv. *jili* = Binde, Knopfloch, Schleife.

alt. *il* = anhängen, anbinden; *el* = Heimat, Land; *jele* = Seil, mittelst dessen das Säugethier entwöhnt wird; *jelim* = Leim.

jak. *il* = gutes Einverständniss (Bund); *il*, *iläbin* = anknüpfen, einhängen; *ilim* = Netz zum Fischfang, Gebinde; *silgi* = Gestüt.

Abgesehen von dem auch in den europäischen Sprachen vorkommenden Verhältnisse zwischen Bund, Friedensbund und binden (franz. *ligue* und *lier*) findet das turk.-tat. *il* = Friede, was die Grundbedeutung des Bindens oder Verbindens anbelangt, auch noch in folgender Redensart seine Bekräftigung. Man sagt nämlich *ičleri bekikmi ja čözük* = ist ihr gegenseitiges Verhältniss gebunden oder locker? d. h. sind sie in Frieden oder Feindschaft? In dieser Redensart liegt auch die beste Erklärung jener Ringe, welche auf den Sassaniden-Monumenten Südpersiens in den Händen einiger Reiter dargestellt sind, indem die Ringe auf die stattgefundene Versöhnung, Vereinigung, Verbindung hindeuten. Nicht minder interessant ist die Analogie des turk.-tat. *il* = Volk und *ilķi* = Heerde, wenn dem germ. *Volk*, slaw. *polk*, *pluk*, und engl. *flock* = Heerde gegenübergestellt — zwei einander so fernstehende Sprachen und doch derselbe Ideengang!

43.

In, *iš*, *it*, *Zuversicht*, *Vertrauen*, *Hoffnung*, *Glaube*, *Trost*.

I. —*n*.

uig. *inan* = Glaube, Vertrauen (*inansis* = unverlasslich); *inanč* = Zuverlässigkeit, Trost; *inanmaķ* = sich verlassen, vertrauen.

čag. *inam* = Glaube, Vertrauen (*inamsiz ķul* = ein unzuverlässiger Diener).

osm. *inanmaķ*, *inan* = Glaube.

čuv. *injen* = Glauben; *injemzer* = ungläubig.

II. —*š*, *t*.

čag. *išanmak* = glauben; *išanč* = Glaube.

uig. *išanmak* = vertrauen (*inanib išanir men sangga* = glaubend vertraue ich dir).

alt. *ižen* = hoffen; *iženči* = Hoffnung.

jak. *itägäi* = glauben; *itägäl* = Glaube.

kk. *itägärmen* = glauben; *itägällik* = gläubig, treu.

Schon auf den ersten Anblick wird man sehen, dass die hier als Stammsilben aufgestellten *in*, *is*, *it*, namentlich was das Verhältniss der ersten zur letzten anbelangt, sich wol begrifflich, aber nicht lautlich vereinigen lassen. Es scheint daher beiden das uig. *ij*, im Kudatku Bilik mit ايج (Wunsch, Verlangen) interpretirt, zu Grunde zu liegen, und zwar ist *in* aus *ijin* (sich etwas wünschen, sich etwas anvertrauen), *iš* aus *ijiš* (sich gegenseitig oder wiederholt wünschen) hervorgegangen. Nur wie aus dem uig. *inanib išanirmen* erhellt, scheint zwischen *in* und *iš* auch ein begrifflicher Unterschied obzuwalten, indem *iš* einen verstärktern Grad des Zutrauens bezeichnet.

44.

Ir, er, ar, ur, früh, zeitig, morgen, Morgen, früh sein, zeitig oder zeitlich sein, reifen.

čag. *ir, irte, erte* = früh, zeitlich, der Morgen, morgens; *irik* = zeitig, reif, zeitlich; *irikmek* = zeitig aufstehen; *irteki* = das Alte, das Vergangene, ein Geschehniss, Fabel, Geschichte (vgl. magy. *rég* = alt mit *rege* = Fabel); *irmek* = zur Zeit sein, anlangen, reifen; *irim* = Hoffnung, Zukunft, Erwartung (eigentl. das Eintreffen).

osm. *ir, er, erte* (wie oben); *erken* = frühzeitig; *ermek* = anlangen; *jarin, jerin* = morgen.

tar. *ir* = früh; *iran* = morgen.

alt. *erte* = früh; *ertegi* = Alter, Vergangenheit; *ertin* = morgen.

kk. *erte* = frühzeitig.

jak. *ärdä* = früh, Frühe; *ärdäňi* = früh; *urut* = früher, vor Zeiten; *urukku* = die alte Zeit.

In Anbetracht, dass der Begriff des Reifens, Werdens, Eintreffens, Anlangens, dem einer örtlichen Existenz oder örtlichen Seins nicht fern steht, muss das Hülfszeitwort

uig. *irmek*
čag. *irmek*
osm. *imek*
jak. *i, ibin*
} sein, existiren

als hierher gehörig bezeichnet werden. *Irmek* drückt vorzugsweise eine örtliche Existenz aus, denn sein *(essere)* im Allgemeinen ist ursprünglich in ***olmak***, ***bolmak*** vorhanden.

Lautlich ist vorliegende Stammsilbe — und dies ist namentlich bei ***ar***, ***ur*** der Fall mit ***bor***, ***bur*** (§ 209) = zuvor, zuerst, verwandt.

45.

Ir, *ür*, *er*, *flüssig sein oder werden*, *aufthauen*.

čag. ***erimek*** = schmelzen, aufthauen, aufgehen (von einem Geschwür, und hiervon stammt) ***erin***, ***irin*** = Eiter, Eiterung, und ***irinlemek*** = eitern, d. h. allmählich aufgehen; ***eritmek*** = zum Schmelzen bringen.

jak. ***ir***, ***irübin*** = aufthauen; ***iriär*** = zum Aufthauen bringen; ***iränä*** = Eiter, Materie; ***ïiräk*** = Fluss.

osm. ***erimek*** (wie oben); ***irmak*** = Fluss, Strom.

alt. ***iriñ*** = Eiter; ***iriñde*** = eitern.

46.

Is, *iz*, *ez*, *az*, *quetschen*, *drücken*, *eindrücken*, *Eindruck*, *Spur*, *spüren*, *suchen*, *wollen*.

uig. ***is*** = Spur, Fusstritt, Lebenswandel; ***ismek*** = zerdrücken.

alt. ***is*** = Spur; ***iste*** = nachspüren, suchen.

osm. ***iz*** = Spur; ***izlemek*** = nachspüren; ***istemek*** = wollen, suchen, verlangen, fordern; ***ezmek*** = zerdrücken, zerquetschen; ***azu***, ***azï*** *(diš)* = Quetsche (Zahn), Backzahn.

čag. ***iz***, ***izlemek***, ***istemek*** (wie oben); ***istek***, ***tilek*** = Wille, Sucht; ***azik*** *(tiš)* = Quetsche (Zahn).

kk. ***is*** = Spur; ***istirben*** = aufsuchen, nachspüren.

čuv. ***jir*** = Spur.

kir. ***izdemek*** = suchen, wollen; ***ezmek*** = zerdrücken.

Lautlich gehört ***is***, ***iz*** eigentlich zu ***kes***, ***kis*** (beengen, drücken), ja letztere Form ist sogar die ältere und primitive, wie dies in ähnlicher Weise bei ***kïs*** (Wärme) und ***is*** (Hitze) zu bemerken ist, und die Sonderstellung hat hier nur infolge des allzu weiten Begriffskreises stattgefunden. Hinsichtlich des gegenseitigen Verhältnisses zwischen *is* (Spur), *istemek* (suchen) und *ezmek* (drücken) vgl. *tap* (Spur) *taplamak* (aufsuchen) und *tep* (treten, zertreten).

47.

Oj, üj, ov, ev, ot, ut, üt, graben, ausgraben, schnitzen, tief machen, Vertiefung, Grube, Loch, Wohnung u. s. w.

I. —*j*.

čag. *oj* = Vertiefung, Thal, Ebene, Grube, Zelt (vgl. *aķ-oj* und *kara-oj*); *ojmaķ* = graben, ausgraben, graviren, vertiefen; *ojuķ* = Loch, Grube, Vertiefung; *ojma* = Ausgrabung, Bildhauerarbeit; *ojmači* = Bildhauer; *öj* = Haus, Zelt, Wohnung; *öjlük* = Hausleute, Weib; *öjlenmek* = sich ein Haus machen (heirathen); *ojmaķ* = Fingerhut.

kaz. *ojuķ* = ciselirt; *ojum* = Ciselirung; *ojmakčc* = Abdecker.

alt. *ojdik* = Grube; *ojiś* = sich einnisten; *üj* = Haus.

jak. *uja* = Nest; *oju* = Verzierung, Gravüre; *ojülä* = verzieren (durch Eingrabungen).

kk. *oi* = langes Thal, Schlucht; *ojak* = Schlucht; *oimak* = Grube.

čuv. *oj* = Thalgegend.

II. —*v*, *r*.

uig. *evči* = Weib, von *ev* = Haus.

čag. *ova*, *oba* = Haus, Zelt, Wohnung im Allgemeinen.

alt. *eb*, *ev* = Haus.

osm. *ev* = Haus; *ova* = Thalgegend, Ebene; *evlenmek* = heirathen.

kk. *er*, *ėr*, *ir* = Jurte; *oraś* = Schlucht.

III. —*t*, *d*.

čag. *otag* = Gemach, Zimmer, Zelt (Wohnung).

kir. *otau* = das Zelt der Neuvermählten.

osm. *oda* = Zimmer; *odaliķ* = Zimmermädchen, Odaliske.

alt. *odu* = Stall, Quartier; *odulan* = Unterkunft finden.

jak. *üt* = Loch.

kk. *üt* = Grube, Loch.

čuv. *odar* = Zufluchtsort für Schafe.

Es ist höchst interessant, zu beobachten, wie diese Stammsilbe in allen ihren lautlichen und begrifflichen Variationen, ob mit *j*-, *v*- oder *t*-Auslaut, ob als Zelt, Zimmer, Gemach, Stall u. s. w., in der Grundbedeutung doch immer den Begriff von Vertiefung, Loch, Nest, als die primitivste Wohnungsweise der Menschen, ausdrückt. Es darf übrigens nicht übersehen werden, dass ausser der erwähnten Wohnung den Steppenbewohnern von jeher noch eine andere Art von Wohnung eigen war, nämlich das Zelt, ***ćadir***, ***ćatma***, dessen wörtliche Bedeutung nicht auf graben, höhlen, sondern auf zusammenlegen, zusammenstellen = ***ćatmaķ*** beruht.

48.

Oķ, og, ong, ök, ög, üj, *Sinn, Verstand, Verständniss, begreifen, wissen, lehren, lernen, rathen.*

I. *o*—.

uig. ***oķ***=Sinn, Verständniss; ***oķuķ***=das Verstehen, das Wissen; ***oķuķluķ***=die Lectüre; ***oķuś***=Wissen, Wissenschaft; ***oķmaķ***=begreifen, verstehen, wissen; ***oķikli***=der Verstehende; ***oķķan***=Gott (der Verstehende, der Wissende); ***oķturmak***= zu verstehen geben, begreiflich machen.

ćag. ***oķumak***=lesen, verstehen; ***oķutmaķ***=lehren, unterrichten; ***ogan***=Gott; ***ong***, ***ang***=Sinn, Verstand (analog mit dem uig. *oķ*; so: ***angi ućkan***=er war ganz betroffen, sein Sinn war weggeflogen); ***anglaķ*** = verständig; ***anglatmaķ*** = begreiflich machen.

osm. ***oķumaķ***, ***oķutmaķ*** (wie oben); ***oķutdurmaķ***=lernen lassen; ***añ*** = Sinn, Bewusstsein; ***añsiz*** = plötzlich (eigentl. überrascht, ohne Bewusstsein); ***añlamaķ***=verstehen.

alt. ***uķ***=hören, verlauten, wissen; ***uķmaķ***=Nachricht, Gerücht; ***uķali***=verständig; ***oñno***=erinnern.

Der Umstand, dass im alt. ***uķ*** und im ćag. (Ostturkestan) ***oķ*** =hören, gehorchen (die russischen Verfasser der altaischen Grammatik übersetzen *uķ* mit *slišat* und *slušatsa*) bedeutet, lässt vermuthen, dass dem ćag.-osm. ***išitmek*** = hören, vernehmen *iś ?is* = Verstand zu Grunde liegt, und *iś-itmek*, *is-itmek* würde laut wörtlicher Bedeutung begreifen, verstehen heissen, ganz so wie *oḳmaḳ* oder *uḳ*, dessen Grundbedeutung nicht *audire*, sondern *intelligere* ist. Ein annäherndes Beispiel liegt im franz. *ouïr* und *entendre* vor. Bemerkenswerth ist ferner, dass die turk.-tat. Mundarten im Allgemeinen für hören kein einen concreten Begriff enthaltendes Wort besitzen. Das osm. *dinlemek* = anhören bedeutet eigentlich ruhig sein. Wie aus *ḳulaḳ* = Ohr, sich vermuthen lässt, war *ḳul*, finn.-ugrisch *kullu*, magy. *hall* = hören, auch einst im Türkischen gebräuchlich, doch heute ist nur im Altaischen davon eine Spur vorhanden.

II. *ö*, *ü*—.

uig. *ök* = Verstand, Rath, Sinn; *öküm* = aufmerksam (mit Verstand); *öklenmek* = zu Verstande kommen, begreifen, lernen; *ökletmek* = jemand zu Verstande bringen, lehren; *ögüt* = Rath.

ćag. *ögüt* = Rath, Lehre; *ögrenmek* = lernen; *ögretmek* = lehren.

osm. *öjrenmek* = lernen; *öjretmek* = lehren; *öjüt* = Rath.

alt. *üüren*, *üren* = lernen; *üredü* = Gelehrsamkeit; *üüret*, *üret* = lehren.

jak. *üöräḳ* = Lehre; *üöröt* = lehren, unterrichten; *üörön* = lernen.

kk. *ügüränerben* = lernen, auch *örünermen*.

ćuv. *viren* = lernen; *virent* = lernen.

Im Uigurischen ist *ök* und *oḳ* abwechselnd in einem und demselben Sinne gebraucht; bei den abgeleiteten Wörtern, die auf lehren, lernen und rathen sich beziehen, wird von dem weichlautigen *ö*, *ü* und nie von dem hartlautigen *o*, *u* gebildet.

Ob wol *öksüz* = Waise, verlassen, von *ök—süz* = rathlos, oder von *ök*(= Zelt, Haus)*süz* = obdachlos, abstammt? Letzteres nimmt Castrén an, doch ist zu bemerken, dass *öksüz* = Waise in sämmtlichen Mundarten vorkommt, *ök* = Zelt jedoch nur im kk. anzutreffen ist.

49.

Ok, og, jog, ov, of, ob, up, uf, juf, *reiben, zerreiben, kneten, zerkneten, zerknittern, zerstückeln*
— und das infolge erwähnter Handlung zu Stande gekommene Beiwort —
fein, zerrieben, zerstückelt, dünn, klein u. s. w.

Da wir es hier mit einer ganzen Fülle von auseinander herausfliessenden lautlichen und begrifflichen Analogien zu thun haben, so wollen wir behufs bessern Verständnisses die Stammsilbe in den verschiedenen An- und Auslauten einzeln vorführen.

I. —*k, g.*

čag. ***ogmak***=reiben; ***okalamak***=zerreiben, zerquetschen; ***oklagu***=Walze (mit was etwas zerrieben wird); ***ogurmak***=sich reiben, schmieren.

osm. ***oklau***=Walze.

Hierher würde ich noch čag. ***agunamak***, ***agnamak***=sich auf der Erde hin- und herwälzen (vielleicht von ***ogunmak***=sich reiben, sich anreiben) rechnen.

II. *j*—.

čag. ***jokum, jogum***=weich, zerrieben, und von diesem (***jovum, joum*** und) ***jum-šak***=weich (ursprünglich ***jogumšak***); ***jokmak***=kneten; ***jogurmak***=durcheinander kneten.

kk. ***ňěmďak***=weich.

osm. ***jovurmak, jourmak***=kneten.

alt. ***jimša***=sich erweichen; ***jimšak***=weich.

čuv. ***šjamse***=weich; ***šjunuk***=Mehl; ***orba šjunuk***=Gerstenmehl.

III. —*v.*

čag. ***ovmak***=reiben, quetschen; (***ovum, oum***) ***um***=Mehl (das Zerriebene); ***ovatmak, ovalamak***=mahlen, zerquetschen; ***juvarlamak***=wälzen, rollen.

osm. ***un***=Mehl; ***ovmak*** (wie oben); ***övütmek, öğütmek***=mahlen, zerquetschen.

kir. ***um***=Mehl, Staub, Pulver; ***umtak***=zerrieben wie Pulver; ***umtamak***=fein zerreiben.

IV. —*b, p, f.*

jak. *ubaḳ* = das Zerreiben eines festen Körpers; *ubaḳta* = mit den Händen zerreiben.
čag. *upak*, *uparak* = klein, dünn, faserig, alt (von Kleidern); *jupḳa* = dünn; *upramaḳ*, *opramaḳ* = zerreissen, zerstückeln; *jupḳa* = dünn.
uig. *opraḳ*, *upraḳ* = klein, winzig; *opramaḳ* = zerstückeln.
osm. *ufaḳ*, *ufaraḳ* = klein, sehr klein; *jufḳa* = dünn.
čuv. *üpkc* = leicht.

Im ganzen lässt sich der hier angeführte Wortschatz begrifflich und lautlich in zwei Theile theilen. Die Stammsilbe mit *ḳ*-, *g*-, *v*-Auslaut bezieht sich vorzüglich auf die Handlung des Reibens, Zermalmens, Mahlens und Quetschens, während die auf *b*, *p*, *f* endende die Handlung des Zerbröckelns, Zerstückelns, Dünnwerdens interpretirt.

50.

Oḳ, og, ou, u, uu, ou, og, Knabe.

Uig. *oḳul*, čag. *Ogul*, *oul*; alt. *ul*, *uul*; osm. *oul*, *oghlan* = Knabe, darf seiner Grundbedeutung nach nicht so sehr als *puer*, ein Kind männlichen Geschlechts, sondern als Kind, Sprössling im Allgemeinen angesehen werden, und die Stammsilbe *oḳ, og* ist eine Nebenform von *toḳ* = gebären, von welch letzterem der dentale Anlaut verloren gegangen ist. Hierfür sprechen folgende Beweise: 1) das gegenseitige Verhältniss zwischen uig. *toḳ* = Kind und *toḳmaḳ* = gebären; alt. *uḳ* = Sprössling, Nachkomme und *uḳta* = Geschlecht fortpflanzen; jak. *ogo* = Kind und *ogolon* = gebären; kk. *olak* = Knabe und *olgan* = Kind von 3—4 Jahren (*ol* ist durch Verschmelzung der Gutturale von *og-ul* entstanden); 2) dass *ogul*, *oglan* im Osmanischen selbst noch heute für Kind gebraucht wird. So *ḳizoglan ḳiz* = ein Mädchenkind, eine Jungfer. Die Wortbedeutung von *ogul*, *ogulan*, *oglan*, *olan* ist daher Sprosse, Sprössling, *alias* Kind.

51.

Oḳ, zugleich, ähnlich.

uig. ***oḳ*** = zugleich, auch; ***oḳlamaḳ*** = ähneln; ***oḳsaḳ***, ***oḳśaḳ*** = ähnlich.

ćag. ***oḳ*** (wie oben); ***oḳśamaḳ*** = ähnlich sein; ***oḳśaś*** = ähnlich; ***oḳśatmaḳ*** = vergleichen.

Das *ś* in ***oḳśaḳ*** dünkt mir nicht so sehr ein Correpetitivum als ein verstärkter Zischlaut des Adjectivaffixes ***saḳ***, ***siḳ***, welches im Uigurischen häufig, im Ćag. jedoch nur selten vorkommt.

52.

Ol, bol, sein, existiren, sich befinden, sich aufhalten, sitzen, wohnen.

uig. ***olmaḳ***, ***bolmaḳ*** = sein, existiren, sich aufhalten, an einem Orte stehen bleiben; ***olturmaḳ*** = sitzen, wohnen, bleiben.

jak. ***olor*** = sich aufhalten, leben, verweilen, sitzen, sich setzen; ***olortor*** = sitzen heissen; ***oloḳ*** = Sitz, Stand, Leben; ***buol*** = werden; ***buoluś*** = gemeinschaftlich oder zusammen werden.

ćag. ***bolmaḳ***, ***olturmaḳ*** (wie oben).

osm. ***olmaḳ***, ***oturmaḳ***.

kk. ***olcrarmcn*** = sitzen; ***olertermen*** = setzen; ***ôderben*** = sitzen, leben.

Der gemeinschaftliche Ursprung des S i t z e n s und S t e h e n s erhellt am besten aus dem Jak. Was die getrennte Form des ***olur*** und ***oltur***, osm. ***ôtur***, kk. ***ôder*** anbelangt, so muss bemerkt werden, dass *olturmak*, eigentl. *oli-turmak* = bleiben, stehen bleiben, ein verstärkter Begriff des ursprünglichen s e i n, e x i s t i r e n ist. So wie *olur*, *oltur* nicht so sehr die Handlung des Sitzens als vielmehr die des Verbleibens, Aufenthalts interpretirt, ebenso ist dies auch mit ***turmaḳ*** der Fall, welches nur im Westtürkischen stehen bedeutet. Im Osttürkischen heisst s t e h e n *ajaḳ üzre turmaḳ* = auf den Füssen sein, das franz. *être debout*.

53.

Ong, oñ, on, Rechte, recht, gerade, richtig, zufrieden.

uig. ***ong***=Rechte, recht, richtig, gut; ***ongmak̦***=gerade sein, gedeihen; ***onggai***=gerade; ***ongti***=Richtschnur, Regel; ***ongumak̦***=sich anpassen, sich richten; ***onamak̦***=zufrieden sein; ***onar***=glücklich, selig.

ćag. ***ong, onamak̦*** (wie oben); ***ongai***=passend, richtig, füglich; ***ongalmak̦***=heilen, genesen; ***onguś***=Geschicklichkeit, Erfolg; ***onguśmak̦***=sich fügen; ***ongan***=zufrieden; ***onglamak̦, ongdamak̦***=herrichten, verbessern; ***ondurmak̦***=zufrieden stellen, beruhigen, besänftigen.

osm. ***oñat***=gut, schön; ***oñulmak̦***=heilen, sich bessern; ***oñulmaz***=Taugenichts, unverbesserlich.

alt. ***oñ***=Rechte, recht, Erfolg; ***oñori***=gerade; ***oñdo***=verbessern.

jak. ***uña***=recht, rechte Seite; ***oñor***=zubereiten.

ćuv. ***ün***=rechten, zurecht machen.

Begrifflich und lautlich steht ***ong*** am nächsten ***sak̦, sag***=recht, rechte Seite, gesund.

54.

On, oñ, ong, ond, ön, ün, iñ, in, Laut, Stimme, Ruf, rufen, ächzen, kreissen, stöhnen.

uig. ***ong, on***=Ruf, Laut, Stimme; ***ondamak̦, indamak̦, inlamak̦***=rufen, einen Laut von sich geben, winken.

alt. ***ün***=Stimme, Laut; ***ünden***=rufen, winken; ***ünda***=rufen mittelst Zeichen; ***onto***=seufzen.

ćag. ***on, ön***=Laut, Stimme; ***önlemek, inlamak̦, ondamak̦, indamak̦***=rufen, winken; ***indurmak̦, initmak̦***=rufen lassen; ***onduéi***=Ausrufer; ***indav***=das Winken, das Rufen; ***inlemek***=ächzen; ***inek***=Kuh (eigentl. die Aechzende, Stöhnende, so wie ***buga, buk̦a***=Stier, mit der Stammsilbe ***bug***=brüllen, blöken, in Verwandtschaft steht).

jak. ***inik***=das Stöhnen; ***inak***=Kuh.

osm. ***ön, ün***=Stimme (*er önli avret*=eine Frau mit Männerstimme).

Auf den ersten Anblick mag die Stammsilbe *ïn, ïn* von *ïm* als nicht zusammengehörig erscheinen, da letztere zumeist mit Winken, Kopfbewegen übersetzt wird und vielleicht mit *ḳïm* = rühren, bewegen in Zusammenhang gebracht werden kann. Doch meine ich, dass mittelst *ïm* nicht so sehr der Bewegung des Hauptes als der mit derselben verbundenen Lautgebung Ausdruck verliehen wird.

Als nächst verwandt zu *oñ, ong* müssen noch folgende lautlich und begrifflich hierher gehörende Formen verzeichnet werden.

1) Nach der Regel der Lautverwandlung des *ḳ* in *ñ*, *n* oder vice versa:

uig. *oḳ* = Laut, Stimme; *oḳimaḳ* = rufen.

ćag. *oḳimaḳ* (wie oben).

2) reiht sich an *ong* noch:

osm. *janḳu* = Laut, Widerhall.

jak. *saña* = Laut, Stimme, Ruf; *sañar* = rufen, schreien.

ćuv. *jingïl* = Klang, Laut.

55.

Os, oz, es, is, zuvor, ehedem, vergangen, alt.

alt. *ozo* = früher, Vergangenheit; *ozogï* = früher, alt; *ozoći* = vorüber- oder vorbeigegangen; *ozin* = vorbeigehen.

uig. *öski, üski, özki* = vergangen, alt.

ćag. *iski* = alt; *iskirtmek* = alt machen.

osm. *eski* = alt; *eskimek* = alt werden.

Vergl. *aś* = vorübergehen, vorbeigehen, an das sich das alt. *ozin*, ćag. *aśin, aśir*, am nächsten anreiht, trotzdem letzteres als eine Nebenform von *taś* = überschreiten, überziehen, bezeichnet werden kann. Bezeichnend ist, dass die Eruirung des Ursprungs von *iski, eski* nur dem alt. *ozo, ozoḳi* zu verdanken.

56.

Ot, uot, Feuer, brennen.

ćag. *ot* = Feuer; *otun* = Brennmaterial, Holz; *otimaḳ* = brennen; *otlanmaḳ* = sich entzünden.

jak. *uot* = Feuer; *otun* = anzünden, Feuer anmachen.

čuv. *vot* = Feuer; *vočak*, *votčak* = Feuerherd.
kk. *ot* = Feuer; *otok*, *otuk* = Feuerstahl.

Hierher gehört noch *očak*, *očak* = Herd, Feuerherd, der Ort, wo gefeuert wird, welches ich ehedem fälschlich von *üc-ajak* = Dreifuss, ableitete, da das čuv. *votčak*, *vočak* entschieden für die Stammsilbe *ot*, *vot* spricht.

Wenn wir das gegenseitige Verhältniss zwischen *kizmak* = glühen und zürnen, jak. *uor* = Zorn, Heftigkeit und *ört* = Brand, ins Auge fassen, so wird es nicht schwer sein zu erkennen, dass zwischen *ot* = Feuer, und *öt* = Zorn, Eifer, ein ähnliches Verhältniss obwaltet, daher letzteres in allen seinen lautlichen Veränderungen hierher gehört.

ot, öj, öv, *Zorn, Erregtheit, Eifer.*

čag. *öt*, *öd* = Zorn, Ingrimm, Galle; *öpke*, *övke* = Grimm, Aufgebrachtheit; *öpkelemek* = zürnen, sich ärgern; *öjke*, *öjge* = Brunstzeit der Thiere und die damit verbundene Wuth.
kk. *öt* = Galle; *öček* = kühn, tapfer.
kir. *öpkeli* = zornig; *ökpelemek* statt *öpkelemek* = zürnen.
osm. *öt* = Galle; *öfke* = Zorn.

Es heisst ferner im osm. *ödüm koptu* = ich war sehr erschrocken, aufgeregt; wörtlich: mein Eifer hat sich erhoben, und nicht: meine Galle ist aufgestanden. *öt* = Galle ist nur der bildlichen Bedeutung dieses Wortes entlehnt, denn für Galle als Körpertheil haben die Türken kein speciell selbständiges Wort. So wird im Osmanischen das Wort Galle mit dem arab. *safra* = Galle, gelbe Farbe, im Azerbaižanischen mit *öd*, aber auch mit dem pers. *zerde* = Galle, gelbe Farbe, ausgedrückt.

57.

Ot, oj, oi, *Sinn, Verstand, nachdenken, sinnen.*

uig. *ot*, *oti* = Gedanke, Sinn; *otmak* = denken, ausdenken; *otunmak* = sich vertiefen, sich überlegen, nachsinnen.
alt. *uda* = nachsinnen, überlegen (*udabai kelgin* = er kam schnell, ohne sich zu besinnen).
čag. *oj* = Gedanke, Einfall.

4*

jak. *öl* = Gedächtniss; *öldüö* = verstehen, begreifen; *öldöt* = begreiflich machen.

Der Stammsilbe *oj* scheint das concrete *oj* = graben zu Grunde zu liegen. Vgl. deutsch *graben* und *grübeln*; magy. *fúrni* = bohren und *fürkészni* = ausforschen.

58.

Ot, oj, ov, *Spiel, Scherz, Tand, tanzen, scherzen, spielen.*

uig. *otmak̦*, *utmak̦* = ausspielen, im Spiele besiegen; *ojuk̦*, *ovuk̦* = Spiel, Scherz; *ovuk̦lamak̦* = spassen, schäkern.

kas. *otmak̦*, *utmak̦* = ausspielen; *otuś* = Gewinnst, Spiel.

čag. *oj-k̦iz* = Gespielin; *ojnaś* = Freier; *ojnak̦* = schalkhaft, Schalk, leichtfertig; *ojnamak̦* = tanzen, spielen. (Die Begriffsanalogie zwischen Scherz und tanzen scheint auch im deutschen Tand und tanzen vorhanden zu sein.)

kir. *ojnamak̦* = kreiseln; *ojnark̦i* = muthwillig.

osm. *ojun* = Spiel; *ojalamak̦* = tändeln; *ojnamak̦* = spielen, tanzen.

jak. *oinu* = Spiel; *oinuo* = spielen, feiern.

kk. *o'en*, *ôjen* = Spiel.

Mit Ausnahme der zwei zuerst angeführten Dialekte, wo die Stammsilbe in der ältesten Form und ohne Affix vorkommt, treffen wir bei den übrigen das transitive *n* an. *ojnamak̦* heisst daher richtiger sich spielen, sich kreiseln (tanzen). Das osm. *ojalamak̦*, dem ein mir unbekanntes čag. *ojk̦alamak̦* entsprechen muss, und osm. *ojalanmak̦* = schäkern sind ältern Gebrauchs.

59.

Ov, oj, uj, ut, *Scham, Schande.*

uig. *ovut (ojut?)* = Scham, Schande; *ovutluk̦*, *ojatluk̦* = schamhaft; *ovutmak̦*, *ojatmak̦* = beschämen.

alt. *ujat* = Schande; *ujal*, *ujalin* = sich schämen; *ujalt* = beschämen.

čag. *ojat* = Schande; *ojat* = pfui!; *ojatmak̦* = beschämen; *ujalmak̦*, *utkanmak̦* = sich schämen.

osm. *utanmak* = sich schämen; *utandirmak* = beschämen.
jak. *süt* = Schande; *süt, sütabin* = sich schämen.
kk. *ñat, ujat* = Schande.

Nach den hier angeführten kk. und jak. Beispielen zu urtheilen, könnte man glauben, die primitive Stammform sei *jat*, und der *o*-Anlaut wäre nur später dazugekommen. Eine solche Annahme wäre entschieden irrig, da die Verschiedenheit der Verbalformen in *ujat* und in *ujal* ganz klar auf *uj, oj* als Stammsilbe hinweist, und letztere scheint mir mit dem alt. *ojlo* = entfliehen, sich zurückziehen, *ojtto* = zurück u. s. w. verwandt zu sein. Der concrete Begriff des Schämens ist daher sich zurückziehen, sich verstecken, wie dies übrigens aus dem transitiven *utkanmak, otanmak* am besten hervorleuchtet. Zu bemerken ist noch, dass *ut, ot* in dem letzterwähnten Beispiele nicht als eine ältere Form des *uj, oj* anzusehen, sondern vielmehr aus *ojat, ovut* zusammengezogen worden ist.

60.

Ög, ök, öj, eg, ük, üg, üv, anders, verschieden, fremd, Stief-, ändern, sich abwenden, tadeln.

uig. *ögün, ökün, egin* = anders, manch, verschieden; *ögünmek* = sich verändern, bereuen; *ökünč, ügünč* = Reue; *ükmek* tadeln, kritisiren, anders wollen; *üktüm* = Tadel.

čag. *ögün, ögünmek, ögünč* (wie oben); *ögündürmek* = jemand zur Reue bewegen, absondern, reinigen; *ögürmek, ügürmek* = abwenden, wegwenden; *ügej* = fremd, Stief-, abgesondert (*ügej karindaš* = Stiefgeschwister).

osm. *öjünmek* = sich abwenden, bereuen (*bu išden öjündüm* = ich habe diese Sache bereut); *öjünč* = Reue; *üvej* = Stief-, nicht blutsverwandt.

jak. *ügin* = mannichfach, allerlei; *ügülgü* = Mannichfaltigkeit, Abwechselung.

kk. *öi* = Stief-, fremd (*öi baba* = Stiefvater).

alt. *ööj* = Stief-, fremd; *öñö* = ein anderer, verschieden.

Vgl. *aj, at* (anders), eine hartlautige Nebenform vorliegender Stammsilbe, die streng genommen auch hierher gerechnet werden könnte. In begrifflicher Hinsicht ist dies um so mehr erklärlich, da ändern, abändern vom Begriffskreis des Abwendens, Abneigens nicht weit fällt.

61.

Öl, höl, köl, nass, feucht, Meer, See.

kk. *höl, köl, kül* = See; *ül* = nass.
čag. *ül, öl* = Meer, grosses Wasser; *höl* = feucht; *hölletmek* = befeuchten, nass machen; *kül, köl* = See.
osm. *göl* = See.
jak. *üöl* = feucht; *üli-i, üijäbin* = nass werden.
čuv. *olik* = feucht, Wiese, kothig.

Der Begriffskreis des čuv. *olik* gibt einen Anhaltspunkt zur Erklärung des čag. *öleng* = Wiese, welches fälschlich für persischen Ursprungs gehalten wurde. Letztgenanntem Worte liegt um so mehr die Stammsilbe *öl* = feucht, nass, zu Grunde, weil diesem als Gegensatz *takir* = feste, trockene Ebene gegenübersteht. Aus demselben Grunde gehört vielleicht hierher noch das alt. *ölöng* = Gras, Ried; kas. *ölen* = Gras, das Grüne, in Uebereinstimmung mit der Begriffsanalogie das *jaš* = feucht und *jašil* = grün, das Grüne.

62.

Öl, sterben, tödten.

uig. *ölmek* = sterben; *ölük* = Tod, Leiche; *ölümlük* = sterblich; *ölkürmek* = tödten.
čag. *ölmek* (wie oben); *öltürmek* = tödten.
osm. *ölmek, öldürmek* (wie oben); *ölü* = Tod.
jak. *öl* = sterben; *ölör* = tödten.
kk. *ölerben* = sterben; *ölerürmen* = tödten.
čuv. *vil* = sterben; *viler* = tödten; *vilim* = Tod.

63.

Öñ, öng, önd, ün, eng, eñ, vor, vorderst, hoch, hervorragender Theil eines Körpers, hervorragen, sich erheben, wachsen.

uig. *öng* = vor, vorn, Vorderseite, Aussenseite, Farbe; *öngin, önglin* = zuvor, Ost; *öngće, ökće (ongiće?)* = Führer (der

Voranstehende); ***eng*** = hoch, zumeist (*eng üstün* = am höchsten).

čag. ***öng*** (wie oben); ***öngmek*** = wachsen; ***önggen*** = hoch, erhaben; ***öngällük*** = das Halsgehänge der Frauen (eigent. das Vordere); ***öndür*** = hoch; ***engri***, ***angri*** = vorwärts, weiter, hinüber, jenseits.

osm. ***öñ*** = vor; ***eñ*** = eine Partikel zur Bezeichnung des Superlativs.

jak. ***üngür*** = Vorderstück eines Kleides; ***uñuor*** = jenseitig; ***uñuorgu*** = jenseits gelegen (vgl. čag. *angri*, *angriki*); ***ün*** = wachsen; ***ünnär*** = wachsen machen; ***ündöć*** = sich ein wenig in die Höhe richten.

alt. ***öngdöi*** = sich erheben; ***ömür*** = vordere Seite.

kk. ***ünärmen*** = sich erheben.

čuv. ***om***, ***omin*** = vor, voraus.

Der begriffliche Zusammenhang zwischen hoch und vorn einerseits wie zwischen vorn und wachsen andererseits ist auch in andern Beispielen zu erkennen. So: ***uluk***, ***ülik*** = gross, erhaben und ***ilej*** = vor, zuvor, ***ulgajmak*** = wachsen. Berücksichtigen wir ferner den Begriffskreis des uig. ***öng***, nämlich in der Bedeutung von Aussenseite, Farbe, und fügen wir das analoge Verhältniss von *kir* = Rand und *kirtiš* = Farbe, sowie von ***üz***, ***üs*** = oben und ***jüz*** = Aussehen, Aussenseite noch hinzu, so wird es gar keinem Zweifel unterliegen, dass auch

öng, ***öñ***, ***üñ***, *Farbe*, *Aussehen*

als in diese Familie gehörig anzusehen ist.

uig. ***öng***, ***üng*** = Farbe.

jak. ***öñ*** = Farbe, Wolle; ***iñ*** = Farbe, Röthe auf den Wangen.

čag. ***üng*** = Farbe; ***üngün***, ***ingün*** = gezeichnet (von Thieren, die mit einer Farbe bestrichen werden); ***ining***, ***inüng*** = Schminke, Röthe. Aus besagten Gründen gehört vielleicht auch noch ***jangak***, ***jañak*** = Wange, hierher?

64.

Ös, üs, öz, üz, jüz, ör, ür, os, us, oz, uz, uź, uć, oben, auf, hinauf, Obenseite, Antlitz, aufwärts, hoch, Erhöhung.

I. —*s, s.*

uig. ***üse, öse, üze, öze***=auf, hinauf; ***üst***=oben, oberer; ***jüz, jüs***=Aussenseite, Antlitz; ***östek***=hoch, erhaben.

ćag. ***öze, üst*** (wie oben); ***üzmek, jüzmek***=schwimmen, d. h. obenauf bleiben oder sein; ***ösmek***=in die Höhe kommen, wachsen; ***ösken***=hoch, aufgewachsen; ***üstemek***=erhöhen; ***özenmek***=sich erhöhen; ***özengi***=Steigbügel, d. h. worauf man sich in die Höhe hebt.

alt. ***üs, üst***=oben; ***üzeri***=von oben; ***üstüngi***=Allerhöchster, Gott; ***ös***=wachsen; ***öskür***=erziehen; ***öskü***=sich erheben.

osm. ***üzre, üstün*** (wie oben); ***jüzlük***=Ueberzug (von ***jüz***= Aussenseite, Oberes, Gesicht).

jak. ***üsü***=Höhe; ***üsüzi***=der obere; ***usun***=schwimmen; ***tulusün*** =Aussehen, Gestalt, Bild; ***süs***=Stirn (vgl. ***al***=oben, vorn und ***aln***=Stirn).

kk. ***üstü***=oben; ***üstü***=das Schwimmen; ***üöskü***=entstehen; ***üöskät***=erzeugen, emporbringen.

ćuv. ***üs*** = emporkommen, wachsen; ***üster*** = erziehen; ***jiś*** = schwimmen.

kir. ***ösmek***=wachsen; ***ösüm***=Gewächs, Erträgniss, Procent.

II. —*r.*

uig. ***örü***=***öri***=oben, auf, hoch (***öri turmak***=aufstehen; ***öremek***=überwältigen (vgl. *super* und *superare*).

ćag. ***ör, ur***=hoch, auf, Höhe; ***örlemek***=aufsteigen, stromaufwärts fahren; ***örükmek, örkmek***=auffahren, aufschrecken, erschrecken; ***üre***=Säule, Anhöhe; ***örge***=Anhöhe, Terrasse; ***örküć***=Höcker, Erhöhung; ***ürlemek***=überziehen, bedecken. (Vgl. ***örtmek***=bedecken; osm. ***jüzlük***=Ueberzug.)

jak. ***örö***=eine hochgelegene Stelle, Höhe, hoch, flussaufwärts; ***ürüt***=der obere, Obertheil, Oberfläche, Plafond (siehe fernere Bedeutungen bei Böhtlingk, Jak. Wörterbuch, S. 50); ***ürümä***=Schaum (was auf die Oberfläche kommt, vgl.

deutsch ober, Oberes); **ürdük** = hoch; **ürgüt** = aufscheuchen; **ör** = lang (von der Zeit).

alt. **öre, üre** = Anhöhe, oben; **örögi** = der obere; **örökön, ürökön** = Hohe, Alte, Angesehene.

kk. **üri** = der obere; **örcmä** = Oberes der Milch; **ür** = lang.

Mit **ör** (oben, über) und dem Locativsuffix *t*, daher *ört* = *öst, üst*, in engem Zusammenhange steht **örtmek** *(örütmek?)* = überziehen, beschützen, bedecken, überwachen. So:

uig. **örtünmiś** = Schutz, Bewachung (*tangri örtünmiśi* = Gottes Schutz).

ćag. **örtülmek** = beschützt, überwacht werden; **örtük** = bedeckt, beschützt; **örtküći** = Beschützer.

osm. **örtünmek** = sich bedecken; **örtü** = Decke, Hülle, Schutz.

kaz. **örtün, örtünün** = heimlich, versteckt.

Nachdem wir das gegenseitige Verhältniss dieser Wortfamilie mit der weichlautigen Stammsilbe dargelegt, wollen wir dasselbe mit der hartlautigen thun, mit der Bemerkung jedoch, dass eine diesfallsige Divergenz im Inlaute bei einigen Dialekten oft in einem und demselben Worte vorkommt.

III. —*s, z.*

uig. **usak** = hoch, gross, vornehm; **usun** = lang; **usluk** = Länge; **usakmak, uzakmak** = lange dauern.

jak. **usā** = sich in die Länge ziehen, dauern; **usun** = lang (im Raum und in der Zeit); **usta** = Länge; **ustun** = längs; **usuk** = Spitze (oberstes Ende).

ćag. **uzak** = weit; **ozmak** = wachsen, hoch oder lang werden, einen Weg durchmessen oder zurücklegen; **ozamak** = begleiten, wegschicken.

osm. **uzak** (wie oben); **uzunmak** = sich dehnen; **uzatmak** = dehnen.

kk. **usun** = lang; **uzadérben** = verlängern; **ozerben** = sich entfernen; **usluk** = Spitze.

ćuv. **ozat** = begleiten.

IV. —*r.*

ćag. **ur** = hoch, Höhe; **urun** = Thron, erhöhter Platz; **orn, orun, urun** = Sitz, Platz, Ort; **ornukmak, ornaśmak** = einen Platz einnehmen; **ornatmak** = jemand setzen.

kas. *urun* = Bettstelle, Stuhl; *urunduk̦* = Sessel.

jak. *oron* = Bettstelle, Bank (ein zum Ausruhen bestimmter hoher Ort); *orun* = Stelle; *orvi* = Spitze, Scheitel; *ura* = äusserste Spitze der Jurte.

kk. *örén, örn, oren* = Bett.

čuv. *vurum* = lang; *vurak̦* = weit; *virin* = Ort, Anhöhe, Bett, Thron (vgl. *oron, urun*).

Durch Verwandlung des *s*-Auslautes in *š, č* muss noch folgender Zweig vorliegender Stammsilbe als hierher gehörig betrachtet werden.

V. —*š, č.*

uig. *uč* = oberes Ende, Spitze; *učmak̦* = in die Höhe fahren, fliegen; *üšek, öček* = Plafond.

čag. *uč, uš* = Anfang, Spitze (vgl. *töb* = Boden, unterstes Ende); *üče, jüče* = hoch; *üček* = Dachstube, Dach, Plafond; *uč-mak̦* = Paradies (als hoher Wohnort betrachtet; vgl. *tamuk̦* = Hölle und *tam* = finstere Oertlichkeit); *učar* = Vogel (eigentl. der in die Höhe steigt).

kk. *ušar* = es schwillt; *ušarmen* = fliegen; *ut'u, ud'u* = Ende; *ut'ugarbcn* = fliegen.

Fassen wir nun die so ziemlich weitverzweigte Wortfamilie in ihrem begrifflichen und lautlichen Verhältnisse zusammen, so werden wir sehen, dass erstens hinsichtlich des Begriffskreises die Verwandtschaft zwischen lang, hoch und oben auch anderswo, namentlich bei der Stammsilbe *al, il, ul* sich vorfindet (s. § 11), und dass ferner lautlich der Auslaut *r* als die ältere Form, aus welcher *z, s, š, ś, č* hervorgegangen, in den nordöstlichen Mundarten vielfachen Gebrauchs, in den südwestlichen Dialekten schon beinahe gänzlich verschwunden ist.

65.

Öt, üt, it, vorbeigehen, vorübergehen, überschreiten, durchdringen.

uig. *ötmek* = vorbei- oder vorübergehen; *ötlemek* = passiren, arriviren, geschehen; *ötlek* = vergänglich; *ütük, itik* = durchdringend, scharf; *itkürmek* = durchdringend machen, schärfen, schleifen.

ćag. *ütmek* (wie oben); *öte* = seit, vergangen; *ötek* = vorübergehend, Reisender; *ötken* = vergangen; *ötkenmek* = leben, verleben, die Zeit zubringen; *ötkürmek*, *itkürmek* = vorbei- oder durchgehen lassen, schärfen, schleifen; *ötkür*, *itik* = durchdringend, scharf.

osm. *ötülemek* = bügeln, glätten (eigentl. mit dem Eisen hin- und herfahren.

alt. *öt* = durchgehen, durchdringen; *ötkür* = scharf; *ötpös* = stumpf (nicht durchdringend).

kk. *ötcrben* = durchgehen; *ötererben* = durchstocken; *t'üi* = scharf.

ćuv. *vit* = durchdringen; *vitre* = durch, hindurch, über etwas hinweg.

jak. *sittl* = scharf, durchdringend.

In Anbetracht eines auch in andern Sprachen vorkommenden Begriffskreises, namentlich des deutschen gehen, Vergehen, sich vergehen, wäre vielleicht das uig. und ćag. *ötünmek* = sich vergehen, sündigen und *ötün* = Vergehen, Verbrechen auch hierher zu rechnen?

Inwiefern *öt*, *üt* als concreter Begriff des Vorbeigehens, Vorübergehens, mit dem lautlich analogen *öt*, *üt* = gegenüber sein, gegenüberstellen, in Verbindung gebracht werden könne, lässt sich vorderhand blos vermuthen, aber noch nicht mit Evidenz nachweisen, wenn nicht etwa der Umstand, dass erstere Stammsilbe auf die sich vollziehende Handlung des Vorbei- oder Vorübergehens, letztere hingegen auf die schon vollzogene Handlung Bezug hat, in Erwägung gezogen werden dürfte. Es geschicht daher nur behufs einer leichtern Uebersicht, dass letztere hier angereiht wird.

Öt, üt, öd, ut, *gegenüber, Vergeltung, Erwiderung, Bezahlung.*

uig. *ötnemek* = zahlen, bezahlen, vergelten (Grundbedeutung: etwas als Ersatz gegenüberstellen); *ötrü* = als Ersatz, gegenüber, für, wegen.

ćag. *ötemek* = vergelten, bezahlen, zahlen; *ötürü, ötrü* = für, wegen, gegen; *ötünč* = Anleihe, Bitte.

osm. *öte* = gegenüber, jenseits, vergangen (*öteden beri* = seit lange. Für das oben angeführte Verhältniss beider Stammsilben liegt im osm. *öte* die beste Beleuchtung); *ödemek, ödünč, ötrü* (wie oben).

jak. *utari* = gegenüber.

An *öt* schliesst sich lautlich und begrifflich eng an

Öč, üč, üž, uč, öz, *vergelten, erwidern* (aber nicht das Gute, sondern das Böse), *Rache sinnen, grollen;* ferner *gegenüber zu stehen kommen, begegnen, antreffen.* So:

uig. *üč, öč* = Rache, Groll, Hass; *üčün* = für, wegen, anstatt.

ćag. *üčükmek, üčüklemek* = grollen, anfeinden, zürnen; *üčük* = grollend, feindlich gegenüberstehend (vgl. *tušman, düšmen* = Feind, von *tuš, tüš* = gegenüber, welches in sämmtlichen türkischen Dialekten vorkommt und daher nichtpersischen Ursprungs ist); *üčün, ičün* = wegen, für. Ferner in hartlautigen Vocalen, als: *učramak* = gegenüberkommen, antreffen, begegnen; *učrašmak* = sich begegnen; *učru* = vorübergegangen, vergangen, jüngst; *učur* = Antwort, Erwiderung.

osm. *üč, üž, ičün* (wie oben).

alt. *öč* = Bosheit, Groll; *öčök, öčük* = grollen; *öčöštir* = Groll erwecken; *öštü* = Feind; *učura* = begegnen; *učur* = Aufklärung, Antwort, Bedeutung.

Nicht uninteressant ist es zu beobachten, dass die hier angeführte Stammsilbe in *köč, göč, keč, geč,* was den Begriffskreis anbelangt, einen sehr nahen Verwandten findet (vgl. § 108), was auf die Vermuthung bringt, dass *öt, öč* eine spätere, des gutturalen Anlauts verlustig gewordene Form sei. Die Confrontirung einiger Beispiele wird dies am besten beweisen. So *ötmek—kečmek* = vorbeigehen; *ötkenmek—kečkinmek* = leben, existiren; *ötek—kečik* = Reisender; *ötken—kečken* = alt, vergangen; *ötkärmek* —

kećkirmek = vorbei- oder durchgehen lassen; *öć—köc* = Groll; *öćkünmek—göćünmek* = zürnen, grollen u. s. w.

66.

U, uj, ut, Schlaf, schlafen, erschlaffen, stocken, erlöschen.

uig. *u* = der Schlaf; *usuz* = wach, schlaflos; *utimaḳ*, *utumaḳ* = schlafen; *utiḳli* = Schläfer.

jak. *u* = Schlaf; *utui* = einschlafen; *utut* = schlafen lassen.

alt. *ujuḳu* = Schlaf; *ujuḳta* = schlafen; *ujuḳtat* = schläfern: *ujuḳuzaḳ* = schläfrig.

ćag. *ujumaḳ* = schlafen; *ujuḳlamaḳ* = einschlafen; *ujmaḳ* = stocken, erschlaffen (so *süt ujdu* = die Milch ist gestockt; *ḳolum ujdu* = meine Hand ist erschlafft; vgl. die deutsche Redensart: der Fuss ist mir eingeschlafen).

osm. *ujumaḳ* (wie oben); *ujutmaḳ* = einschläfern; *ujuśmaḳ* = erschlaffen, erstarren; *jugurt* = eine Art geronnener Milch (früher wahrscheinlich *ujugurt* von *ujgurmaḳ* = einschläfern, gerinnen machen, da man die Milch absichtlich gerinnen lässt, um den *jugurt* zu erzeugen).

az. *juḳu (juchu)* = Schlaf; *juḳlamak* = schlafen (wie oben bei *jugurt* ist auch hier das *u* weggefallen).

kk. *uigu*, *uihu* = Schlaf; *udurmen* = schlafen.

ćuv. *ïjik* = Schlaf, Schlummer.

Durch Verwandlung des Auslautes *j*, *t* in *ć* sind von obiger Stammsilbe noch entstanden:

uig. *ućuḳmaḳ* = erlöschen, ausgehen, verschwinden (*tiriklik ućuḳsa* = wenn das Leben entschwindet); *ućuḳmiś* = erloschen (*ućuḳmiś kömür* = eine erloschene Kohle).

ćag. *ućuḳ* = Schwindsucht; *ücmek* = erlöschen, ausgehen; *ücür-mek* = auslöschen, abwischen; *ücük* = ausgelöscht, fahl.

alt. *üji*, *öji* = verschwinden.

Dem Begriffskreis des türk.-tat. *uj*, *uć* nähert sich am meisten das magy. *aludni* = schlafen. So heisst es *aludt tej* = geronnene (eingeschlafene) Milch; *elaludt a tüz* = das Feuer ist erloschen (eingeschlafen).

67.

Us, es, is, Verstand, Sinn, Kunst, Geschicklichkeit.

uig. *us* = Kunst.

čag. *us, is, es* = Sinn, Verstand; *uslu* = vernünftig; *uslanmaḳ*, *eslenmek* = zu Verstande kommen; *islemek, eslemek* = Gehör geben.

kir. *iskirmek* = erinnern, in Erinnerung bringen.

čuv. *usta* = Meister (mit dem pers. *Ustad* nur zufällig analog); *us, as* Verstand; *azlu* = sich erinnern; *azirga* = errathen.

jak. *ustuḳ* = Kunst, Geschicklichkeit; *usluktak* = geschickt.

alt. *us* = Meisterschaft, Meister; *uzan* = sich als Meister ausgeben.

osm. *us* = Sinn, Verstand; *uslu* = vernünftig; *uzlašmaḳ* = sich gegenseitig verständigen; *uzlaštirmaḳ* = vergleichen, versöhnen.

Im čag. *islemek, eslemek*, welches eine Zusammensetzung aus *is ejlemek* zu sein scheint, findet sich der Schlüssel zu dem bis jetzt immer räthselhaft gebliebenen Etymon des *išitmek* (hören), ein Zeitwort mit passiver Formation und dennoch von streng activer Bedeutung. Sowie nämlich *islemek* oder *is ejlemek* der Grundbedeutung nach das Begreifen, Verstehen, Auffassen, Vernehmen bezeichnet, ebenso dünkt mir *išitkmek*, kk. *išterben, ešterben* auch aus *is itmek* entstanden zu sein (vgl. *oḳ* = Sinn und *oḳmaḳ* = begreifen, vernehmen).

68.

Üš, zusammenlaufen, zusammenschrumpfen, frieren, frösteln.

čag. *üšmek* = zusammenlaufen; *üšükmek, üšümek* = frösteln, frieren; *üšenmek* = sich zusammenziehen, träge sein, Widerwillen haben; *üšenž* = Widerwillen, Trägheit; *üšendirmek* = jemand Widerwillen verursachen.

osm. *üšmek*=zusammenkommen (*bašina üšüb geldiler*=sie fielen über ihn her); *üšümek*, *üšenmek* (wie oben).

Wie die meisten auf *š* auslautenden Stammsilben, so scheint auch *üš* aus *üg-üš*, *üüš*, zusammengezogen zu sein.

69.

Üt, üd, üč, *Zeit, Zeitabschnitt.*

uig. *üt*, *üd*=Zeit; *üti*=zeitweise (im Kudatku Bilik mit دمادم interpretirt); *ütrü*=immer, stets, zu jeder Zeit.

jak. *ötör*=bald, in kurzer Zeit.

kk. *uda*=oft.

alt. *öj*=Zeit, Epoche (*ajditkan öj*=anberaumte Zeit).

čag. *üčür*, *üžür*=Zeit.

Mit vorliegender Stammsilbe scheint das alt. *üdele*=den Mittag über rasten (osm. *öjle*, *öjlen*=Mittag) lautlich sowol als begrifflich im Zusammenhange zu stehen. Möglich, dass die primitive Bedeutung „Zeit zubringen, weilen" war. Vgl. magy. *idö*=Zeit und *idözni*=weilen.

70.

Üz, öz, ös, os, jüz, *brechen, abbrechen, trennen, vereinzeln, absondern.*

uig. *özmek*=abbrechen, aufhören; *öze*=getrennt, los, weg, allein; *özlek*=Trennung; *özük*=Abbruch, Unterlass (*özüksüz*=immer); *öz*=allein, eine allein stehende Persönlichkeit.

alt. *üs*=abbrechen; *öskö*=fremd, anders; *öskölö*=sich verändern.

čag. *öze*, *üze*=verlassen, vereinzelt, getrennt; *özge*=andere, übrige; *özlük*=Einzelheit, Einsamkeit; *özen*=das von der Mutterbrust getrennte (entwöhnte) Kind; *özenmek*=sich trennen; *osmak*=schälen; *osulmak*, *ösülmek*=sich schälen; *üzmek*, *jüzmek*=schinden, die Haut abziehen.

osm. *özmek*, *özge*, *jüzmek* (wie oben).

jak. *ösül*=losbinden, lösen; *ösülü*=sich losbinden, abnehmen; *usul*=ausziehen, ablegen.

kk. *öskü* = ein anderer, ein Fremder; *öskürc* = getrennt, fort; *üzerben* = abreissen; *üzül* = die Geister der Verstorbenen.

Vorliegende Stammsilbe ist blos eine Nebenform des mit sibilantem Anlaut versehenen *süz, söz* (absondern, trennen).

71.

Ḳab, ḳob, ḳov, keb, köb, küb, kev, köv, küv.

Diese Stammsilbe umfasst einen der ausgedehntesten Begriffskreise, und zwar in folgenden Richtungen:

1) aufstehen, aufheben, anschwellen, aufwallen,

mit einem Worte jene nach aufwärts gerichtete Bewegung eines Körpers, durch welche ein inwendig hohler, erhöhter Raum entsteht. Damit stehen im engen Zusammenhange folgende Beiwörter, als:

2) angeschwollen, aufgeblasen, dick, rund, bauschig, gewölbt, leer, hohl,

und deren bildliche Bedeutung, als:

3) stolz, prahlerisch, eitel, sich aus Stolz aufblasend.

In der betreffenden Classification wollen wir erstens die hartlautigen und dann die weichlautigen Wörter vorführen.

I. ḳ—.

uig. *ḳobi* = leer, wüst, hohl, eitel; *ḳopḳi* = aufgeblasen, stolz; *ḳovuḳ* = Hut; *ḳopmaḳ* = aufstehen, aufschwellen; *ḳopurmaḳ*, *ḳovurmaḳ* = aufheben, erheben; *ḳovanmaḳ* = sich erheben (das Gemüth), sich freuen; *ḳovanč* = Freude (vgl. den Ausdruck hohes Gemüth = Freude, mit dem Ausdruck *alčaḳ köngül* [niederes Gemüth] = Leid, Kummer, Trauer); *ḳaba* = dick, grob; *ḳobdiḳ* = grob, rauh; *ḳib* = hohl, leer; *ḳibḳi* = stolz, aufgeblasen; *ḳibliḳ* = Leere, Eitelkeit.

čag. *ḳabarmaḳ* = dick werden, anschwellen; *ḳabarčuḳ* = Wasserblase; *ḳaburmaḳ* = aufwühlen; *ḳaburti* = Auflauf, Lärm, Gewühl; *ḳabaruḳ* = aufgeblasen, aufgedunsen; *ḳapčaḳ*, *ḳipčaḳ* = hohl, leer; *ḳaban* = gross, stark, hoch — und von diesem dünkt mir nach Weglassung des labialen Auslautes, respective Inlautes das mong.-türk. *ḳaan* = Fürst, Oberhaupt entstanden zu sein. Von *ḳaan* ist die neuere Form *chan* entstanden; *ḳopmaḳ*, *ḳoparmaḳ*, *ḳovanmaḳ*, *ḳovanš* (wie oben).

kaz. *ḳobmaḳ* = aufstehen; *ḳobšulamaḳ* = sich aufblasen, stolz sein.

alt. *ḳap* = viel, Menge, hundert; *ḳubal* = Freude; *ḳubuilu* = freudig; *ḳobraḳ* = Brücke (vgl. *köprü*).

osm. *ḳavuḳ*, *ḳovuḳ*, *ḳobuḳ* = Blase, Hut, Mütze; *ḳabag* = Kürbis; *ḳaburmaḳ* = anschwellen.

jak. *ḳobo* = hohle Kugel; *ḳob* = Verleumdung (hohles, falsches Gerede?); *ḳabag* = Blase; *ḳabiri* = mit einer Wölbung, gewölbt; *ḳabirit* = verursachen, dass etwas sich wölbt, schwillt oder eine Blase bekommt.

čuv. *ḳabar* = Haufe, Heuschober; *ḳobar* = entstehen, aufkommen; *ḳobart* = etwas aufheben; *ḳubuḳ*, *ḳubik* = Schaum, Blase.

Aus der Begriffsanalogie des oben und vorn, vordere Seite (vgl. *al*, *il*, *ul* § 13) erklärt sich auch das az. *ḳabag* = vorn, Vorderseite; kk. *ḳapaḳ*, *ḳamaḳ* = Stirn, welchen beiden Wörtern fragliche Stammsilbe zu Grunde liegt.

II. *k*—.

uig. *kebek*, *kevek*, *köbek* = leer, hohl, eitel, nichtig; *kebez*, *kevez*, *kövez* = aufgeblasen, stolz, prahlerisch; *kövezlenmek* = sich aufblasen, prahlen, stolziren; *kebinmek* = sich einbilden; *kebinć*, *kevinć* = Einbildung, Selbstvertrauen.

čag. *kevek* = hohl; *kevrek* = hohl, mürbe, weich; *kevermek* = aufwühlen, locker machen; *kevšemek*, *keöšemek* = wiederkäuen, sich aushöhlen, schwach werden, erschlaffen; *kevšek*, *keöšek* = schwach, locker, inhaltslos, aufgedunsen; *kevenmek*, *kövenmek*, *küvenmek* = sich aufblasen, prahlen.

osm. *gevek* = hohl; *gevrek* = mürbe; *gevšek* = locker; *gevšetmek* = lockern; *gebe* = schwanger (angeschwollen); *gebermek* crepiren.

kir. *köbšek* = weich, mürbe; *köbšeklemek* = weich werden.

jak. *kübiäräk* = locker, nicht fest; *köp*, *köppök* = locker, weich, rauh (von Pelzwerk); *köbüö* = locker werden.

Nach dem im Jak. angeführten Beispiele der Analogie des **kep** und **köp** hätten zwar die auf letztere bezüglichen Wörter in die vorhergehende Rubrik gebracht werden können; allein da der Inlaut **ö** einen wol verwandten, jedoch separat stehenden Begriffskreis repräsentirt, so haben wir denselben als Basis eines besondern Familienzweigs dargestellt.

III. —*ö*—.

čag. **köb, köpü** = ein hohles, bauschiges, rundes Gefäss; **köb** = viel, reich, Menge, Haufe, dicht, finster; **köblemek, köbimek** = vermehren, zunehmen, fett werden; **köprümek** = anhäufen, aufhäufen, wölben; **köprük** = Brücke, eigentl. Wölbung, hohler Weg; **köpük, köbök** = Schaum, Seifenblase (von der leeren hohlen Form so genannt); **köpüklemek, köpürmek** = schäumen, Blasen werfen (vgl. das hochlautige **ķobuķ** = Blase und **ķoburmaķ** = schäumen, Blasen werfen).

kir. **köpmek** = anschwellen; **köptö** = alt, lange her (eigentl. seit vieler Zeit).

az. **köb, köp** = Schaum; **göbek** = Hügel, Bauch, Bauchspitze, Nabel.

osm. **köpür** = Menge, Masse; **köpük** = Schaum; **köpürmek** = aufwallen, schäumen; **göbre, gübre** = Haufen, Misthaufen und als *pars pro toto* Dünger, Mist; **gömür, gömbür** = Haufe, Anschwellung; **gömürmek, gömbürmek** = anschwellen, sich aufblasen.

alt. **köp** = viel; **köptö** = vermehren, anhäufen; **köp** = aufblasen, anschwellen.

kk. **köp, köfei** = viel, oft; **köpük** = Schaum; **köbergü** = Brücke (der beste Beweis, dass *köprü* mit dem griechischen γεφυρον nichts gemein hat, wie man früher anzunehmen pflegte).

čuv. **küpće** = anschwellen, dick werden.

Schliesslich muss noch bemerkt werden, dass der Auslaut **b, p** infolge einer normalen Lautveränderung sich noch in **k, ng** verwandelt, wie aus folgenden Beispielen ersichtlich ist.

IV. —*k, g, ng*.

uig. **kök** = dick, angeschwollen; **kökremek** = anschwellen, hohl werden; **kökküz** = Brust (eigentl. die Wölbung des Körpers);

küng, künk = Trommel, Pauke; *küngremek* = einen hohlen Ton geben, schallen.

ćag. *kök, kökremek* (wie oben); *kökrek, kökśük* = Brust.

az. *kökćek* = schön (eigentl. von rundem, fettem Aussehen).

osm. *köjüs, kögüs, göjüs* = Brust, Brüstung.

ćuv. *kukur* = Brust, Herz.

kk. *köksü* = Brust unter der Achselhöhle; *küngdei* = leer, hohl.

72.

Ḳal, ḳaj, ḳil, ḳij, ḳol, ḳoj.

Diese Stammsilbe steht begrifflich dem vorhergehenden *kap* so ziemlich nahe, indem auch sie die Grundbedeutung von:

1) anhäufen, anschwellen, aufwallen, kochen, sieden, schäumen;

2) Haufe, Menge, dicht, dick, Berg

und andern erhöhten Gegenständen in sich schliesst.

I. —*l*.

ćag. *ḳalamaḳ* = anhäufen, auf- oder übereinander legen; *ḳalin* = aufgehäuft, viel, gross; *ḳalparmaḳ* = anschwellen, aufblasen, sprudeln; *ḳalpak* = Hut; *ḳilaj* = Haufe; *ḳalḳmaḳ* aufschwellen, sich erheben; *ḳalḳan* = Schirm, Schild (eigentl. was zur Abwehr in die Höhe gehalten wird); *ḳalga* = Herr, Beschützer, ein Titel unter den Krimtataren, entsprechend unserm „Herr"; *ḳol* = Hügel, Anhöhe.

uig. *ḳalin* = viel, reich; *ḳaliḳ* = Höhe des Hauses, oberes Stockwerk; *ḳalḳalamaḳ* = langsam aufstehen.

kir. *ḳalḳa* = Wetterdach, Schirm; *ḳalḳan, ḳalḳam* = Schild.

osm. *ḳalin* = dick, dicht; *ḳalḳmaḳ* = aufstehen; *ḳaldirmaḳ* = aufheben; *ḳaldirim* = Pflaster, erhöhter Weg; *ḳalgimaḳ* = aufspringen, auffahren.

alt. *ḳaljuur* = toben, rasend sein; *ḳaljimaḳ* = wüthend (der concreten Bedeutung nach von kochendem, heissem Blute sein; vgl. *deli* = warm und toll); *ḳalḳa* = Vorhang, eigentl. was aufgehoben werden kann; *ḳalin* = dick, dicht.

jak. *ḳalin* = dick, Dicke; *ḳalga* = Schutz; *ḳalḳalā* = jemand beschützen; *ḳalgan* = äussere Thür (Wehre, Schutz?).

5*

kk. *kalėn* = dick, dicht; *kalbak* = breit.
čuv. *ķolim* = dick, dicht.

II. —*j*.

čag. *ķajnamaķ* = kochen, sieden, sprudeln, aufwallen, zürnen; *ķajnaķ* = Quelle (eigentl. was aufwallt; vgl. *bulamaķ* = aufwallen und *bulaķ* = Quelle); *ķajparmaķ* = sprudeln, wallen; *ķajmaķ* = Rahm, Schaum (was aufwallt, was in die Höhe kommt); *ķajmaķlamaķ* = schäumen, Rahm aufwerfen.
osm. *ķajnamaķ* = kochen, sieden, wimmeln (*ortalîķ ķajnar* = alles ist in Bewegung); *kajmak* (wie oben).
az. *ķajnar*, *ķajnarže* = Quelle.
jak. *ķijin* = kochen, sich ärgern; *ķinar* = zum Kochen bringen; *ķina* = jemand ärgern; *ķinamšaķ* = reizbar.
čuv. *ķajar* = Zorn, Aufgebrachtheit (*Tör ķajarc* = Gotteszorn); *ķijma* = Rahm.
alt. *ķijal* = Zorn; *ķijalda* = zürnen; *ķijanak* = tollkühn, aufbrausend, aufwallend.

73.

Ķaj, *ķij*, *biegen, neigen, umbiegen, krümmen.*

čag. *ķajmaķ*, *ķajimaķ* = biegen, neigen, herabsenken; *ķajilmaķ* = sich biegen oder neigen; *ķaš* (*ķajiš*) = Bogen, Augenbrauen, eigentl. das Gebogene; *ķiš* (*ķijiš*) = krumm, gebogen; vgl. *egmek* = biegen und *egri* = krumm; *ķijšiķ*, *ķišiķ* = schief, schräg; *ķišimek* = schief legen, biegen; *ķajirmaķ*, *ķijirmaķ*, *ķivirmaķ* = umschlagen, einbiegen, umsäumen; *ķivrim* = Saum, Einschlag; *ķijinč* = der schiefe, schielende Blick.
alt. *ķajir* = umbiegen; *ķij* = krümmen, biegen; *ķijil* = abwenden; *ķom* (*ķajum?*), *ķomut* = Joch, ein gebogenes Holz am Nacken der Thiere.
osm. *ķivirmaķ* = umschlagen, einbiegen; *ķivrîķ* = gebogen, gekräuselt, Locke; *ķivirčiķ* = eine Schafgattung mit klein gekräuselter Wolle.
jak. *kiñisaķ* = Neigung zur Seite; *külläi* = eine Krümmung bekommen; *kältäñ* = hinkend (krummen Beines sein).
kk. *kejer*, *kijer* = schiefäugig.

Schon anderweitig (vgl. *egmek* = biegen und *egin* = Rücken) ist erwiesen worden, dass der Begriffskreis des Neigens, Biegens, Umwendens, Umkehrens mit Rücken, Rückseite, Kehrseite in einem naheverwandten Verhältnisse sich befindet, und es geschieht aus diesem Grunde, dass wir auf das vorstehende **ķaj, ķij** sogleich *ķat, ķaj* = Rücken, Kehrseite folgen lassen.

74.

Ķaj, kej, ķij, ķat, küt, kit, kić, küt, *umkehren, umwenden, rückwärts, zurück, Rücken, hinten, unten, Hintertheil, Untertheil.*

I. —*j*.

uig. ***kijin*** = rückwärts; ***kiru***, ***kejrü*** = zurück; ***keritmek*** = zurücksetzen, beeinträchtigen; ***kerilmek*** = zurückweichen.

čag. ***ķajta*** = zurück, aufs neue, wieder; ***ķajtarmaķ*** = etwas umwenden; ***ķajtmaķ*** = umkehren, zurückkehren; ***kijn***, ***kin*** *(kijin)* = zurück, hinten, rückwärts; ***kirü*** = zurück.

osm. ***girü***, ***geri*** = zurück; ***gerilmek*** = zurückweichen.

jak. ***kännä*** = hinten; ***kännägäs*** = zukünftig (was hinten oder rückwärts ist); ***känniki*** = der hintere, nachfolgende.

alt. ***kijin*** = hinten.

In Anbetracht, dass der Begriff des Kleidens, Sichbekleidens in den turko-tatarischen Mundarten die Handlung des Rückenbedeckens in sich schliesst (so: *bir nesne sirtina al* = ziehe dir etwas an [nimm etwas auf deinen Rücken]; *sirti aćiķ* = unbekleidet [nackten Rückens]), wäre ich geneigt, vorliegende Stammsilbe auch in

kej, ket, kij, gij, *bekleiden, anziehen, auf sich nehmen,*

zu entdecken. So:

uig. ***ketmek*** = ein Kleid anlegen; ***ketim***, ***ketkü*** = Kleid, Anzug; ***ketkülük*** = etwas zum Anziehen.

čag. ***kijmek*** = anziehen; ***kejim***, ***kijim*** = Kleid; ***kin***, ***kijn*** = Scheide, Bekleidung eines Schwertes oder Messers; ***kijnek*** = Hemd; ***kijgülük*** = etwas zum Anziehen; ***kejmür*** = Hülle, Decke.

osm. ***gijmek*** = anziehen; ***gömlek*** = Hemd (eigentl. *gijimlik*).

kk. *kedermen* = anzichen; *kögünäk* = Hemd.
jak. *kät, kätäbin* = anzichen; *kätärd* = jemand bekleiden.

Ferner scheint die Benennung von Schweif, Hintertheil (*at kujrugi* = Pferdeschweif, *gemi kujrugu* = Hintertheil des Schiffes) auch von vorliegender Stammsilbe entstanden zu sein. So čag.-osm. *kujruk*, jak. *kuturuk*, kk. *kuduruk*, čuv. *kot* und *küre* und das mit diesen zusammenhängende *kuskun*, *kujuskun* = Schweifriemen.

II. —*t*.

uig. *kat* = nach, hinten, Hintertheil; *kata, katda* = im Rücken, rückwärts; *katin* = rücklings, hinten, der Westen (vgl. *öng* = vorn und Osten); *katra* = zurück; *katurmak* = umwenden.
jak. *kät* = hinten; *kätäk* = Nacken; *kätägärin* = die rückwärtige Seite.
čag. *köt, kät* = Hintertheil, Unterleib, Podex.
čuv. *kis* = hinten; *kissin* = rückwärts.
kk. *kiste* = Hintertheil.

Der dentale Auslaut *t, s* hat sich noch in *č* verwandelt, so: čag.-az. *kič* = Hintertheil; *kičke* = Hinternacken, Hinterkopf; und in voller Würdigung des begrifflichen Werthes dieser Stammsilbe ist es fraglich, ja vielleicht sogar wahrscheinlich, dass

čag. *kič, kieč* = spät, Abend; *kičikmek* = zurückbleiben,
jak. *kiäse* = Abend,
kk. *ked'ä* = Abend,
čuv. *kas'* = Abend

auch in diese Familie gehören. Wenn der betreffende Gegensatz, nämlich der Morgen (*ir, irte*) wörtlich den frühen Zeitabschnitt des Tages bedeutet, warum sollte der Abend nicht mit *keč* = spät analogen Ursprungs sein?

Schliesslich werden wir die Stammsilbe *kat, kät* bei genauer Betrachtung ihres Begriffskreises von hinter, zurück auch noch in der Handlung des Zurückgehens, Sichzurückziehens entdecken. Wir haben vorzüglich zwei Gattungen letzterwähnter Handlung vor uns: die eine, das einfache Weggehen, wo der Auslaut *t* unversehrt geblieben, während die zweite, die einen verstärkten, beschleunigten Grad, nämlich entfliehen, ausdrückt, infolge des frequentativen š in č oder in š auslautet. So ist entstanden von ķat, ķät = hinten, Rücken a) ket (weggehen, sich entfernen, sich zurückziehen), welches nur später und fälschlich für gehen gebraucht wurde, da hierfür das specielle *barmak* existirt; b) ķač, ķeč (eilig gehen, vergehen, laufen, fliehen), welche beide Formen streng genommen hierher gehören.

75.

Ķaj, ķai, *welche, wie, wieviel,*

ein Fragewort qualitativer und quantitativer Beschaffenheit.

uig. **ķaj** = welcher, was für einer; **ķajun** = wie? wie so? **ķanč**, **ķanča** = wie viel; **ķajunķi**, **ķanķi** = welcher; **ķajda** = wo?

čag. **ķaj**, **ķaju**, **ķajde** (wie oben); **ķajdag** = wie, auf welche Art? **ķajisi**, **ķajsi** = was für einer? **ķajčag**, **ķačan** (*ķajčagun*) = wann, zu welcher Zeit?

osm. **ķangi**, **hangi** = welcher; **ķania**, **hania** = wo; **ķač** = wie viel?

kir. **ķaj** = was, wie? **ķajtein** (eigentl. *ķaj etein*) = was ist zu thun?

jak. **ķaitaķ** = wie beschaffen; **ķantan** = von wo; **ķanna** = wo? **ķannik** = von welcher Art? **ķatča** = wie viel? **ķatsa** = dann und wann; **ķas** = wie viel? **ķasan** = wann?

kk. **ķai** = welch, was für ein?

76.

Ķaķ, ķoķ, ķog, ķav, ķov, *dürr, trocken, wüst,* und in bildlicher Bedeutung *leer, trüb, traurig.*

uig. **ķoķ**, **ķaķ** = trocken, dürr, Erde (als Gegensatz zu **öl**, **höl** = feucht, nass, Meer). Diese Urbedeutung des Wortes lässt vermuthen, dass das neupersische *chak* = Erde türkischen Ursprungs sei, namentlich da für dieses Wort das arische *zemin*, slawisch *semlja* = Erde, existirt; **ķoķus**, **ķuķus** = betrübt, elend (*könglü ķoķus* = von düsterm [ausgedörrtem] Gemüthe).

čag. **ķaķ** (wie oben); *ķaķ suju* = das auf trockenem Boden sich sammelnde und dort länger zurückbleibende Regen- oder Schneewasser; *ḳaḳlïḳ* = Dürre; *ḳaḳlamaḳ*, *ḳaḳśalmaḳ* = dörren, austrocknen; *ḳoḳ, ḳog, ḳov* = dürres, faules Holz, Schwamm, Zunder; *ḳagurmaḳ* = rösten, dürren.

alt. *ḳaḳśï* = infolge äusserster Dürre geborsten oder gesprungen; *ḳaḳśal* = geschwächt, abgemattet; *ḳogo*, *ḳooloḳ* = Brander, Glimmer, glühende Kohle.

kir. *ḳaḳgan* = trocken, ausgedörrt; *ḳaḳsimaḳ* = zerspringen in der Hitze.

osm. *ḳavurmaḳ (ḳagurmaḳ)* = rösten, sengen; *ḳavurulmaḳ* = sich rösten, sich sengen; *ḳav* = Zunder; *ḳaḳimaḳ* = zürnen; *ḳaḳïm* = Zorn. Vgl. *ḳïzmaḳ* = glühen und zürnen.

jak. *ḳagdan* = gelb, falb (von Gras, Blättern); *ḳagdarïi* = gelb werden.

kk. *ḳag, ḳabo* = Zunder.

Sowie feucht, nass, jung und grün *(jaś—jaśil)* von einem und demselben Stammworte gebildet werden, so ist dies auch, wie wir sehen, bei dürr, trocken und gelb der Fall. In letzterm Sinne *ḳaḳ*, *ḳav* noch mit *ḳar, ḳor, kur* (schwarz, trocken, alt) verwandt. Vgl. § 84.

Schliesslich gehört hierher noch ćag. *ḳuvarmaḳ* = fahl werden, erblassen; alt. *ḳuba* = fahl, öde, wüst, dürr und *ḳubar* = arm oder elend werden, wo, ähnlich der Lautveränderung des *ḳaḳurmaḳ*, *ḳavurmaḳ*, das auslautende *k, g* auch im bildlichen Begriffskreise fraglicher Stammsilbe sich in *v* verwandelt hat. Vgl. *ḳuj, ḳüj* = brennen (§ 110).

77.

Ḳaḳ, ćaḳ, ćoḳ, ćuḳ, schlagen, klopfen, aushauen, hauen, stechen, ausstechen, aushöhlen.

1. *ḳ*—.

ćag. *ḳaḳmaḳ* = schlagen, klopfen; *ḳaḳlamaḳ* = klappern; *ḳaḳildamaḳ* = poltern, mit Unterbrechung schlagen, ausklopfen; *ḳagiśmaḳ* = sich prügeln.

osm. *ḳaḳmaḳ* (wie oben).

Hieran schliesst sich die durch Lautnachahmung entstandene Stammsilbe *ḳaḳ, ḳanḳ, ḳang*, der Inbegriff des lauten, schrillen, gellenden Tons. So:

čag. *ķaķirmaķ* = krächzen, krähen; *ķanķirmaķ* = gellen, widerhallen, klingen.

alt. *ķok* = schriller Ton; *ķoķila* = einen schrillen Ton geben; *ķagilda* = schreien; *ķaķta* = krächzen; *ķangil* = das Gackern.

jak. *ķäķsia*, *ķäķsibin* = rufen; *ķagirga* = krächzen.

kk. *ķägararben* = krächzen.

II. *č*—.

čag. *čaķmaķ* = schlagen, schneiden, stechen, beissen; *čaķu* = Messer; *čaķnamaķ* = zerschlagen; *čaganak* = Bucht (von *čaķanmaķ* = sich aushöhlen); *čoķmaķ* = aushöhlen; *čoķur*, *čuķur* = Grube, Aushöhlung; *čoķumaķ* = picken, auspicken (Augen); *čoķmar* = Knittel (Schläger); *čoķum* = Keule; *čoķuč*, *čoķüč* = Hammer (Klopfer).

osm. *čaķ* = geborsten, zerschlagen, zerhauen; *čaķi* = Messer.

kir. *šaķpaķ* = schlagen, stechen; *čongrau* = Brunnen (eigentl. Aushöhlung, Grube).

tat. *čongurlamaķ* = aushöhlen, ausgraben.

jak. *čoķui* = klopfen, schlagen; *čoķočču* = hölzerner Hammer; *čoñ očoķ* = ein ausgehöhltes Rohr, als Tabackspfeife gebraucht.

Das Verhältniss, welches wir eben als zwischen *ķaķ* = schlagen und *ķaķ*, *ķang* = tönen bestehend hervorgehoben haben, ist auch zwischen *čaķ* = hauen und *čaķ* = rufen und *čang* = tönen zu bemerken. So:

uig. *čonķ* = Glocke.

čag. *čanķ*, *čang*, *čangrau*, *čungrau* = Glocke.

osm. *čañ* = Glocke; *čingirdaķ* = kleine Glocke; *čingramaķ* = läuten.

kir. *šing* = Glocke; *šingildamaķ* = läuten.

alt. *šang* = Glocke; *šang ķaķ* = läuten, die Glocke schlagen; *šangir*, *šungur* = Geläute; *šangdara* = läuten.

Die Stammsilbe *čaķ* hat auch eine selbständige Bedeutung, und zwar: Theil, Abschnitt, ein Wort, welches sowol zur Messung eines Raums als auch zur Bestimmung der Zeit gebraucht wird; so: uig. *kačaķ (kai čak)* = wann? *kitken čaķta* = zur Zeit, als er ging; jak. *sagina* = zur Zeit; čuv. *čoķ* = Zeitmass, Zeitabschnitt. Im Uigurischen bedeutet *čaķ* entschieden eine Stunde, einen Theil des Tages, wie dies Ulug Beg sehr richtig bemerkt hat, indem er sagt: „Die chinesischen und uigurischen Sterndeuter haben den Tag in 12 Theile getheilt und jeden einzelnen mit *čag* bezeichnet.“ Auch in einer Verbalform kommt sie vor, so: *čaķlamaķ*, *čagdamaķ* = Zeit abwarten, sich vorbereiten; *čagdaul* = Wachposten. Hinsichtlich der Raumbemessung oder in der Bezeichnung der Qualität und Quantität hat *čaķ* in der Variation von *čag*, *ča* noch einen weitern Spielraum. So: *jüz čaķ* = Hunderttheil, hundertfach; *čagliķ* = ein Mass habend (*orta čagliķ* = mittelmässig); *ol čagliķ ķan aķti* = so viel Blut ist geflossen! — *talgača* = bis zum Baum u. s. w.

Schliesslich ist *čaķ*, was den Begriffskreis von **theilen**, **zerstückeln**, **zerhauen** anbelangt, in der Verkleinerungssilbe *čaķ*, *čiķ*, *čuķ*, *čüķ*, eigentlich ein Abschnitt, ein Bruchstück, zu erkennen, aus welcher das verstärkte Deminutivum *čaķiz*, *čagiz*, *čegiz*, *čejiz* und *čijiz* entstanden ist. Ein ähnliches Verhältniss scheint zu bestehen zwischen dem čag. Deminutivum *gina*, *ķina* und dem bekannten *ķijmaķ* = schneiden, hauen; *ķijin* = Schnitt, Abschnitt, Bruchstück.

78.

Ķaķ, *ķoķ*, *wehen*, *hauchen*, *riechen*.

alt. *ķaķ* = wehen (*salķin ķaķti* = ein Wind wehte).
osm. *ķoķmaķ* = riechen; *ķoķu* = Geruch (vgl. *esmek*, *ismek* = Wehen und čag. *is* = Geruch).

79.

Ķal, *zurückbleiben*, *untenbleiben*, *liegen bleiben*, *sterben*, *untergehen*, *bleiben*.

alt. *ķal* = bleiben, sterben, untergehen; *ķali* = abstehen, zurückbleiben; *ķaldiķ*, *ķaldiķtar* = Nachkommen, die Zurückgelassenen; *ķalmanči* = Marodeur, der zurückbleibt.
čag. *ķalmaķ* = zurückbleiben, liegen bleiben; *ķaldurmaķ* = ver-

lieren, zurücklassen; *ḳalatmaḳ* = zurückhalten; *ḳallag* = faul, träge (eigentl. der zurückbleibt, der liegen bleibt).

kaz. *ḳalśimaḳ* = sich zurückziehen, sich entziehen; *ḳalśigan* = schwach, kraftlos, enthaltsam (vgl. *ḳallag*, *ḳalmanśi*).

osm. *ḳalmaḳ* = bleiben; *ḳalan* = der Rest.

jak. *ḳal*, *ḳalabin* = bleiben, übrigbleiben; *ḳallar* = zurücklassen.

kk. *ḳalerben*, *halermen* = bleiben.

Im weitern Sinne des Wortes ist mit *ḳal* verwandt das tark.-tat. *öl* = sterben und *al* = unten, am nächsten steht ihm aber das magy. *halni* = sterben, *hálni* = liegen und die entsprechenden Analogien in den finnisch-ugurischen Mundarten. Vgl. Budenz, S. 78.

80.

Ḳap, *ergreifen, erfassen, berühren;* auch *gewaltsam ergreifen, erhaschen, an sich reissen.*

čag. *ḳapmaḳ* = ergreifen, erhaschen; *ḳapuśmaḳ*, *ḳavuśmaḳ* = sich gegenseitig anpacken, sich anfassen, sich umschlingen, an- oder übereinander kommen, sich begegnen; *ḳavuśturmaḳ* = machen, dass man sich umfasst, zusammenbringen; *ḳabu*, *ḳapa*, *ḳaba* = Bissen, Griff, Fang; *ḳapḳan* = Falle, (Erhascher).

osm. *ḳapmaḳ*, *ḳavusmaḳ* (wie oben); *ḳavuśturmak* = übereinander bringen, übereinander legen; *ḳavuś*, *ḳovuś*, *ḳouś* = Gesindezimmer (wörtl. Vereinigungs- oder Zusammenkunftsort der Diener).

alt. *ḳap* = erhaschen; *ḳapśagair* = eilig, hurtig; *ḳapśagajla* = sich sputen.

jak. *ḳab*, *ḳababin* = greifen, anfassen.

čuv. *ḳïp* = erhaschen, beissen; *ḳïpčïk* = Zange, Anfasser.

Aus *ḳabuś*, *ḳavuś*, *ḳauś* ist infolge allmählicher Weglassung des labialen Inlautes entstanden *ḳoś* = zusammengestellt, vereinigt, gepaart, Paar, doppelt, wie aus folgendem Familienzweige ersichtlich ist.

uig. *ḳooś*, *ḳouś* = Gesinde, Heer, Truppe (vgl. *čermeḳ* = sammeln, vereinigen und *čerig* = Heer); *ḳoośmaḳ* = zusammenstellen; *ḳośni*, *ḳouśni* = Geselle, Nachbar, vereint; *ḳośnilik* = Nähe, Gemeinsamkeit.

ćag. *ḳoś*, *ḳośa* = gepaart, doppelt, vereint, Paar, Gesellschaft, Cirkel; *ḳośuḳ* = Doppelvers, Reim, Vers; *ḳośum*, *ḳośun* = Heer (das Vereinigte, Zusammengestellte; vgl. uig. *ḳooś*); *ḳośbag* = Doppelgebinde (ein Ensemble mehrerer Riemen, zum Aufhängen des Necessaire eines Mittelasiaten); *ḳośchan* = Chef des Hauses oder der Familie; *ḳośbegi*, *ḳuśbegi* = Oberster des Gesindes; *ḳośmaḳ* = hinzufügen, anspannen, vereinigen; *ḳośulmaḳ* = sich anschliessen; *ḳośanma* = Beilage, Zugabe, Haussteuer (eigentl. was dem Bräutigam zum Mädchen zugegeben wird).

az. *ḳośanli* = Haussteuer.

kir. *ḳos*, *ḳous* = Paar, doppelt.

osm. *ḳośmaḳ* (wie oben); *ḳośturmaḳ* = begleiten lassen (eigentl. machen, dass sich jemand anschliesst).

jak. *ḳos* = doppelt; *ḳoson* = Reim, Alliteration.

kk. *ḳözerben* = hinzufügen.

ćuv. *ḳoś* = vereinigen, hinzufügen; *ḳośni* = ein aus mehrern Theilen zusammengestelltes Ganzes.

koś mag auf den ersten Anblick eine Zusammensetzung von *ḳojus* = sich zusammenlegen dünken, doch darf nicht vergessen werden, dass *ḳoj* nur eine neuere Form von *ḳot* ist und *ḳap*, wie das schon vorhandene *ḳooś*, *ḳouś* andeutet, mehr Wahrscheinlichkeit für sich hat.

81.

Ḳap, ḳab, ḳob, ḳam, kep, keb, hep, *zudecken, zumachen, verschliessen, verhüllen, bekleiden, umbinden, umlagern, Kleid, Hülle, Hülse, Ueberzug.*

I. *ḳ*—.

uig. *ḳapuḳ* = Thor, Sperre, Hülle; *ḳapḳamaḳ* = zumachen, zudecken; *ḳapuḳli* = Verschliesser; *ḳobuḳ*, *ḳopuḳ* = Kleie, Hülle der Frucht; *ḳammaḳ* = binden, sperren; *ḳammuḳ* = gebunden, vereinigt, alle; *ḳamuḳluḳ* = Menge, Gesammtheit.

ćag. *ḳab* = Schüssel, Hülle, Sack, Futteral; *ḳapaḳ* = Deckel,

Augenlid; *ḳapsaḳ* = Ueberzug, Windel; *ḳapḳaḳ* = Deckel; *ḳapḳarmaḳ* = zudecken; *ḳapalamaḳ*, *ḳapamaḳ*, *ḳamalamaḳ* = umschliessen, umringen, belagern; *ḳabal* = Belagerung; *ḳamći* = Band, Peitsche; *ḳapćuḳ* = Sack, Tasche; *ḳabur*, *ḳobur* = Tasche, Behälter; *ḳoburćaḳ* = Schachtel, Etui.

osm. *ḳabuḳ* = Schale, Rinde, Hülle; *ḳubarćiḳ* = Decke, Filzdecke; *ḳapi* = Thor, Thür.

alt. *ḳapćiḳ* = Sack; *ḳaptal* = Oberkleid.

ćuv. *ḳop* = schliessen; *ḳapḳa* = Thor.

jak. *ḳappaḳ* = Deckel; *ḳappaḳta* = zudecken; *ḳappar* = eine grosse Tasche; *ḳuorćaḳ* = Sarg (vgl. ćag. *ḳoburcaḳ*); *ḳū* = Tasche; *ḳāi*, *ḳajabin* = verschliessen; *ḳamii* = zusammenlegen; *ḳamilin* = sich versammeln.

kk. *ḳakpaḳ* = Deckel; *ḳakpas* = Birkenrinde.

II. *k*—.

ćag. *kepek* = Hülle, Mantel, Kleid; *kevś (kebiś keüś)* = Schuh, Fussbekleidung; *kepeng*, *kepenik* = Mantel; *kejmur* = Decke.

alt. *kebis* = Hülle, Kleid.

osm. *kepek* = Kleid; *kepenek* = Mantel.

82.

Ḳar, *gegen*, *wider*, *Entgeltung*.

ćag. *ḳaru* = Entgegnung, Erwiderung, Vergeltung; *ḳarulaśmaḳ* = sich gegenseitig vergelten.

kir. *ḳaru* = Widerstand, Vertheidigung (*karu etmek* = widerstehen); *ḳarsa* = Widersacher; *ḳarsimak* = wiederholen.

alt. *ḳaruun* = in Erwiderung; *ḳaruči* = Gegner; *ḳarulan* = erwidern, vergelten; *ḳartu* = gegenüber, entgegen.

osm. *ḳarši* = gegenüber; *ḳaršilik* = Erwiderung, Vergeltung; *ḳaršulanmaḳ* = sich widersetzen.

jak. *ḳorui* = antworten, Gleiches mit Gleichem vergelten.

ćuv. *ḳorav* = Erwiderung, Entgegnung.

Der Grundbedeutung nach dünkt mir diese Stammsilbe mit *ḳar* = sehen verwandt zu sein. Hieran wenigstens erinnert das magy. *szem-közt* = gegenüber, wörtlich: im Auge, zwischen dem Auge, so auch das persische *ru-be-ru* = gegenüber, wörtlich: Gesicht in Gesicht, und das deutsche angesichts.

83.

Ḳar, kor, kör, köz, *Auge, Blick, sehen, suchen.*

I. ḳ—.

uig. ***ḳaraḳ*** = Auge, Augapfel, Blick; ***ḳaraḳli*** = der einen Blick hat, scharfsichtig.

ćag. ***ḳaramaḳ*** = sehen, suchen; ***ḳaraśmaḳ*** = umhersehen, umherblicken; ***ḳaram, ḳaral*** = Blick, Umsicht; ***ḳaragan*** = Horizont.

alt. ***ḳara*** = sehen; ***ḳaraan*** = Horizont.

osm. ***ḳara*** *(gözḳarasi)* = Augapfel, und nicht Schwärze des Auges, wie bisher fälschlich angenommen wurde; ***ḳaraul, ḳaragul*** = Wache, Schildwache, Aufseher; ***ḳaranś*** = Aufseher, Diener; ***aramaḳ*** = suchen (vgl. ćag. *ḳaramaḳ*, von welchem der gutturale Anlaut verschwunden ist).

jak. ***ḳaraḳ*** = Auge; ***ḳarai*** = Sorge tragen (beaufsichtigen; vgl. *baḳmaḳ* = sehen und Acht geben).

kk. ***karak*** (wie oben).

ćuv. ***ḳora*** = suchen, schauen, bewachen; ***ḳoral*** = Wache.

Die hier vorliegende hartlautige Stammsilbe kommt auch in weichlautiger Form vor, und es ist das ćuv. *kor*, welches als Uebergangspunkt betrachtet werden kann.

II. k—.

uig. ***körmek*** = sehen; ***körkülmek*** = zeigen; ***körük, körk*** = Schönheit (Ansehnlichkeit?); ***körklük*** = schön, nett, zierlich.

ćag. ***körmek*** (wie oben); ***körsetmek, körküzmek*** = zeigen, sehen lassen; ***körüśmek*** = sich sehen, sich besuchen; ***körüm*** = Anblick, soweit man sehen kann; ***körnek*** = Muster, was sichtbar gemacht wird; ***körüklük*** (wie oben).

az. ***görükmek*** = sich zeigen; ***görćek*** = schön.

osm. ***görmek*** = sehen; ***gürükli*** = schön; ***örnek*** = Muster (vgl. ćag. *körnek*).

jak. ***kör*** = sehen; ***körüü*** = Ansehen, Aussehen; ***kördök*** = sehenswerth; ***körün*** = Spiegel.

kk. *körerben* = sehen.

In der letztgenannten Form der Stammsilbe verwandelt sich das auslautende *r*

a) in *z* und *s*. So:

uig. *köz* = Auge; *közetmek* = hüten, bewachen; *köskü* = Spiegel; *kösemek* = wünschen (nach etwas sehen, sich sehnen).

čag. *köz* (wie oben); *közlemek*, *közetmek* = Acht geben, bewahren, aufmerken; *közel* = Geliebte, Schöne; *közeng* = Guckloch; *közči* = Wächter.

osm. *göz* = Auge, Blick; *gözükmek* = scheinen, sichtbar werden; *güzel* = schön (vgl. *körük*, *körk*, *közel*).

jak. *kösün* = sichtbar werden; *kösüt* = erwarten, beobachten (vgl. *közetmek*).

čuv. *kos* = Auge (vgl. *kor* = sehen); *kos kiski* = Spiegel; *kosigas* = äugeln.

b) in *t*. So:

čag. *kütmek* = hüten, bewachen, beschützen; *küteöl* = Festungscommandant, Aufseher, wovon das neupersische *kutval* stammt; *küt vali*, wie Budgoff liest, ist daher nicht richtig.

uig. *kütezmek* = bewachen, beschützen; *kütezči* = Beschützer.

jak. *kütüü* = behüten; *kütübil* = Wächter; *küti* = das Bewachen; *küt* = erwarten.

kuv. *küt* = hüten (eine Heerde); *küdei* = Heerde; *küdü* = geschützter Ort; *kütle* = bewachen.

alt. *küze* = sich hüten; *küt* = hüten; *kütke* = jemand bewachen.

84.

Ḳar, ḳir, ḳor, ḳur, *schwarz, trocken, dürr, alt, Unglück, Schaden, Fluch.*

uig. *ḳara* = schwarz, finster, Erde, gemeines Volk; *ḳaraḳu* = blind (vgl. *aj*, *ag* = offen, hell mit *aḳ* = weiss und *baḳ* = sehen); *ḳarḳu* = Unglück, Fluch, Schimpf (vgl. *ḳara kün* = Unglückstag; *jüzḳaraliḳi* = Schmach, Schwärze des Angesichts als Gegensatz zu *jüz aḳliḳi* = Ehre, Weisse des Angesichts); *ḳoruḳ* = dürr, trocken, leer, alt; *ḳar* = Alter;

ḳari = alt; *ḳarilmak* = alt werden; *ḳuruč*, *ḳurč* = alt, reif; *ḳurtka* = bejahrt.

čag. *ḳara* (wie oben); *ḳarangku* = finster; *ḳorum*, *ḳurum* = Russ, Schwärze; *ḳargu*, *ḳargiš* = Fluch; *ḳargamak* = fluchen, schimpfen; *ḳarak* = Raub, Schade; *ḳaraklamak* = rauben; *ḳarakči* = Räuber; *ḳir* = Pech, dunkelgrau, Schmuz, Feld (vgl. *ḳara* = schwarz und Erde); *ḳor*, *ḳur* = leer, wüst, Alter, Zeit; *ḳuruk* = trocken, dürr, leer, wüst, unfruchtbar; *ḳari* = Alter, alt; *ḳarimak*, *ḳartaimak* = altern; *ḳarča* = trocken, gut ausgebacken; *ḳurut* = harte, getrocknete Käse.

osm. *ḳaratmak* = schwärzen; *ḳaralti* = Zwielicht, halbdunkel; *ḳauga* (eigentl. *ḳarga*) = Zank, Streit, Krieg; *ḳarga* = Rabe; *ḳarakuš* = Adler (beide von der Farbe ihres Gefieders so genannt); *ḳarmiš*, *ḳart* = alt, bejahrt; *ḳari* = Weib (ursprünglich die Alte, Schwache, als Gegensatz zu *ḳiz* = Mädchen, eigentl. die junge feurige Weibsperson).

alt. *ḳara* = schwarz, böse, unrein (*oj ḳarazi* = der böse Hausgeist); *ḳaram* = schadenfroh; *ḳarački* = dunkel, Zwielicht; *ḳari* = alt; *ḳorom* = später, nachher; *ḳurgu* = trocken.

jak. *ḳara* = schwarz, dunkel, dicht (hinsichtlich der Analogie von dunkel und dicht vgl. *tom* = dicht und *tam* = finster); *ḳaruña* = dunkel; *kïrä* = grau; *kïrämäs* = schwarzgrau; *kïrïsagas* = alt; *kïrïi* = altern; *ḳarakan* = Urvater; *kürüñ* = verdorrt; *kür*, *kürabin* = trocken werden.

kk. *ḳara* = Acker, Steppe (vgl. čag. *ḳir* = Feld), Nacht, schwarz; *kargan*, *kèrgan* = alt; *kargàrmen*, *kargèrben* = schelten, verfluchen; *ker*, *kèr* = grau; *karga* = Krähe.

čuv. *ḳura* = trockenes Gras; *ḳarčik* = Alter.

In lautlicher Hinsicht ist der Zusammenhang der gegebenen Beispiele auf den ersten Anblick einleuchtend; was die Begriffsanalogie des *ḳuru* anlangt, so finden wir ein ähnliches Verhältniss in dem entgegengesetzten *jaš* = feucht; *jašil* = grün; *jaš* = jung; *jašamak* = leben, gedeihen; *jašik* = Sonne, Helle; nicht minder auch in *ḳak*, welches trocken, dürr, fahl, gelb, schwächlich bedeutet.

85.

Ḳar, ḳor, ḳol, *Arm, Hand, Armlänge, Elle, Spanne.*

čag. ***ḳaraḳ*** = Arm, Macht, Stütze; ***ḳar, ḳaru, ḳari*** = Arm; ***ḳari, ḳariś*** = Armlänge, Elle; ***ḳarilamaḳ*** = mit dem Arme messen; ***ḳol*** = Arm, Hand, Vorderfuss der Thiere; ***ḳollamaḳ*** = mit der Hand nehmen, ergreifen (und eben deshalb dürften ***ḳarmaḳ, ḳarumaḳ, ḳarvalamaḳ, ḳarmalamaḳ*** = ergreifen, erhaschen, hin- und hergreifen, auch hierher genommen werden); ***ḳoldamaḳ*** = bei der Hand nehmen, leiten, führen; ***ḳoldaguć*** = Helfer, Leiter, Gott.

uig. ***ḳolaḳmaḳ*** = führen; ***ḳolaḳuz*** = Wegweiser.

čuv. ***ḳol, ḳul*** = Arm, Vorderfuss eines Thieres; ***ḳulan*** = Längenmass eines Arms; ***ḳor*** = Elle, Arschin.

osm. ***ḳol*** = Arm, Flügel, Theil der Armee; ***ḳolać*** = Klafter; ***ḳolća*** = Armband; ***ḳoltuḳ*** = Armhöhle; ***ḳariś*** = Spanne; ***ḳullamaḳ*** = gebrauchen, anfassen.

jak. ***ḳonnoḳ*** = die Gegend unter dem Arm. (In Anbetracht, dass der *l*-Auslaut in das lautlich ihm nahestehende *n* sich verwandelt, ferner dass, wie aus dem osm. erhellt, Arm und Flügel in begrifflicher Verwandtschaft stehen, ist es wol nicht allzu kühn, das überall ziemlich gleichlautende ***ḳanat, ḳonat*** = Flügel als zu dieser Stammsilbe gehörig anzunehmen); ***kului*** = gib her! (vielleicht richtiger: reiche her! Vgl. čag. *kollamaḳ* = reichen.)

86.

Ḳar, ḳor, kür, gür, *umringen, umfassen, umzäunen, beschützen, wehren* u. s. w.

I. *ḳ*—.

uig. ***ḳaruḳ, ḳoruḳ, ḳuruḳ*** = Zaun, Umfriedigung, Schutz, Wehre; ***ḳuruḳluḳ*** = Beschützung; ***ḳoruḳmaḳ, ḳuruḳmaḳ*** = sich schützen, sich zurückziehen, sich fürchten (Furcht bedeutet daher im concreten Sinne die Handlung des Sichzurückziehens); *ḳurma* = Versteck.

alt. *ḳori* = schützen, umzäunen, wehren; *ḳorum* = Wehre, Lager; *ḳoruḳ* = sich fürchten; *ḳorlan* = sich gürten; *ḳoral* = Waffe, Rüstung; *ḳur* = Gürtel, Umfassung; *ḳurću* = Reif, Umfassung; *ḳarća* = sich gürten.

jak. *ḳarïrga* = vertheidigen; *ḳariś* = Schonung; *ḳargïla* = beschützen; *ḳur* = Leibgurt; *ḳurda* = umgürten; *ḳurdu* = Umgürtung; *ḳordo* = Versteck, Schutz; *ḳorgot* = beschützen.

ćag. *ḳur* = Wache, Schutz, Gürtel; *ḳurći* = Gardist; *ḳurluḳ*, *ḳuruḳ* = Umzäunung, Thiergarten, Vorrathskammer; *ḳurgan* = Festung; *ḳurśaḳ* (vgl. *ḳur*) = Gürtel; *ḳurśalmaḳ* = sich gürten.

kaz. *ḳora* = Hof, Umzäunung, Stall; *ḳorali* = umzäunt.

ćuv. *ḳura* = sich fürchten; *ḳurat* = erschrecken (d. h. bewirken, dass jemand sich wehren soll); *ḳornau* = Schutz, geschützter Platz.

kk. *ḳur* = Gurt; *ḳurluḳ* = Köcher (Aufbewahrer der Pfeile).

osm. *ḳoru* = Park; *ḳoruźi* = Parkhüter; *ḳurumaḳ* = beschützen; *ḳurtulmaḳ* = sich retten, befreit werden; *ḳuśaḳ* (vgl. ćag. *ḳurśaḳ*) = Gürtel; *ḳorḳmaḳ* = sich fürchten (vgl. ćag. *ḳuruḳmaḳ*).

II. *k*—.

Die weichlautige Form dieser Stammsilbe umfasst den Begriff Ring, Vereinigung, Versammlung. So:

uig. *kürel* = Ring, geschlossene Gesellschaft, Versammlung; *küret* = Gürtel, Wehre, Zaun; *küreś* = das Ringen (wodurch nicht so sehr der Kampf als vielmehr das Sichumfassen der Kämpfenden, im Grunde genommen nur ein Scheinkampf ausgedrückt wird).

ćag. *küren* = geschlossener Kreis, Wagenburg, Lager; *küreśmek*, *külćśmek* = ringen, einen Scheinkampf ausführen.

kaz. *kirte* = Umzäunung.

osm. *gülcśmek* = ringen (vgl. ćag. *küreśmek*).

kk. *kürcżerben* } ringen.
ćuv. *küreś* }

87.

Ḳat, ḳit, ḳot, ḳaj, ḳij, ḳoj, *hart, dicht, fest, sehr, compacte, harte Körper,* als: *Stein, Fels, Knittel* u. s. w.

I. —*t*.

uig. ***ḳatiḳ*** = hart, fest, sehr, schnell; ***ḳatiḳlamaḳ*** = befestigen, stark machen, hart machen.

čag. ***ḳati, ḳatiḳ*** (wie oben); ***ḳatḳaḳ*** = gehärtet, fest, gedörrt; ***ḳatimaḳ*** = hart werden; ***ḳatirmaḳ, ḳaturmaḳ*** = hart machen, stocken lassen; ***ḳatlanmaḳ*** = sich setzen, stocken, sich beruhigen; ***ḳatangur*** = ein dürrer, ausgetrockneter Mensch; ***ḳitiḳ*** = eng, gedrückt; ***ḳütüḳ*** = Knittel, Klotz; ***ḳütrüm*** = Paralysie; ***ḳütrümek*** = paralytisch werden (eigentl. sich zusammenziehen, das Erstarren, Festwerden, Steifwerden des Körpers).

az. ***ḳatiḳ*** = gestockte Milch, sauere Milch (vgl. ***jogurt*** = sauere Milch und ***jogun*** = dicht, dick); ***ḳatiḳlašmaḳ*** = stocken (von der Milch).

osm. ***ḳati*** (wie oben); ***ḳit*** = fest, eng, selten; ***ḳitliḳ*** = Mangel (eigentl. Seltenheit).

čuv. ***ḳida*** = hart, fest, sehr, stark; ***ḳitlan*** = fest, hart werden.

kk. ***ḳatik*** = hart.

jak. ***ḳat, ḳatabln*** = trocken werden; ***ḳatan*** = hart; ***ḳatav*** = trocknen; ***ḳatat*** = Feuerstahl (vgl. *ḳaja* = Fels); ***ḳatiriḳ*** = Rinde (die harte Oberfläche?); ***ḳatasin*** = Frost, Erstarrung, Erhärtung; vgl. *tom, dum* = fest mit *tong* = Frost).

II. —*j*.

čag. ***ḳaja*** = Fels; ***ḳajraḳ*** = der harte Stein zum Wetzen des Metalls, Schleifstein; ***ḳojuḳ*** = dicht, fest, dunkel; ***ḳojungur, ḳungur*** = dunkelbraun.

osm. ***ḳaja*** (wie oben); ***ḳoju*** = dicht; ***ḳojulmaḳ*** = dicht werden.

jak. ***ḳaja*** = Fels; ***ḳiaragas*** = eng, Enge; ***ḳiarat*** = eng machen; ***ḳiar*** = *coire cum femina* (vgl. osm. ***siḳ*** = eng mit ***sikmek*** = *coire cum femina*).

alt. ***ḳüjür*** = Beengung, Zwang, Bedrückung; ***ḳüjüre*** = beengen, bedrücken, zwingen (*küjürenin per* = etwas gezwungen hergeben).

6*

Ausser dem concreten dicht, dick, hart, schwer, fest u. s. w. ist durch diese Stammsilbe noch der abstracte Begriff von Sorge, Plage, Pein, Kummer ausgedrückt (vgl. *siḳ* = eng mit *siḳinti* = Aerger, Pein; *tar* = eng mit *targin* = zornig). Auch hier kann die lautliche Form in *j*- und *t*-Auslaut eingetheilt werden.

a) —*j*.

uig. *ḳijin* = geplagt, besorgt, Plage, Sorge; *ḳijnamaḳ* = plagen, quälen.

alt. *ḳijin* = Plage, Qual, Sorge; *ḳijna* = quälen, beengen, peinigen; *ḳairal* = Liebe, Pflege, Huld (eigentl. Besorgniss für jemand); *ḳairan* = gütig; *ḳairaḳan* = barmherzig (Epitheton Gottes).

čag. *ḳin* (urspr. *ḳijin*) = Plage; *ḳijnamaḳ* (wie oben); *ḳijnči* = Peiniger; *ḳajgu* = Sorge, Mühe; *ḳajurmaḳ* = Sorge tragen, bemitleiden, pflegen; *ḳajraḳ* = der Sorge trägt, mitleidig.

az. *ḳajirmaḳ* = machen, thun (eigentl. besorgen).

osm. *ḳajirmaḳ* = Sorge tragen; *ḳajrinti* = Barmherzigkeit, Besorgniss.

kir. *ḳajrim* = Güte, Herzlichkeit (Fürsorge).

čuv. *ḳojiḳ* = Sorge, Kummer, Beschwerde; *ḳojglr* = sich kümmern.

b) —*t*.

uig. *ḳatḳu* = Sorge, Besorgniss, Kummer; *ḳatḳun* = schwermüthig, besorgt, beengt, betrübt; *ḳatḳurmaḳ* = bekümmert sein, trauern, sich härmen.

Schliesslich wäre es schwer, zu übersehen, dass *ḳit* = eng, dicht, mit *ḳis*, *ḳiz* = eng, schmal, kurz, in lautlicher sowol als in begrifflicher Verwandtschaft sich befindet und demzufolge als dritter Familienzweig in den Bereich vorliegender Stammsilbe gehört. So:

III. —*s*, *z*.

uig. *ḳis* = eng; *ḳisḳa* = kurz; *ḳisḳurmaḳ* = beengen.

čag. *ḳismaḳ* = drücken, pressen, beengen; *ḳisnaḳ* = Engpass, schmaler Weg; *ḳisḳanmaḳ* = sich beklommenen Busens fühlen, beneiden; *ḳisir* = unfruchtbar.

alt. *ḳis* = beengen; *ḳiziḳ* = eng; *ḳista* = einzwängen.

osm. *ḳiz, ḳit* = selten, eng; *ḳisiḳ* = gepresst; *ḳissa* = kurz; *ḳis-ḳanmaḳ* = beneiden; *ḳisnaḳ, ḳasnaḳ* = Rahmen (in den etwas eingepresst wird).

jak. *ḳis* = böse, finster (vgl. *kisḳanmaḳ* = beneiden; *tum, tim* = eng, finster); *ḳisalga* = Bedürfniss, Noth.

čuv. *ḳüske* = kurz.

kk. *ḳésél* = eng; *ḳéska* = kurz.

Bei der harten und weichen Form des anlautenden *k* ist es wol fraglich, ob letztere, nämlich *kes, kis, küs*, nicht unter § 106 gehöre, ebenso ob der abstracte Begriffskreis des *ḳis* = neiden nicht zu *kis*, § 93, genommen werden sollte.

88.

Ḳat, ḳaj, einen Körper unmittelbar an den andern *anreihen, hinzufügen, hinzugeben, gesellen, Geselle, Genosse, Gefährte, Weib, Schwiegerältern* (die später hinzugefügten Aeltern).

uig. *ḳat* = neben, dabei, hinzu; *ḳataś* = Geselle, Freund (vgl. čag. *jan* = Seite und *janaś, jandaś* = Freund); *ḳataśliḳ* = Freundschaft; *ḳatin* = Eidam (der Hinzugefügte, anstatt *ḳatin oḳul*; so ferner *ḳatin ata* = Schwiegervater; *ḳatin ana* = Schwiegermutter); *ḳatun* = Frau, Weib (Gefährtin); *ḳatil-maḳ* = sich gesellen.

čag. *ḳat, ḳati* = neben, bei, hinzu, Schicht, Lage, Fach, Falte; *ḳatla* = Reihe, Lage, Mal (*bir ḳatla* = einmal, einfach); *ḳatar* = Reihe, an- oder nebeneinander gefügte einzelne Thiere oder Dinge (*bir ḳatar tüje* = eine Reihe, ein Strang von Kamelen); *ḳatmaḳ* = auf- oder übereinander legen, vermischen, vermengen; *ḳajaś* (vgl. uig. *ḳataś*) = der Nächste, Anverwandte (*uruḳ ḳajaś* = die ganze Familie); *ḳajin* = eingeschaltet, hinzugefügt (*kajin ata, kajin ana*); *ḳadamaḳ* = anheften, anlegen; *ḳadag* = Riegel, Vorlegeschloss; *chatun, ḳatun* = Frau.

osm. *ḳat, ḳatmaḳ* (wie oben); *ḳatiḳ* = der Imbiss zum Brode (*ḳatiḳ siz ekmek* = trockenes Brot); *ḳadin* = Frau.

alt. *ḳadïn* = Weib; *ḳatla* = zufügen, wiederholen; *ḳat* = Schicht.

čuv. *ḳut* = Fach; *ḳutla* = wiederholen; *ḳodiś* = sich vermischen, sich vermengen; *ḳotśtar* = vermengen.

jak. *ḳïtarï* = vereinigt; *ḳïtar* = vereinigen, jemand mit etwas; *ḳïtïn* = sich vereinigen; *ḳat* = doppelt; *ḳatïu* = wiederholen; *ḳïtta* = zugleich, anverwandt; *ḳïïn* (vgl. osm. *kajïn*) = Vater der Frau.

kk. *kat* = Weib; *käte* = zugleich; *kadel* = Fach; *kadïne*, *kazïne* = Schwiegermutter.

Ob die durch *küt, küj, kür, güv* entstandenen Verwandtschaftsgrade, als: jak. *kütüö* = Schwager; čag. *küjau* = Eidam; uig. *kübek* = Eidam; osm. *güvej* = Schwiegersohn, Bräutigam, hierher gehören, oder ob *güvej* mit *ävej* = fremd analog sei, da das Verschwinden des gutturalen Anlauts nicht zu den Seltenheiten gehört, wäre vorderhand schwer zu entscheiden. Desto annehmbarer ist aber die Hierhergehörigkeit von čag. *ḳaś*, kk. *käze* = nahe, neben, welchem das oben angeführte *ḳajaś* zu Grunde liegt.

Als hierher gehörig würde ich noch bezeichnen uig. *ḳot* = Art, Gattung, Geschlecht (*birḳot* = einerlei), der Grundbedeutung nach eine Lage, eine Schicht, und das mit letzterm verwandte trkm. *ḳuda* = Stamm, Familie, und *ḳudaman* = Verschwägerung. Ferner nach Veränderung des gutturalen Anlauts in *č*: čag. *čatmaḳ* = zusammentreffen, zusammenstossen; *čatma*, *čatïr* = Zelt (eigentl. das Zusammengesetzte, Zusammengestellte); *četen* = Wagenzelt; osm. *čatïḳ* = was aneinander anstösst; *čatïśmaḳ*, *śataśmaḳ* = zusammentreffen.

In Erwägung des gegenseitigen Verhältnisses zwischen *jan* (Seite) und *janaśmak* (sich nähern), *ḳat* (Fach) und *ḳatlamaḳ* (zugeben, zulegen) wird auch das Verhältniss zwischen *čatmaḳ* (zusammentreffen) und *čet* (Seite, Rand) hervortreten. Derivata des letztgenannten Wortes sind: čag. *četlemek* = einzäunen, einranden, begrenzen; *četli* = begrenzt (*tört četli* = viereckig); kir. *śeten*; alt. *čedan* = Zaun, Wehre (vgl. *četen* = Wagenzelt).

89.

Ḳar, ḳaj, ḳir, ḳij, *Schnee, Reif, Schneegestöber, eisiger Regen, kalter Wind, Winter.*

čag. **ḳar** = Schnee; **ḳaj, ḳai** = Schneegestöber, Sturm, Regen untermischt mit Schnee; **ḳiš** *(ḳajiš, ḳijiš?)* = Winter, ungefähr eine Bestimmung der Zeit des Schnees und Schneegestöbers (vgl. slaw. *zima* = kalt und Winter, lat. *hiems* mit sanskr. *hima* = Schnee; jak. *ḳar* = Schnee und Jahr (Böthlingk, Jak.-Wörterbuch, S. 80); magy. *szél* = Wind mit *tél* = Winter); **ḳirau, ḳiragu** = Reif, Frost.

osm. **ḳar, ḳiran, ḳaji, ḳiš** (wie oben).

jak. **ḳar** (wie oben); **ḳis** = Winter; **ḳai** = mit Schnee bewerfen.

čuv. **jor** = Schnee.

90.

Ḳil, ḳin, *thun, machen, formen.*

uig. **ḳilmaḳ** = machen, thun; **ḳiliḳ** = Beschaffenheit, Eigenheit, Gestalt, Form, That; **ḳilinmaḳ** = sich zu etwas anschicken; **ḳiliné** = That, Werk; **ḳiliḳli** = geformt, gestaltet, schön.

čag. **ḳilmaḳ, ḳiliné** (wie oben); **ḳiliḳ** = Gestalt, Form; **ḳilau** = Pflicht (was zu thun ist); **ḳilauli** = tapfer, pflichtgetreu.

osm. **ḳilmaḳ, ḳiliḳ** (wie oben).

kir. **ḳiliḳ** = Sitte, Form (vgl. **josun** = Sitte, Form); **ḳiliḳti** = anständig.

alt. **ḳiliḳti** = aufgewachsen (von hoher Gestalt).

jak. **kin, kinabin** = thun; **kinnar** = thun lassen.

91.

Ḳir, ḳil, ḳij, *zerbrechen, zerschneiden, zerstückeln, schnitzen, schneiden, brechen; Schnitt, Bruch, Stück.*

I. —*r*.

čag. **ḳir, chir** = Einschnitt, Fuge (*tört ḳirli miltik* = eine vierfügige Flinte); **ḳirmaḳ** = abbrechen, vertilgen, vernichten;

ḳiriḳ = Stück; *ḳirinti* = Feilspäne; *ḳirgi* = Schnitzmesser; *ḳirḳinč* = das Abgekratzte; *ḳirpiḳ*, *ḳilpiḳ* = Stachel, Augenwimper; *ḳiran*, *ḳirgin* = Niederlage; *ḳirim* = Graben; *ḳirḳmaḳ* = abschneiden, stutzen; *ḳirḳinti* = geschorene Wolle.

osm. *ḳirmaḳ* = brechen; *ḳiriḳ* = zerbrochen; *ḳiriḳliḳ* = Bruch, Sprung.

jak. *kirii* = zerschneiden; *kirī* = Schneide, Schärfe; *kirbas* = Stück; *kirba* = in Stücke schlagen oder schneiden.

čuv. *ḳir* = schaben, schneiden; *kirčiḳ* = Kratzer, Schabmesser.

kk. *ḳirpik*, *ḳiribek* = Augenwimper.

Ob nach der Analogie des *jarmaḳ* = trennen, schneiden und *jar* = steiles Ufer; *jolmaḳ* = reissen, ausreissen und *jali* = Ufer; ferner des magy. *szel* = schneiden und *szél* = Rand, Ufer das

čag. *ḳirag* = Rand, Grenze (wo etwas abgebrochen ist);
alt. *ḳir* = Grenze; *ḳirantiḳ* = kantig;
osm. *ḳirag*, *ḳiji* = Ufer;
jak. *ḳiti* = Ufer, Rand;
kk. *ḳir* = Bergrücken

zur vorliegenden Stammsilbe gehört, würde ich mit Bestimmtheit nicht behaupten, obwol eine solche Annahme viel Wahrscheinlichkeit für sich hat.

II. —*j*.

uig. *ḳijmaḳ* = schneiden, zerschneiden; *ḳijiḳ* = Schnitt, Stück, Bruch.

čag. *ḳijmaḳ* (wie oben); *ḳijaḳ* = Hobel, Span; *ḳijiḳ* = Splitter; *ḳiji* = Abfälle, weggeworfene, nutzlose Theile, Dünger; *ḳajči*, *ḳijči* = Schere.

osm. *ḳijma* = hachirtes Fleisch; *ḳijiḳ* = dünn, fein (abgeschnitzt, abgehobelt); *ḳijmiḳ*, *ḳimiḳ* = Splitter eines Beins, und hiervon *kemik* = das Bein (vgl. čag. *sinmek* = brechen mit *süngek* = Bein).

alt. *ḳin* (*ḳijin?*) = Schere.

jak. *kidī* = niedermähen, niedermetzeln; *kī* = Mist (vgl. čag. *ḳiji*).

kk. *kail'e* = Schere.

III. —*l*.

čag. *ḳil* = Stachel, Haar; *ḳiltiḳ*, *ḳilčiḳ* = Fischgeräthe; *ḳilsiḳ* Schere; *ḳilič* = Schwert (eigentl. Schneidinstrument).

kk. ***kél***=Mähne (abgeschnittene); ***kilannaḳ***=mit scharfen Haarspitzen versehen.

jak. ***ḳil*** (wie oben); ***ḳilam***=Augenwimper.

Noch kommt die Stammsilbe ***ḳir, ḳil, ḳij*** in der nächstverwandten Form von ***ḳiv, ḳib*** vor. So: osm. ***ḳivilcim***= Funke, vom veralteten ***ḳivilmak***, ***ḳirilmaḳ***=sich abbrechen (Funke ist daher begrifflich analog mit Bruchstück); jak. ***ḳiblan***=Funke; ***ḳibaḳ***=Staubkörnchen; ***ḳibli***=Schere; alt. ***ḳim***=Funke. Ist daher der begriffliche Zusammenhang des *ḳiv*, *ḳib* mit *ḳir*, ***ḳil*** zur Genüge bewiesen, so wird auch der lautliche Nexus einen neuen Beleg erhalten, wenn wir anführen, dass im čav. Funke noch heute ***kilgem*** heisst.

92.

Ḳir, *Schmiere, Farbe, Schmuz, Aeusseres.*

uig. ***ḳirḳu***=gefärbt, Farbe; ***ḳirtiš***=Aussehen.

alt. ***ḳirtiš***=Oberfläche, Schmiere.

osm. ***ḳir***=Schmuz, Schmiere; ***kirletmek***=beschmieren.

jak. ***ḳir***=Schmuz; ***ḳirdüḳ***=beschmuzt.

Ob *ḳir*, *kir* zu *ḳar* (schwarz, braun) gehört, ist wahrscheinlich, aber nicht ausgemacht. Begrifflich analog ist ***ḳiz*** (roth und Farbe), so auch *boj* (Farbe und roth; vgl. § 220).

93.

Ḳis, ḳiz, *Feuer, Wärme, Röthe, erglühen, entbrennen, in Eifer gerathen, in Feuer gerathen, zürnen.*

uig. ***ḳis, ḳiz***=feurig, glühend, erröthet, warm, Mädchen (für die Begriffsanalogie der letzten zwei Bedeutungen vgl. *deli ḳanli*=Jüngling, eigentl. heissblütig); ***ḳizmaḳ***=roth, feurig oder glühend werden; ***ḳizil***=roth, Gold (vgl. ***al***=roth, ***altun***=Gold).

čag. ***ḳiz*** = Mädchen, Jungfer; ***ḳizi*** = eifrig, warm, glühend; ***ḳiziḳmaḳ***, ***ḳizmaḳ*** = erglühen, feurig werden; ***ḳizil*** (wie oben); ***ḳizgalan***=Tulpe (von der rothen Farbe so genannt);

ḳizganmaḳ = eifern, sich ereifern, zürnen, beneiden; *ḳizganč* = Neid, neidisch; *ḳizdirmaḳ* = reizen, necken, ärgern; *ḳistamaḳ* = aneifern, anspornen.

kaz. *ḳizi*, *ḳizu* = brennend, heiss, feurig; *ḳizil* = schön, gefärbt, roth.

kir. *ḳizil* = schön; *ḳizbalik*, *ḳizmalik* = reizend, anziehend.

az. *ḳizil* = Gold, roth; *ḳizdirma* = Fieber.

osm. *ḳizmaḳ* = sich erhitzen, in Feuer gerathen, zürnen; *ḳizamuḳ* = rothe Beere.

jak. *ḳisil*, *ḳis* (wie oben); *ḳitarḳai* = roth; *ḳitar* = roth werden; *ḳitard* = röthen, glühen.

kk. *kézil* = roth; *ḳézarterben* = roth machen, färben; *kézéllarmen* = bunt machen (vgl. *al* = roth und bunt).

čuv. *ḳir* = Jungfer; *ḳirle* = roth, schön; *ḳirt* = entflammen, entzünden.

Wie bei *ḳas*, *as* (graben, wetzen, schüren), *keñ*, *eñ* (weit, geräumig) durch das Verschwinden der anlautenden Gutturale zwei verschiedene Formen einer und derselben Stammsilbe entstanden sind, so auch hier *ḳis* und *is*. Daher:

čag. *isiḳ*, *isig* = Wärme, Brand, Brandmal; *is* = Brand, Kohlenschwärze, Russ; *isirgamaḳ* = roth machen, glühen; *isirganmaḳ* = erröthen.

osm. *sičak* (anstatt *isičak*) = warm; *isitma* = Fieber; *isitmaḳ* = wärmen; *isinmaḳ* = sich erwärmen.

jak. *iti* = heiss; *itsigäs* = warm.

kk. *isseg* = heiss; *čiš* = Rauch.

čuv. *ušu* = warm, heiss; *ušul* = erwärmen.

94.

Ḳoč, *stark*, *mächtig*, *gross*.

uig. *ḳoč* = stark, gewaltig (*koč jürcklik* = tapfer, starkherzig), Widder (dieses Thier ist bekanntermassen ein Emblem der Macht, Stärke und Majestät bei den turko-tatarischen Völkern und auch anderswo in Asien).

čag. *ḳoča*, *ḳoža* = gross, alt, Herr, Gemahl, Fürst; *ḳožalik* = Herrschaft; *ḳočaḳ*, *gožaḳ* = Held, der Tapfere (vgl. *eren* § 36); *ḳočḳar* = Widder.

kir. *gožak* = Held, Jüngling (im Sinne des Kraftvollen).
osm. *koža* = gross, alt, Gemahl; *kožaman* = der Greis; *kožalik* = Alter; *kožamak*, *kožalmak* = altern; *koč* = Widder.

Streng genommen gehört *k* in den Familienkreis von *kar* = alt, und zwar ist *koč* mit *korč*, *karč* (überaus alt, riesig, übermässig) analog, von welch letzterm die Formen *korčalmak* = überaus reif werden, ausarten; *korčak* = sehr hoch, entstanden. *korč* und *koč* verhalten sich lautlich zueinander wie *kuršak* und *kušak* (Gurt, Gürtel).

95.

Kog, kov, kou, kuu, *jagen, verfolgen, treiben, antreiben.*

čag. *kogmak*, *kovmak*, *kovalamak* = treiben, jagen, verscheuchen; *kovuzi*, *kovgunži* = Verfolger, Verleumder; *kovgun*, *kaugun* = Verfolgung; *kuš* (eigentl. *kouš*, *kuuš*) = Jagd, Treibjagd, Jagdvogel. (Von *k* ist die Benennung auf *avis* im Allgemeinen übergegangen, doch ist dies nur im Westtürkischen der Fall, denn das eigentliche Wort für *avis* ist *učar* = der Fliegende.) *kušlamak* = jagen.

osm. *kovmak* }
čuv. *kuv* } jagen, treiben.
alt. *kuu* }

Um die concrete Bedeutung des *kog* zu erörtern, bietet sich kein anderer Anhaltspunkt dar, als dasselbe mit *kak* = schlagen zu vergleichen. Hieran erinnert eine analoge Sinnesrichtung im Stammworte *čap*, welches sowol schlagen als verfolgen, nachjagen bedeutet. Vgl. franz. *battre* = schlagen mit *battue* = Treibjagd.

96.

Kom, kam, kim, *rühren, bewegen, zucken, schütteln, rütteln, arbeiten.*

uig. *komimak* = sich rühren, sich bewegen; *komitmak* = etwas bewegen, schütteln.
čag. *kimmak* = leicht bewegen, rühren; *kimirmak* = schütteln,

rütteln (und hiervon *kimis* = der durch Rütteln in einem Ledersack — *tursuk* — gesäuerte gleichnamige Trank aus Stutenmilch); ***kimirlatmak*** = erschüttern; ***kimsatmak*** = langsam schaukeln, hin- und herrühren; ***kimsanmak*** = sich aus Unwillen hin- und herbewegen, schmollen, trotzen; ***kimač*** = das Zucken oder Blinzeln mit den Augen, Koketterie, koketter Blick; ***kamči*** (eigentl. ***kamici***) = Peitsche (eigentl. Berührer, Anspornen).

jak. ***kamna, kamsa*** = sich rühren, sich bewegen, arbeiten, im Schritte gehen; ***kamnas*** = Arbeit (Rührigkeit?); ***kamsal*** = in Bewegung setzen; ***kamnï*** = Bewegung; ***kamnanï*** = lebhafte Bewegung, Rührigkeit; ***kamsïr*** = beweglich.

osm. ***kimïldanmak*** = sich rühren; ***kïrpmak*** = blinzeln (vgl. čag. *kimač*).

kk. ***kêlmeraderben*** = rühren; ***kamd'e*** = Peitsche.

čuv. ***kumgan*** = sich bewegen, sich schaukeln.

Ob ***kanat, kannat*** = Flügel, alt. ***kanar*** = Flossfeder, der Stammsilbe nach hierher gehört, da mit Hinsicht auf der diesen Körpertheilen zukommenden Handlung der begriffliche Nexus sich leicht herausfinden liesse, oder ob *kan* mit *kol* (§ 85), wie schon angedeutet, verwandt sei, ist vorderhand schwer zu entscheiden. So viel ist sicher, dass der Begriffskreis des Jakutischen, nämlich bewegen und arbeiten, sehr bald die Vermuthung rege macht, *kam, kim, kin* stehe in einem nahen Verhältnisse zu ***kil*** (machen, thun, verrichten) und letzteres zu *kol* (Arm, Hand), ungefähr in dem Masse, in welchem ***el*** (Hand) zu ***ellemek*** = anpacken, angreifen sich befindet.

87.

Kom, komb, kun, kund, kön, kün, künd,

eine Bezeichnung klotzartiger, runder, massiver und wuchtiger Körper.

uig. ***komar*** = Knäuel, Amulet (vgl. čag. ***tomar*** = Amulet, mit ***tom, tum*** = dicht, rund, massiv); ***köndek*** = plump, klotzig; ***könülmek*** = schwer, plump werden.

čag. ***kom*** = Höcker des Kamels; ***kumalak*** = Kügelchen, kugelrund, Koth der Schafe und Kamele; ***kombul*** = Knopf, Knäuel;

ḳonbul = Griff, Heft (das dicke Ende der Waffe); ***ḳund*** = plump, dick, massiv; *ḳunduḳ* = Schaft, Stiel; *kündc* = schwer, wuchtig, Klotz; *könlemek* = ehren (vgl. *aḳir* = schwer und *aḳirlamaḳ* = ehren).

osm. ***ḳund*** = stark, robust.

alt. ***ḳund*** = plump, dick, stark; ***ḳom*** = Welle (eigentl. die runde, aufgeblasene Form derselben); *ḳündu* = Schätzung, Achtung; *ḳündäli* = achtungswürdig.

jak. *ḳündä* = werthvoll, kostbar, in Ehren gehalten; *ḳündäläö* = bewirthen (ehren, achten?).

Die ursprüngliche Form *ḳom*, *ḳum* ist mit *tom*, *tum* sowol lautlich als begrifflich eng verwandt (vgl. § 179).

98.

Ḳot, ḳoj, ḳut, ḳuj, *unten, nieder, tief, Vertiefung, niederlegen, niederlassen, legen lassen.*

uig. *ḳoti*, *ḳotu* = unten, herab; *ḳotḳi* = der untere; *ḳotmaḳ* = setzen, stellen, niederlegen, loslassen, auflassen; *ḳotunmaḳ* = sich niederlassen.

jak. *ḳotu* = abschüssige Lage, abwärts, zu Thal; *ḳotol* = Vertiefung, vertieft; *ḳötök* = Schos.

kk. *kudu* = abwärts; *kutuḳ* = Brunnen; *kut* = Höhle (Vertiefung).

kaz. *ḳojtu* = niedrig, schlecht (damit scheint das osm. *kötü* = schlecht verwandt zu sein); *ḳojtulanmaḳ* = schlecht werden (osm. *kötülenmek*), eigentl. niedrig werden, im Werthe abwärts gehen.

čag. *ḳutuḳ*, *ḳuduḳ* = Brunnen (Vertiefung); *ḳoji*, *ḳoju* = unten, nieder, tief (*baś ḳojan* = kopfabwärts); *ḳojmaḳ* = legen, setzen lassen; *ḳotmaḳ* (nach Fazlullah Chan's Wörterbuch) = lassen, verlassen; *ḳotarmaḳ* = tiefer, niedriger machen; *ḳotan* = Niederlassung, nächtliches Lager der Schafe).

čuv. *ḳor* = legen, darauflegen, zurücklassen.

alt. *ḳot* = niederlegen; *ḳudu* = untergehen; *ḳuduḳ* = Brunnen.

osm. *ḳojmaḳ* (wie oben); *ḳoji vermek* = liegen lassen; *ḳojun* = unten (*jüzi ḳojun* = mit dem Gesichte abwärts); *ḳuj*, *ḳuju*, *ḳuji* = Brunnen; *ḳujun* = Busen, Vertiefung.

So wie aus der Stammsilbe *tük*, *tüg* (unterstes Ende)

das Zw. *tükmek* = giessen, ausschütten, eigentl. niederbringen, zu Ende bringen, enden, entstanden ist, ebenso finden wir *koj, kuj* in folgenden aufs Ausschütten, Ausgiessen, Giessen Bezug habenden Wörtern. So:

čag. ***ḳujmaḳ*** = giessen, schütten; ***ḳuja, ḳujan (kumgan)*** = Giesskanne; ***ḳujmaн*** = eine ins heisse Schmalz gegossene Mehlspeise.

kaz. ***ḳujgun*** = Wasserfall; ***ḳujgunlanmaḳ*** = sich ergiessen.

osm. ***ḳujumǯi*** = Gold- oder Silberarbeiter (eigent. Erzgiesser).

jak. ***kut, kutabin*** = giessen.

Ferner ist aus der transitiven Form des *ḳoj, ḳot* noch entstanden ***ḳon*** (eigentl. *kojun* = sich setzen, sich niederlassen u. s. w.). So:

čag. ***ḳonmaḳ*** = sich niederlassen, lagern; ***ḳonaḳ*** = Niederlassung, Behausung, Wohnung, auch der sich Niederlassende (Gast); ***ḳonalmaḳ*** = übernachten; ***ḳonalḳu*** = Nachtquartier; ***ḳonuš-maḳ*** = zusammenwohnen; ***ḳonšu*** = Nachbar.

osm. ***ḳonmaḳ, ḳonšu (ḳomšu), ḳonaḳ*** (wie oben); ***ḳonušmaḳ*** = miteinander verkehren.

jak. ***ḳon, ḳonobun*** = übernachten; ***ḳonu*** = Feld, flaches Land; freies Feld auf erhabener Stelle (Lagerplatz?); ***ḳonnoḳ*** = Nachtlager.

čuv. ***ḳan*** = ausruhen; ***ḳannaš*** = Unterredung (vgl. osm. *ḳonuš-maḳ*, in übertragener Bedeutung conversiren); ***ḳanna*** = Gast.

99.

Ḳul, Gehör, Ohr, Oehr.

uig. ***ḳulḳaḳ*** = Ohr. Ein nomen agentis, wie aus der Endbildung ersichtlich ist, von einem im Türkischen heute nicht mehr vorkommenden Zeitworte (*ḳulḳamaḳ?* = hören) abstammend. Im nächstverwandten Sprachenkreise, nämlich im finn.-ugrischen, ist *ḳ* um so stärker vertreten. So finn. *kuule;* čeremisisch *kol;* vogul. *χol;* ostjak. *χul* = hören. Vgl. Budenz, 102.

čag. ***ḳulaḳ*** = Ohr; ***ḳulaḳlamaḳ*** = hören.

osm. ***kulak, ḳulp*** = Oehr.

alt. ***ḳulaḳ*** = Gehör, Ohr.

čuv. ***ḳulga*** = Gehör, Ohr; ***ḳulgazir*** = taub (gehörlos).

In Anbetracht des gegenseitigen Verhältnisses zwischen

dem deutschen Hörige (Freie und Hörige) und hören, ferner slaw. *sluga* = Diener und *sluch* = Gehör ist es nicht schwer, den Nexus zwischen dem turk.-tat. *ḳul* = Sklave und *ḳulaḳ* = Gehör und Ohr herauszufinden.

100.

Ḳut, *Glück, Heil, Existenz.*

uig. ***ḳut*** = Glück, Heil; ***ḳutluḳ*** = selig; ***ḳutḳumaḳ*** = glücklich sein, prosperiren; ***ḳudutmaḳ***, ***ḳututmaḳ*** = beglücken; ***ḳudatḳu*** = beglückend.

čag. ***ḳut*** (wie oben); ***ḳutanmaḳ*** = sich freuen, glücklich sein; ***ḳutḳarmaḳ*** = befreien, erlösen, jemand heil machen; ***ḳutulmaḳ*** = los werden, befreit sein, heil sein. Bei dem gleichbedeutenden osm. ***ḳurtarmaḳ*** und ***ḳurtulmaḳ*** scheint eine Lauteinschiebung stattgefunden zu haben, da ***ḳur*** als Stammsilbe hier keine Erklärung finden kann.

alt. ***ḳut*** = Leben, Seele, Geist; so: ***ḳuti čiḳti*** = er ist sehr erschrocken. Vgl. čag. *angi učtu* = er ist erschrocken, wörtl.: sein Sinn oder Bewusstsein ist weggeflogen.

Es geschieht in Anbetracht der erwähnten Bedeutung des alt. Wortes und Satzes, dass ich an *ḳ* das jak. ***ḳutta*** = erschrocken; ***ḳuttat*** = Furcht; čag. ***ḳuturmaḳ***; osm. ***ḳudurmaḳ*** = rasend werden, toll werden anreihe, obwol mir, offen gesagt, der begriffliche Nexus beider Stammsilben nicht einleuchtend ist.

101.

Keb, kib, gib, *Bild, Form, Aehnlichkeit.*

uig. ***keb, kep*** = Bild, Form, Modell; ***kepit*** = Muster.

alt. ***kep*** = Bild, Form; ***kepsös*** = Metapher, Sprichwort. (Ob nicht etwa das čag. *gep* = Wort, Rede eine Abkürzung des auch in den Khanaten ehedem gebrauchten *geb-söz*, *gebsözi* ist?)

osm. ***gibi*** = ähnlich, gleich.

az. ***gimi*** = ähnlich.

kk. ***kiberlék*** = ähnlich.

jak. *küb* = Form, Gestalt; *ķübtä* = einem Dinge eine Form verleihen.

Mit *keb* = Form, Muster dünkt mir auch das alt.-čag. *ķem* = Mass verwandt zu sein.

102.

Kel, kil, gel, kommen, nahen, herankommen.

uig. *kelmek* = kommen, *kelikli* = zukünftig.

čag. *kilmek* = kommen; *kiltürmek* = bringen, kommen lassen; *kilin* = Braut (die ins Haus Kommende, da die Frau immer ins Haus des Mannes kommt).

osm. *gelmek* = kommen; *gelirmek* = bringen; *gelin* = Braut.

jak. *kül, külübin* = kommen; *külit* = kommen lassen.

kk. *kelermen, kilerben* = kommen.

čuv. *kil'* = kommen; *kin'* = Braut.

103.

Keñ, eñ, weit, breit, geräumig, bequem, erweitern, ausstrecken, ausdehnen.

uig. *keñ, keng* = reich, weit, breit; *kengri* = reichlich, in Ueberfluss; *kengci* = Musse, Bequemlichkeit.

čag. *keñ* (wie oben); *kengetmek* = erweitern; *kengešmek* = etwas in die Länge ziehen, verschleppen, nachdenken, sich berathen; *kengeš* = Berathung. Nur im figürlichen Sinne des Wortes, denn für consilium ist *ögüt* (vgl. § 48) vorhanden.

osm. *geñiš* = weit, geräumig; *eñ* = Breite; *eñli* = breit, weit; *eñsiz* = schmal (ohne Breite); *engin* = offenes weites Meer. Vgl. *engin ovalar* = breite, weite Thäler.

alt. *keñ* = breit; *een* = gedehnt, weit; *eendü* = breit; *eende* = ausbreiten; *enik* = frei sein; *enigü* = Freiheit.

jak. *kiñ* = weit, breit; *kinäs* = etwas weit, etwas breit; *aña* = offen; *añat* = öffnen; *añai* = sich öffnen.

čuv. *ana* = geräumig, offen; *anzir, kanzir* = schmal (ohne Breite; folglich ist auch hier *an kan* = Breite. Vgl. osm. *eñsiz*).

Ausser den angeführten Beispielen ist im Jak. noch *köñño* = entfernen, den Zwischenraum erweitern, eine Form fraglicher Stammsilbe, die sehr leicht auf die Idee bringt, das Wort *könül* = Gemüth, Lust als in diese Familie gehörig zu bezeichnen. Begrifflich wäre Gemüth, Lust, Freude auch schon deshalb mit Weite, Bequemlichkeit zu identificiren, weil der entgegengesetzte Begriff von Mismuth und Aerger eben aus der Grundbedeutung des Beengens, Bedrückens entsprungen ist; so osm. *sïk* = eng und *sïkïnti* = Aerger, eigentl. Beengung; ferner *tar* = eng und *targïn* = zornig. Dazu kommt das analoge Verhältniss in andern Sprachen; so arab. *mebsut* = ausgebreitet, entfaltet und zugleich auch Freude; *mudhaikat* = Beengung und zugleich Kummer. Wie gesagt, einen derartigen Versuch anzustellen, wäre sehr einladend, doch darf andererseits nicht übersehen werden, dass im alt. *kïj, küü* die Stammsilbe für Freude, Liebe, Wille u. s. w. vorliegt und diese demnach primitive Form in § 116 gehört.

104.

Ker, er, *weit, breit, Raum, Räumlichkeit, Raum haben, hineingehen, eintreten.* (Vgl. § 108 *kir, ker.*)

alt. **ker** = weit machen, ausdehnen, anspannen (*kere alta* = weite Schritte machen).

čag. **kermek** = ausdehnen, ausbreiten; **kerenmek** = sich recken, sich ausstrecken, sich ausbreiten; **kerege** = dehnbares Holznetz zum Unterbau des Zeltes; **keriš** = ausgespannt, ausgedehnt, die gespannte Sehne des Bogens.

čuv. **kar** = ausdehnen.

osm. **gerinmek** = sich ausstrecken (die Glieder).

Vgl. **keñ, eñ** = weit, breit, § 103.

105.

Ker, ger, *Pflicht, Müssen, Schuldigkeit, Schuld, Opfer.*

jak. **küriñ** = Pflicht, Schuldigkeit; **kürrïnüäk** = verpflichtet; **kürätä** = Ersatz, anstatt; **küräk** = Opfer (Schuld, den Göttern für erwiesene Güte).

uig. *kerek* = nöthig, schuldig, Schuld.
čag. *kirek* = nöthig.
osm. *gerek* = nöthig sein, müssen; *gereklik* = Pflicht.
kk. *kêrek* = nöthig.
čuv. *kirle* = nothwendig.

Mit *k* hängt lautlich sowol als begrifflich — Pflicht, Schuld, Recht und gerecht bilden auch anderswo einen und denselben Ideenkreis — noch zusammen das

osm. *geréek* = wahr, gerecht; *geréeklik* = Wahrheit.
jak. *kirdik, kirtsik, kirtis* = richtig, wahr; *kurdat* = Richtweg; *kurduk* = gleich, Gleichheit.
kk. *kirtis* = wahr.
čuv. *kir* = Glaube.

106.

Kes, kis, keć, kić, *schneiden, zerschneiden, zerstückeln, zerstückelt, klein, wenig, gering.*

I. —*s*.

uig. *kesmek* = schneiden; *kesük* = Schnitt, Abbruch, Verfall, Krankheit (vgl. *bütmek* = enden und *bütük* = siech, zur Neige gehend); *kesükli* = krank; *kesim* = Ende (d. h. wo etwas abgeschnitten, abgebrochen ist); *kesimdi* = Beender, Vertilger.

čag. *kesmek, kismek* (wie oben); *kesek* = Stück, Schnitt, Erdscholle; *kesik* = abgeschnitten; *keser* = Messer; *keskülemek* = zerstückeln; *keskin* = scharf, schneidend; *kezek* = Vertheilung, Reihe.

kir. *kesim* = Zuschnitt, Form, Sitte; *kez* = das eingeschnittene Ende des Pfeils, welches auf die Bogensehne gelegt wird; *kezü* = Antheil, Loos; *kezeklemek, kezülemek* = untereinander vertheilen.

osm. *kesmek, kesim, kesik* (wie oben); *kesinti* = Stück.

kk. *kesek* = Hälfte (vgl. *biémek* = schneiden und *buéuk* = Hälfte, ferner *jarmak* = zerspalten und *jari* = halb); *kezük* = wenig, ein kleines Stück.

alt. *kezek* = ein Theil des Ganzen.

II. —*ć*.

uig. ***kećik***, ***kićik***=klein, jung; ***kićkärmek***=zerschneiden, verkleinern.
alt. ***kećenek***, ***kićenek***, ***kićik***=klein, jung.
ćag. ***kićik***=klein; ***küćük***=das Junge (der Hunde).
osm. ***küćük***=klein; ***küćek***, ***köćek***=Junge, Schandbube, Tänzer.
jak. ***kuććugui***=klein.
kk. ***kićik***=gering, klein.
ćuv. ***kiśen***=wenig, klein, jung.

Die mit *s* auslautende Form ist die primitive, und wie überall drückt die mit *ć*, *ś* auslautende Nebenform eine verstärkte Handlung der eigentlichen Stammsilbe aus. Während ***kesik***, ***kisik*** ein Stück, einen Theil des Ganzen bezeichnett, wird durch ***kećik***, ***kićik*** das Kleine, Nichtganze ausgedrückt. Vgl. ***jüs***, ***jüz***=oben und ***jüśe***, ***jüće*** =Höhe, hoch.

107.

Ket, ***kit***, ***keć***, ***kić***, *wegziehen*, *abziehen*, *abgehen*, *vorbeigehen*, *vorübergehen*, *vergehen* (von der Zeit), *sich entfernen*, *gehen*, *wandern*, *vergangen*, *spät*, *Abend*.

I. —*t*.

uig. ***ketmek*** = gehen, weggehen; ***kötärmek*** = entfernen, wegnehmen.
ćag. ***kitmek***=weggehen; ***kitken***=vergangen; ***kitermek***=weggehen lassen.
osm. ***gitmek***=gehen; ***gedek***=Weg, Gebirgsweg, Engpass.
alt. ***ketlerle***=weggehen, sich-entfernen.

II. —*ć*.

uig. ***kećmek***=vorübergehen, vorbeigehen; ***kećik***=Ausweg (vgl. osm. *gedek*); ***kećkü***=vergänglich; ***kećken***=vergangen; ***keć*** =spät (*keć üdi*=späte Zeit, Abend).
ćag. ***kićmek***, ***kećmek***, ***kić***, ***keć***, ***kićken***, ***kećken*** (wie oben); ***kiće***=Abend (vgl. *ḳaj*, *kej* § 74, II).

7*

osm. *gečmek* = vorübergehen, übergehen; *gečid* = Furt, Uebergang; *gečen* = vergangen; *geč* = spät; *gečе* = Abend.
kk. *kešermen* = übergehen; *get'erben* = über das Wasser fahren.
čuv. *kaš'* = vorübergehen; *kazjar* = vorübergehen lassen.

Schon der gemeinsame Ursprung der Worte für spät und Abend, dessen wir § 74, II. Erwähnung gethan, nicht minder aber auch das lautliche Verhältniss des čuv. *kaš*, wo der hochlautige Inlaut noch vorhanden ist, zu *keč*, *keš*, sie berechtigen uns, die vorliegende Stammsilbe zu § 74 zu rechnen. *Ket*, *kit*, *git* bedeuten, wie schon bemerkt, im eigentlichen Sinne des Worts nicht die Handlung des Gehens (wofür *barmaķ*, *varmaķ* existirt), sondern des Weggehens, Sichentfernens, Umkehrens, mit einem Worte jene Bewegung des Körpers, die eine Ablenkung vom vorgeschriebenen Ziele (Richtung) in sich schliesst, und *ket* schliesst sich auch lautlich an *kat*, *kaj* (umkehren) an. Vgl. čag. *ķatnamak* = sich bewegen, ziehen.

In demselben Verhältnisse, in welchem *ket* und *keč* stehen (im *č*-Auslaut ist immer eine frequentative, verstärkte Handlungsweise ausgedrückt), befindet sich auch *ķat* zu *ķač* (verstärktes, beschleunigtes Umkehren, d. h. fliehen, entfliehen), und das čag.-osm. *ķačmaķ* = fliehen, *ķačaķ* = Flüchtling; kk. *kat'erben* = davonlaufen, *kaške* = Flüchtling; osm. *ķošmaķ* = laufen, fliehen, müssen als zu dieser Stammsilbe gehörig bezeichnet werden.

108.

Kir, *ker*, *hineingehen*, *hineinpassen*, *untergehen*.

čag. *kirmek* = eintreten, in etwas Raum haben, sich zu etwas anschicken; *kirgüzmek* = einführen, unterbringen.
osm. *girmek* (wie oben).
kaz. *kermek* = eintreten; *kergezmek* = einführen.
jak. *kir*, *kiräbin* ⎫
čuv. *kir'* ⎬ = eintreten, hineingehen.
kk. *kirerben* ⎭

Kir, *ker* ist begrifflich sowol als lautlich mit *ker* (§ 104) verwandt. Die Bedeutung von *intrare* hat nur eine Verbalform der fraglichen Stammsilbe. *Ker* = weit, Raum und *kirmek* = hineingehen verhalten sich zueinander wie *ir, jir* = Raum und *ermek, irmek* = eintreffen, hineingehen, hineinpassen.

109.

Kiš, kis, kiz, giz, *hüten, schützen, bewachen, aufbewahren, verstecken, verheimlichen.*

uig. *kišemek* = bewachen, abwehren, jemand behüten oder abhalten; *kišik, kešik* = Wache; *kišiklik* = Wächter; *kišen* = Wehre, Abwehr, Fessel; *kišenmek* = sich enthalten; *kišenlik* = verborgen, enthaltsam.

jak. *kistiä, kistibin* = verstecken; *kistäläü* = Geheimniss.

čag. *kišen, kešik* (wie oben); *kešikči* = Wächter; *kizlemek* = hüten, bewahren; *kizlenmek* = sich hüten, sich verbergen.

osm. *gizli* = heimlich, verborgen; *gizlemek* = verstecken, aufbewahren.

k gehört sowol begrifflich als lautlich zu *köz, küs, küt* (§ 83, II.), welchem das alt. *kezet* = behüten, bewachen am nächsten steht.

110.

Kök, gök, göj, *grün, blau, Gras, Himmel, grünen.*

čag. *kök* = grün, blau, Himmel; *kökermek* = grünen, blau werden, ins Blaue spielen; *kög, küg* = Gras, das Grüne; *kökürt* = Schwefel (von der grünlichen Farbe so genannt).

az. *göj* = Gras.

osm. *kök* = blau; *gök* = Himmel.

jak. *küök* = grün, blau; *kögör, kögörübin* = grün oder blau werden.

kk. *kök* (wie oben); *köhür* = Schwefel.

čuv. *kvak* = blau, grün; *kvagar* = grünen, blaue Flecken bekommmen.

In Anbetracht, dass grün, blau mit Wasser, Nässe auch in andern nichttürkischen Sprachen eine gemeinsame Stammsilbe haben, wie: čag. *jaš* = Nass, *jašil* = grün; arab. *mā* = Wasser, *mavi* = blau; pers. *ab* = Wasser, *abi* = blau, grünlich, wäre ich geneigt, das uig. *ök, ök* = Wasser als Nebenform des vorliegenden *kök* zu bezeichnen.

111.

Köl, anlehnen, anspannen, vorspannen, und hiervon die Benennung verschiedener Fahr-, Reit- und Transportmittel.

alt. ***kölö*** = anlehnen, beschatten.
čag. ***kölük***, ***kölik*** = Reit- und Fahrzeug: als: Pferd, Kamel, Esel, Schiff.
jak. ***kölüi*** = anspannen; ***kölö*** = Vorspann, Transportmittel (Pferde, Renthiere, Hunde).
kk. ***köllärmen***, ***kölerben*** } = anspannen.
čuv. ***kül'*** } = anspannen.

Das alt. ***k*** deutet auf die Begriffsanalogie des Anlehnens und Beschattens hin, doch wie die Derivata, als alt. ***kölöngö***, ***kölötki***, čag. ***kölge***, osm. ***gölge*** = Schatten, Schutz, Schirm, zur oben angeführten Stammsilbe ***köl*** sich verhalten, ist mir nicht ganz einleuchtend. So viel ist evident, dass Schatten nur als ein übertragener Begriff von Schutz, Lehne zu betrachten ist. Mit ***k*** verwandt ist die begrifflich analoge Stammsilbe ***jöl***. So:

alt. ***jöle*** = anlehnen, an etwas stützen; ***jölön*** = sich stützen, sich anlehnen.
uig. ***jölemek*** = helfen; ***jölek*** = Stütze, Hülfe; ***jölekči*** = Helfer, Unterstützer.
čuv. ***sjül*** = befreien, erlösen.

112.

Köm, göm, verbergen, verstecken, verstopfen, vergraben, begraben.

čag. ***kömmek*** = begraben, vergraben, verstecken; ***kömük*** = vergraben, versteckt; ***kömüš*** = Silber (eigentl. Erz, versteckt; vgl. *jak. kömüs*); ***kömüšmek*** = herabsenken, herabneigen; ***kömülemek*** = verstecken, verbergen.
kir. ***kömbe*** = vergraben.
az. ***kömle*** = Versteck, Lauerplatz der Jäger.
osm. ***gömmek***, ***gömüš***, ***gömülmek*** (vgl. čag. *köm*—).

jak. **köm** = verscharren, vergraben; **kömük** = tiefer Schnee; **kömüs** = Erz (*ürün kömüs* = weisses Erz, d. h. Silber; *kisil kömüs* = rothes Erz, d. h. Gold).
kk. **kömerben** = begraben.
čuv. **kümül** = Silber.

Vergl. das verwandte **töm, tum** (§ 179, I.), **čom** (§ 192, II.).

113.

Kömük, Nacken.

Als selbständiges Wort nur im nordöstlichen Sprachgebiete gebräuchlich, in den übrigen Theilen, namentlich im čag. kommt es nur mit andern Worten verbunden vor; so: **kömüldürük** = Halsschmuck der Pferde und Kamele (von *kömük* = Nacken, Hals und *dürük*, *duruk* = stehend, befindlich). Von ähnlicher Zusammensetzung ist *eginduruk*, *egin-dirik* = Hemdkragen, Kleiderkragen, d. h. das auf dem Nacken (*egin*) Befindliche, so auch osm. *bojunduruķ* = Joch, von *bojun* = Nacken und *duruķ* = befindlich. Ob **köm** der Grundbedeutung nach nicht etwa das Gebogene heisst, von **ķaj, kij** (biegen), wie dies bei **egin** = Nacken der Fall ist, dem die Stammsilbe **eg, ej** (biegen) zu Grunde liegt, wäre vorderhand nur zu vermuthen, aber nicht bestimmt zu behaupten.

114.

Köt, küt, göt, köč, küč, göč, *aufheben, erheben, aufbrechen, ziehen, reisen.*

I. —*t*.

uig. **kötürmek, kötrümek** = aufheben, emporheben; **kötrüm** = Fürst, Auserlesener (eigent. der Emporgehobene, da bei turko-tatarischen Völkerschaften von jeher die Sitte vorherrschend war, die Wahl eines Oberhauptes durch Emporheben zu bekunden).
čag. **kötel** = Anhöhe, Berg; **kötcli** = in die Höhe gehoben, hoch; **kötermek** = aufheben, eine Last aufnehmen; **köterim** = Last,

das Aufgebürdete; ***kötelmek***=in die Höhe steigen; ***kötkürmek***=zum Aufbruch bringen.

az. ***götmek***=tragen, bringen.

osm. ***götürmek***=aufheben, aufbürden (wird oft fälschlich mit *getirmek*=bringen verwechselt).

kk. ***kötelerben***=sich erheben; ***köt'erben***=nomadisiren.

II. —*ć*.

uig. ***köć***=Aufbruch, Reise, Wanderung; ***köćmek***=aufbrechen, reisen; ***köćükli***=Reisender, Nomade.

ćag. ***köć etmek***, ***köćmek***=aufbrechen, reisen; ***köćürmek***=transportiren, jemand übersiedeln; ***köćemen***, ***köćmen***=Nomaden, Wandergesellschaft.

osm. ***göćmek***, ***göćemen***, s. ***köćmek***, ***köćmen***.

jak. ***kön***, ***könöbün***=seinen Wohnort verändern; ***köšör***=an einen andern Ort bringen.

Mit Hinweis auf das in § 107, II. erwähnte Verhältniss zwischen dem ***t***- und ***ć***-Auslaut einer und derselben Stammsilbe wird auch der begriffliche Zusammenhang zwischen ***köt—köć*** leicht erklärlich sein. Mit der Grundbedeutung des Aufhebens hängt auch reisen, wegreisen, eigentlich: Zelt oder Wohnung aufheben, zusammen.

115.

Küć, küt, küs, *Macht, Kraft, Stärke, Eifer, Tapferkeit.*

uig. ***küć***=Kraft, Gewalt, Willkür; ***küćki***=gewaltsam; ***küćkünmek***=Gewaltthätigkeit ausüben; ***küćlük***=tyrannisch, mächtig.

ćag. ***küć*** (wie oben); ***küćüm***=Gewalt; ***küćenmek***, ***küćünmek***=sich anstrengen, sich ereifern; ***küt***, ***köt***=Gewalt, Macht; ***kütibar***, ***kötibar***=gewaltig, mächtig (er hat Gewalt).

osm. ***güc***, ***güź***=Arbeit, schwer (*güźile*=mühsam, kaum); ***güźenmek***=zürnen, sich ärgern; ***göt***, ***güt***=Muth, Macht. So: osm. *götüñ varsa*=wenn du wagst, wenn du Muth hast, und nicht von *göt*=podex, wie die türkische Volksetymologie ableitet.

jak. *küs* = Kraft; *küstük* = kräftig, *küsür* = Kräfte bekommen.
kk. *küs* (wie oben); *küstük* = Held; *küdel* = Arbeit; *küdelernen* = arbeiten.

Ob *k* mit *köt*, *köt* = aufheben, mittelst Kraft etwas von der Stelle bewegen, oder mit *ķis* = heftig, feurig verwandt ist, möchte vorderhand schwer zu entscheiden sein.

116.

Küj, kuj, kov, kog, güj, *brennen, entzünden, glühen, glänzen, scheinen, Glut, Sonne, Hitze, Brand, Helle, Tag,* und deren bildliche Begriffe, als: *Eifer, Neid, Zorn, Sehnsucht, starker Wille.*

čag. *küjmek, küimek, güjmek* = brennen, entzünden; *küje, köje* = Brandwunde; *küjük* = der verbrannte Theil eines Körpers; *küjdürmek* = verbrennen; *küjdürgü* = Krebs, Brand; *küjünč* = schmerzhaftes Brennen einer Wunde; *küjelemek* = auflodern; *küz* (*küjüz*) = glühende Kohle; *kujmak* = brennen, entzünden; *ķujaś, ķojaś* = Sonne, Sonnenhitze.
osm. *güjünmek* = brennen; *güjnük* = Fieber, heisses Fieber (vgl. *ķiz* = warm und az. *ķizarma* = Fieber); *künlük, günlük* (*küjünlük*) = Räucherwerk, Weihrauch (eigentl. das zu Verbrennende); *kümür* (*küjmür?*) = Kohle (Brennmaterial? vgl. *ot* = Feuer und *otun* = Brennholz).
alt. *küj* = brennen; *köö* = Brand; *küje, küjlek* = Kohle, Brander; *küjün* = beneiden (vgl. *ķiz* = Feuer und osm. *ķizganč* = Neid); *küjünü* = Neid; *küjünček* = Neider.
jak. *kujas* = Tageshitze, heisser Tag (vgl. čag. *kujaś* = Sonne).
kk. *küjerben* = brennen; *köjö* = ausgebrannte Kohle; *kös* = brennende Kohle.
čuv. *küja* = Holzfackel, Brander, Kienspan; *ķojel* = Sonne.

In engem Anschlusse an *küj, köj* begegnen wir der Stammsilbe *kün,* deren nasaler Auslaut wol schwerlich als zum Stamme gehörig, sondern viel wahrscheinlicher als ein Affix betrachtet werden muss. Dieses erhellt am besten aus dem Altaischen, wo die gleichbedeutenden Formen *küjün* und *küün* die stattgefundene Absorption des Auslautes *j* zur Genüge beweisen. *Kün* kann daher als = *küjün* angesehen werden und hat auch ungefähr denselben Begriffskreis hinsichtlich seiner concreten wie abstracten Derivata. So:

alt. *küün* = Begier, Eifer, Liebe, Wunsch; *küünger* = wünschen, wollen, verlangen; *küün* = Lust.

čag. *kün* = Sonne, Helle, Tag; *küniś* = Tageshitze, Sonnenglut; *künlemek* = sich ereifern, in Feuer gerathen, beneiden; *künnedmek*, *künletmek* = in Feuer bringen, Neid erwecken; *küněilik* = Neid.

osm. *gün* = Tag, Sonne, Tageshelle; *güneś* = Sonne; *künü* = Ereiferung, Neid; *künlümek* = beneiden.

čuv. *kon* = Tag, Leben; *kondurla* = bei Tage (vgl. čag. *kündüz* = bei Tage).

Bei näherer Betrachtung des Begriffskreises vorliegender Stammsilbe wird es sich herausstellen, dass *köngül*, *küngül*, *gönül* = Lust, Verlangen, Liebe, Begier, Eifer, Feuer mit hierher gehört, da die Bedeutung dieses Wortes als Herz (Blutgefäss) nur secundär und spätern Ursprungs ist — *cor* ist im Türkischen durch *jürek* ausgedrückt (vgl. § 139) — und ursprünglich Muth, Lust, Eifer andeutet. So osm. *gönüllü* = der freiwillige Soldat; čag. *köngüllük* = tapfer; *köngül almak* = Muth fassen, sich erkühnen u. s. w.

117.

Kül, *kür*, *kül*, *külj*, *hohler Laut*, *Schall*, *Gelächter*, *lachen*, *lärmen*, *toben*, *donnern*.

uig. *kül* = Schall, Gelächter; *külümek* = lachen.

čag. *külmek* = lachen; *külümsemek* = lächeln; *külemek* = toben (vom Winde); *külbür* = Getöse; *kürlemek* = lärmen, toben (zumeist von dumpfen, rollenden Tönen), donnern; *küllüntü*, *kürlüntü* = Getöse, Donner, Lärm; *kürüng* = Geplapper, Geschwätz, Gerede.

osm. *gülmek* = lachen; *küldür* = Getöse; *gürlemek*, *gürüldemek* = lärmen, donnern, tosen; *gürülti*, *gürlünti* = Getöse, Donner.

kaz. *kül*, *külj* = Stimme, Arie; *küjlemek* = singen; *külmek* = girren (der Tauben).

alt. *küä* = dumpfes Getöse, Widerhall; *küäle* = schallen, widerhallen, jauchzen; *kül* = lachen, lächeln.

kir. *küilemek, küjlemek* = anschreien, anrufen (einen Hund oder sonstige Thiere).

jak. *kül, külübin* = lachen.

čuv. *kol* = lachen; *türl* = lärmen, tosen.

k ist eine Lautnachahmung, die, wie ersichtlich, mit richtiger Consequenz in Beschreibung hohler, rollender und hoher Laute durchgeführt ist. Einigermassen annähernd ist das magy. *hahota* = lautes Gelächter (eigentl. ha! ho! machen).

118.

Kün, gün, kön, čün, čin, sin, *glatt, gerade, gerecht, eine Richtung geben, schicken.*

uig. *küni, könü* = glatt, gerade, aufrichtig; *künilik* = Redlichkeit; *künmek, künimek* = gerade werden; *künilmek* = sich richten, sich anschicken; *künitmek* = gerade machen.

čag. *küni* = glatt, gegerbtes Leder; *küni, künmek* (wie oben); *kündem* = aufrichtig, getreu, fügsam, geduldig; *künälmek* = sich eine gerade Richtung geben; *kündürmek* = jemand eine Richtung geben; *künük* = gefügig; *künükmek* = gefügig sein (vgl. russ. *pravo* = gerade und *napravljat* = schicken); *künüktürmek* = jemand gefügig machen, zum Gehorsam bringen.

osm. *göndurmek* = schicken (eigentl. eine Richtung geben). Für schicken ist im Osttürkischen *jollamak* gebraucht.

jak. *könö* = gerade, redlich; *kön, könöbün* = gerade wenden; *könnör* = gerade machen.

kk. *kônč* = eben, gerade, gleich.

čuv. *konc* = friedlich.

Kün ist mit *čin, čün* = Grad, Ebenmass lautlich sowol als begrifflich verwandt, doch welches der concrete Begriff dieser Stammsilbe sein mag, ist mir vorderhand nicht einleuchtend. Wir wollen daher die Ableitungen der von gutturalem auf sibilanten Anlaut sich verändernden Stammsilbe in ihrer Bedeutung von Grad, Richtung, Mass oder gerade, gerecht, mässig weiter fortsetzen. So:

uig. ***ćin, ćin***=aufrichtig, redlich; ***ćinlik***=Redlichkeit.

ćag. ***ćin, ćen*** = wahr, gerade, richtig, Mass; ***ćinamak***=messen, erwägen; ***ćinamlamak***=meinen; ***sin***=Versuch, Messung, Probe; ***sinanlamak***=messen, versuchen, untersuchen, probiren.

kir. ***šin, šen*** = richtig, gerade, Mass; ***šindik*** = aufrichtig; ***šinau***=muthmassen, folgern; ***šinši***=Versucher.

osm. ***ćinlürmek, sinamak***=untersuchen.

jak. ***ćiñka***=gerade, durchaus; ***ćiñkil***=ganz, durchaus.

kk. ***sen***=Mass, Wahrheit.

alt. ***ćene*** = messen, probiren; ***ćin*** = recht, gerade; ***ćinda*** = richten, rechten; ***ćindik***=gerecht.

ćuv. ***ćin***=gerecht, wahr, gerade; ***ćin—ćinak***=fürwahr.

Bei der Vergleichung der Stammsilbe ***ćin*** mit ***kün*** ist die Begriffsanalogie zwischen ***teñ***=glatt, gerade, gemessen und ***deñmek***=messen, probiren wol nicht zu übersehen, da auch die lautliche Verwandtschaft des letztern mit erstgenanntem höchst wahrscheinlich ist.

119.

Jab, jav, jam, *eitel, nichtig, mager, schlecht, öde, fremd.*

uig. ***jaba, java***=eitel, leer; ***javuritmak, javritmak, jabritmak***=vereiteln.

alt. ***jabis***=gemein, schlecht; ***jabiza***=sich erniedrigen; ***jaman*** = ärmlich, schlecht; ***jamanda*** = schlecht werden, herabkommen.

ćag. ***jaba*** = nutzlos; ***jabu*** = schlecht (von Pferden); ***jabu*** = Klepper, Schindmähre (ist daher nicht persischen Ursprungs, wie allgemein angenommen wird); ***jaban***=wüst, öde; ***jaman*** = böse.

osm. ***jovan, javan*** = mager, dürr (*uzuz etiñ jovan olur ćorbasi* = billiges Fleisch gibt eine magere Suppe); ***jaban***=wüst; ***jabanži***=Fremder; ***jav, jao***=Verlust (*jav kilmak*=verlieren, vergeuden).

kk. ***t'abal***=schlecht; ***t'abés***=niedrig, gemein.

Aus *jav, jab* ist durch Hinzufügung des frequentativen *ś* noch entstanden:

čag. *javaš, juvaš* = furchtsam, leise, langsam.
alt. *joboš* = weich, ruhig, friedlich (*joboš pašti kiliš kispes* = einen friedlichen Kopf schneidet kein Schwert).
kir. *žujaš* = leise.
čuv. *jivaš* = still, ruhig; *jivin* = abstehen, ermüden.

Wie es häufig bei auslautenden Gutturalen und Labialen der Fall ist, dass dieselben nach stattgefundener Affixirung verschwinden und aus zwei Silben eine einzige sich gestaltet, z. B.: *tavuš* = *taš* (fern); *ḳojuš* = *ḳoš* (zusammengelegt, vereint); *čigir* = *čir* (rufen) u. s. w., so ist auch hier aus *jabuš, javuš* das zusammengezogene *jaš* (leise, heimlich) geworden. So:

čag. *jaš* = heimlich, leise; *jašurmaḳ* = verheimlichen, verbergen; *jašurun* = verborgen, heimlich.
uig. *jašru* = heimlich (mit dem Adverbialsuffix *ra*, gleich *dogru*, *özre*, *egrü* u. s. w.).
osm. *jašmaḳ* = Schleier, eigentl. Verberger.
alt. *jažil* = Heimlichkeit; *jažiltu* = heimlich; *jažir* = verstecken.
jak. *sasar* = verbergen; *sas* = sich verbergen.
kk. *t'azererben* = verstecken.

In ähnlicher Weise ist die Adverbialform *juvan* zu *jon* zusammengeschrumpft; so: kaz. *jon* = wohlfeil, billig; *jonaitmak* = wohlfeil werden; jak. *simegäs* = dünn.

120.

Jag, ag, Fett, Schmiere, Salbe.

čag. *jag* = Schmiere; *jaglamaḳ* = beschmieren (für Fett speciell wird im čag. *maj* häufiger gebraucht).
osm. *jag, jaglamaḳ* (wie oben); *jaginmaḳ* = sich beschmieren.
jak. *sia* = Fett; *aga, agibin* = beschmieren, bestreichen; *agan, aganabin* = sich schmieren; *aginlaḳ* = Schmiere, Salbe.
kk. *t'ak* = Fett; *t'aglirben* = beschmieren.
čuv. *sju* = Fett.

121.

Jag, žag, Regen.

čag.-osm. *jagmur*, az. *jamgur*, kir. *žagmur*, kk. *naugmér*, jak. *samir*, čuv. *sjomir* = Regen.

In Anbetracht, dass *gur* häufig zur Bezeichnung irgendeiner Eigenschaft gebraucht wird (so: *tojgur* = der sich sättigt; *tinmagur* = der nicht ruht u. s. w.), könnte man leicht auf die Idee kommen, dass hier eine Lautverschiebung stattgefunden und die Stammsilbe *jam* eine nicht mehr vorkommende Bedeutung von Regen, Nässe und Feuchtigkeit (?) sei. Eine solche Annahme wäre aber irrig, ebenso auch jene, nach welcher man *jag, žag* mit *tig, čik* = feucht zu identificiren sucht. Die Stammsilbe *jag* gehört nämlich in die Familie des *Iḳ, aḳ* = herabfallen, fallen, und die ursprüngliche Bedeutung des Wortes *jagmur* ist: das Herabfallende; vgl. magy. *csni* = fallen und *eső* = Regen, das Fallende. So heisst im magy. *eső esik* = es regnet (wörtlich: es fällt das Fallende); *hó esik* = es schneit, es fällt der Schnee, ganz so wie im Türkischen, wo das Regnen oder Schneien nie mit einzelnen Zeitwörtern ausgedrückt wird. Man sagt: *jagmur jagar* = es regnet (wörtlich: das Fallende fällt); *ḳar jagar* = es schneit (der Schnee fällt); *bašimiza taš jagdi* = auf unsern Kopf regnete es (fielen) Steine.

122.

Jaḳ, jag, saḳ, sag, sav, *gut, recht, gefällig, gesund, angenehm, behaglich, nüchtern, wach, wohlgefallen, sich an etwas erquicken, nüchtern oder wach sein, beobachten, hüten, heilen.*

čag. *Jaḳmaḳ* = wohl thun, schmecken; *jaḳišmaḳ* = sich schicken, geziemen; *Jaḳši, jachši* = schön, gut, schicklich; *jörmaḳ* (von *jaḳurmaḳ, jaurmaḳ*) = wahrsagen, einen Traum auslegen, der wörtlichen Bedeutung nach gut machen (vgl. magy. *jó* = gut; *jósolni* = wahrsagen).

alt. *Jaḳar* = Gefallen finden, genehmigen; *jaḳši* = schön, gut; *jaḳšila* = gut machen, verbessern.

kaz. *jagumli* = gefällig, höflich; *jagumlaḳ* = Höflichkeit.

kir. *žaḳmaḳ* = schmecken, munden.

kk. *čakšé* = gut.

uig. *jaḳuḳ* = wohlthuend, nützlich; *jaḳukluḳ* = Erspriesslichkeit; *jaḳumaḳ* = frommen.

Hierher gehört auch das az. *čak, čag* = gut, gesund, frisch und jak. *čtgiau* = frisch, gesund; vielleicht auch das osm. *čaḳmaḳ* = es sich schmecken lassen, zechen, in welchen Fällen das *j* sich überall in *č* verwandelt hat.

Noch grösser ist der Familienkreis dieser Stammsilbe mit anlautendem *s*. So:

uig. ***saḳ*** = gesund, richtig, gut; ***saḳliḳ*** = Güte, Vollkommenheit; ***saḳizmaḳ*** = Acht geben, wachen; ***saḳni*** = achtsam.

čag. ***sag, sav*** = gesund, recht, Rechte; ***savmaḳ*** = gesund sein, sich wohl befinden; ***savlamaḳ*** = gesund werden; ***sautmaḳ, saḳlamaḳ*** = gesund oder wohlbehalten machen, behüten, beschützen; ***saut*** = Panzer (Beschützer); ***saḳinmaḳ*** = sich selbst hüten oder beschützen; ***saḳči*** = Wächter; ***saḳlau, saḳlaḳ*** = Kriegsgeisel (Aufbewahrte).

kir. ***sag(ḳulaḳ)*** = wachsam; ***saḳtal*** = sich in Acht nehmen.

alt. ***saḳ*** = Aufmerksamkeit, Achtsamkeit; ***saḳi, saḳta*** = bewachen; ***su*** = gesund; ***sool, suut*** = beschwichtigen, besänftigen, heilen, mildern.

osm. ***sagh, saa*** = gesund, recht, Rechte; ***saulmaḳ*** (*saa-olmaḳ*) = Acht geben; ***sauśmaḳ*** = sich bewahren, sich zurückziehen; ***sauśturmaḳ*** = jemand retten (verursachen, dass jemand auf sich Acht gibt).

kk. ***saḳ*** = nüchtern, heil.

čuv. ***su*** = gesund, wohlauf; ***suzir*** = krank, ungesund; ***suzirla*** = krank sein; ***siḳ*** = Achtsamkeit; ***siḳla*** = Acht geben.

123.

Jaḳ, jan, jau, jav, Seite, Wand, Ufer, zur Seite, nahe, Nähe.

uig. ***jaḳ*** = Seite (*jaḳḳa jürümek* = nahegehen, eigentl. zur Seite gehen), und einem derartigen Ideengange entsprechend reiht sich an dieses ***jaḳuḳ*** = nahe, zur Seite; ***jaḳumaḳ*** = nahe kommen; ***javuḳ*** = Anverwandter, Nächster; ***javutmaḳ, jaḳutmaḳ*** = nahe bringen.

čag. ***javuḳ, jonḳ*** = nahe; ***jaḳa*** = Seite, Ufer; ***jaḳalamaḳ*** = das Ufer entlang gehen; ***jaḳlaśmaḳ*** = sich jemand annähern, Partei nehmen.

kir. *žaḳ* = Seite (*žaḳ bolmaḳ* = Partei nehmen).
osm. *jaḳa* = Seite, Ufer, Rand, Kragen; *jaḳïn* = nahe; *jaḳlaš-maḳ* = nahe kommen; *jaḳalamaḳ* = erwischen, am Kragen packen.
kaz. *jaḳ* = Seite (*her jakka* = überall); *jaḳlamaḳ* = eine Seite ergreifen.
kk. *t'agan* = nahe; *t'ogaš* = nahe.
čuv. *sjuk*, *sjivïk* = nahe.
alt. *ju* = sich nähern; *juuḳ* = nahe; *junda* = nahe bringen.

In Anbetracht der Lautveränderung *ḳ* in *n* (vgl. *jaḳ-maḳ* — *janmaḳ* = brennen, anzünden; *saḳmaḳ* — *sanmaḳ* = wähnen, denken muss als nächststehender Verwandter von *jaḳ* (Seite) die Stammsilbe *jan* (Seite, Seitenstück) sammt den Derivaten noch hierher gerechnet werden; so:

uig. *janalmaḳ* = nahe kommen, nahen.
čag. *jan* = Seite, Wand; *jantaš* = Nächster; *janšuḳ* = Seitentasche; *janamaḳ* = wetzen, schleifen.
osm. *janašmaḳ* = sich nähern.
jak. *antak* = auf die Seite; *annara* = jene Seite.
čuv. *en* = Seite.

124.

Jaḳ, *saḳ*, *ćaḳ*, *ćuḳ*, *scheinen, glänzen, funkeln, brennen, strahlen.*

I. *j*, *s*—.

uig. *jaḳïḳ* = glänzend, strahlend; *jaḳïz* = braun (von brennen), gebräunt, dunkel.
čag. *jaḳti* = hell, licht; *jaḳtiliḳ* = Helle; *jaḳi* oder *jagi* = Fontanelle, Brandstoff und zugleich auch Brand, Brandwunde; *jagir* = Brand, Quetschwunde am Rücken der Reit- und Lastthiere; *jagir* = gebräunt, braun; *jaḳmaḳ* = entzünden.
osm. *jaḳmaḳ* = anzünden.
jak. *sak*, *sagabïn* = Feuer anschlagen.
čuv. *sjut* = Licht, Helle; *sjuda* = hell.
kk. *t'aharmen* = Feuer anschlagen.

Nach den normalen Lautveränderungen des gutturalen *ḳ*, *g*

in *ng*, *n* (vgl. ***saḳ, sag***=Gedanke, Wahn und ***sanmaḳ***= denken, meinen) ist aus ***jaḳ, jag*** das
osm. ***janmaḳ***=brennen; ***jangin***=Brand;
jak. ***sandar***=heller Schein; ***sandarabin***=einen hellen Schein verbreiten;
ćuv. ***sjon***=brennen, flammen
entstanden.

II. *ć*—.

uig. ***ćaḳḳan***=funkelnd, strahlend.
ćag. ***ćaḳmaḳ***=funkeln, blitzen, Funke, Feuerstein, Feuer schlagen; ***ćaḳin***=Blitz; ***ćaḳnamaḳ***=blitzen, funkeln; ***ćug***=glühende Kohle (vgl. *küjmek*=brennen und *kömür, kömür*=Kohle).
osm. ***ćaḳmaḳ*** (*taśi*)=Feuerstein; ***ćaḳil*** (*taśi*)=Kieselstein.
jak. ***ćagilii***=blitzen, strahlen; ***ćagilan***=Blitz, Glanz, strahlend, blitzend; ***ćaḳir***=Feuerstein.
kk. ***śagarben***=Feuer anschlagen.
alt. ***ćoḳ***=brennende Kohle, Feuer, Blitz, funkeln.

Das begriffliche Verhältniss zwischen ***jaḳ***=scheinen, wärmen, brennen und ***ćaḳ***=funkeln, blitzen ist auch anderweitig, nämlich bei ***jal***=scheinen und ***ćal, ćil***=strahlen, funkeln wahrzunehmen. Warum der *ć*-Anlaut eine verstärkte Handlung bezeichnet, bedarf noch der Aufklärung.

125.

Jaḳ, jag, jau, jav, feindlich, kriegerisch, wild.

uig. ***jaḳi***=Feind; ***jaḳiliḳ***=feindselig; ***jaḳiśi***=Krieger; ***jaḳlaḳ, jaulaḳ***=wild; ***javuz***=grimmig.
ćag. ***jagi***=Feind, feindselig, kriegerisch; ***jau, jav***=Krieg, Feind; ***jauz, javuz***=tapfer; ***jaulaḳ***=Aufenthaltsort des Feindes; ***jagiḳmaḳ***=anfeinden, bekriegen.
osm. ***jauz***=Krieger, wild, grausam; ***jagma***=Kriegsbeute; ***jaganmaḳ***=sich feindlich gegenüberstellen, bedrohen.
kk. ***t'a***=Krieg.
alt. ***ju***=Feind; ***juula***=bekriegen.

Vorliegende Stammsilbe ist eng verwandt mit dem jak. ***saḳ***=Teufel und uig. ***saḳ***=Makel, Bosheit, Schlechtigkeit (so: *saḳi joḳ kiśi*=ein tugendhafter, guter Mensch), und die Bedeutung von Feind, Feindseligkeit scheint einen mythologischen Hintergrund zu haben. Nicht unbeachtet darf bleiben das Juxtaoppositum von *jak*, nämlich *il* = Friede, denn wie letzteres auf den gebundenen, geschlossenen Zustand der Gesellschaft hindeutet, so scheint ersteres mit *jag, dag* = zerstreuen, auseinander fahren, in begrifflicher Verwandtschaft zu stehen.

126.

A.

Jal, jil, jol, jul, żil, ćil, il, glänzen, strahlen, scheinen, funkeln, wärmen, sieden, toben, toll sein.

I. *j*—.

uig. *jola* = Fackel, Licht, Helle; *jolamak* = scheinen, glänzen; *jolduz* = Stern.

ćag. *jalau, alau* = Flamme; *jalin* = das helle Feuer; *jalinlamak* = auflodern; *jalgin* = der von der Ferne hell schimmernde, glänzende Salzboden; *jaldirak* = funkelnd, glänzend; *jiltramak, iltramak* = blitzen, funkeln; *jilman* = glatt, glänzend.

kaz. *jalkimak* = scheinen, glänzen.

alt. *jalkin* = Blitz; *jali* = lodern, flammen; *jalin* = Flamme; *jili* = sich wärmen; *jilu* = warm.

osm. *jildirim* = Blitz; *jiltramak* = funkeln; *jaldiz* = Vergoldung; *jaldizlamak* = vergolden.

kk. *séltés* = Stern.

jak. *sulus* = Stern.

ćuv. *jaldir* = glänzend; *sjolu* = feurig.

Nach dem *j-, s*-Anlaut zieht die mit *ć, ż* beginnende Stammsilbe ganz besonders die Aufmerksamkeit auf sich, doch da letzterer kein ursprünglicher, sondern blos ein zusammengesetzter Consonant ist, so wollen wir zuerst die mit *k* und *t* anlautenden Beispiele anführen, aus welchen *ć, ż* hervorzugehen pflegt.

II. *k*—.

jak. *kilär* = glänzend, glatt; *kilbäi* = erglänzen; *kilbiän* = das Strahlen, der Glanz; *kilän* = glatt, glänzend, kahl.

ćag. *kelek* = die glatte, noch nicht rauhrindige Melone, der haarlose junge Hund.

osm. *kel* = kahl, glatzköpfig.
kk. *kilän* = glatt.

III. *t*, *t'*—.

alt. *taltra* = blitzen; *taltraḳ* = Blitz.
uig. *tilbe* = wahnsinnig, verrückt (der Urbedeutung nach warm, heiss, da die Sinnlosigkeit für einen von innerm Feuer durchglühten, höchst aufgeregten Zustand gehalten wird).
čag. *tili*, *tilbe* = toll, wahnsinnig; *tilärmek*, *tilberemek* = wahnsinnig werden, tobsüchtig werden, in Wuth entflammen; *tilbelik* = Wahnsinn, Wuth.
kir. *delbe* = verrückt.
osm. *deli* = verrückt, sehr aufgeregt; *deli ḳanli* = Jüngling (der Heissblütige); *deli baš* = Tollkopf (Hitzkopf).
kk. *t'ilberañ* = glänzend, glatt; *t'al* = Flamme; *t'alén* = Blitz; *t'altés* = Stern.

IV. *č*, *z*—.

čag. *žili*, *čili*, *jili* = warm, heiss (*žili ḳanli* = heissblütig, feurig; *žili ḳilmaḳ* = wärmen); *žilik* = verrückt; *žilitmaḳ* = wärmen.
kir. *čili* = warm; *žililik* = Hitze; *žilimaḳ* = wärmen.
osm. *čil* = glänzend, funkelnd; *čilgin* = toll; *čildirmaḳ* = toll werden.
jak. *čilas* = warm, erwärmt.
alt. *čaltul* = ein von der Sonne beschienener Platz oder Gegend; *čal* = scheinen, leuchten.

Auch mit gänzlicher Beseitigung des consonantalen Anlauts ist diese Stammsilbe anzutreffen und zwar in

čag. *ili*, *ilik* = warm; *ilimaḳ*, *ilinmaḳ* = warm werden; *ilinžak* = lau; *iliče* = warmes Bad, Therme; *ilbarmaḳ* = sieden, sprudeln; *ilbaratmaḳ* = sich abbrühen.
osm. *iližaḳ* = lau; *iliže* = Therme.

127.

B.

Jal, *jar*, *ar*, *nackt, bloss, leer, eitel, falsch, nichtig, arm.*

I. —*l*.

uig. *jalank* = nackt, bloss; *jolaḳ* = mager, dünn; *jalḳan* = falsch, eitel (eine auf gemeinsamen Ursprung des scheinen und nichtig sein sich basirende höchst sinnreiche Bezeichnung); ***jalinguk*** = Welt, das Eitle, Vergängliche (*jalinguk oklani* = Mensch, eigentl. das Kind des Vergänglichen); ***jalkamak*** = irren, fehlen.

čag. ***jalang***, ***jalangač*** = nackt, bloss, allein (*jalang at* = ein ungesatteltes Pferd; *jalang kilič* = ein nacktes, d. h. gezogenes Schwert; *jalang ajuk* = barfuss); ***jalgan*** = falsch, unrichtig; ***jalganči*** = Lügner; ***jalgiz***, ***jalguz*** = allein, bloss.

kir. ***žalang*** = nackt; ***žalangačlik*** = Blösse.

osm. ***jalin*** = nackt, bloss (*jalin sütdür* = es ist blosse Milch); ***jaliniz*** = allein; ***jalan*** = falsch.

jak. ***tal*** = Bettler, Gast (vgl. *jarlik* = arm, fremd).

In Anbetracht der alten turko-tatarischen Sitte, dass der Flehende oder Bittende barfuss und barhaupt erscheinen muss, würde ich im Worte *jalibarmak*, *jalbarmak* und *jalvarmak* (flehen, bitten) eine Zusammensetzung aus *jalin* (nackt) und *barmak* (gehen) vermuthen.

Durch die Lautveränderung des *l* und *n* (*jolmak* und *jon* = schaben, hobeln, glätten) ist die Stammsilbe ***jal*** auch in der Form von ***jan***, ***jang*** anzutreffen. So:

alt. ***jangis*** = allein, einzeln (čag. *jalgis*).

kk. ***ňungus*** = einzig, allein; ***t'alas*** = nackt; ***t'algas*** = allein.

II. —*r*.

Die verschiedenartigen Veränderungen des In- und Anlauts sind: ***jar***, ***jer***, ***jir***, ***žar***, ***žir***, ***ar*** und ***har*** mit dem Begriffskreise von elend, fremd, arm, krank, unbehaglich, müde u. s. w. So:

uig. ***jarluk*** = arm, elend; ***jerimek*** = verachten; ***jerik*** = siech, krank.

čag. ***jarlig*** = arm; ***jarlilik*** = Armuth; ***arik*** = mager, dünn; ***harmak*** = ermüden, matt werden.

kir. ***žarli*** = arm; ***žarilmak*** = verarmen.

alt. ***ari*** = ermüden, abmagern, abstehen; ***arit*** = jemand ermüden; ***arlbas*** = unermüdlich.

jak. ***tarī*** = leidend, krank; ***tariti*** = das Kranksein; ***arītak*** = dünn.

čuv. ***jirgan*** = ärmlich; ***jorla*** = armselig.

128.

C.

Jar, or, uor, ör, glänzen, strahlen, brennen, hell, licht, aufflammen.

I. —*j*.

uig. ***jaruķ*** = hell; ***jarumaķ*** = glänzen; ***jarutmaķ*** = beleuchten, erhellen.

alt. ***jarï*** = scheinen, leuchten (*tang jarïdï* = es graut der Morgen); ***jariķ*** = Helle, Licht; ***jarķin*** = das Scheinen; ***jart, jartïn*** = hell, klar.

čag. ***jaruķ***, ***jarumaķ***, ***jaruķmaķ*** (wie oben); ***jargaķ*** = das glänzende gegerbte Fell; ***jarķanat*** = Fledermaus (wörtl. Glanzflügel, so genannt von den federlosen nackten Fittigen).

kir. ***šarķinmaķ*** = glänzen, strahlen.

kk. ***t'arak*** = Licht; ***t'arederben*** = leuchten.

čuv. ***ajorda*** = Kerze; ***ajorim-bos*** = Morgenröthe.

jak. ***sara***, ***saribin*** = tagen; ***sarï*** = das Tagen; ***sardañar*** = hell oder leuchtend werden; ***sarï*** = gegerbtes Fell (glattes, haarloses Fell); ***sïrda*** = hell oder leuchtend sein; ***sïrdiķ*** = hell, leuchtend.

osm. ***jarasa*** = Fledermaus (vgl. čag. *jarķanat*).

In Anbetracht, dass jak. ***sarsin*** = morgen, *cras*, der folgende Tag, von der Stammsilbe ***sar***, türk. ***jar*** (scheinen, glänzen), abstammt, dass ferner ein ähnliches Verhältniss auch in den finnisch-ugrischen Sprachen obwaltet (vgl. Budenz, S. 105), sollte das osm. *jarïn (cras)* eigentlich hierher und nicht zu *er*, *ir* (früh, Morgen) gerechnet werden; doch ist andererseits die Analogie von *irte* = *cras* und *irte* = *mane* viel mehr vorherrschend, und schliesslich würde ich es noch nicht als ausgemacht hinstellen, ob etwa *ir* = früh, Morgen nicht eben streng genommen zu ***jar*** gehört und mit *irmek* = zeitig sein nur in verwandtem und nicht analogem Verhältnisse steht.

ug. ***öräng***=Helle, Licht; ***örümek***=schen, scheinen, hell sein; ***ort***, ***ört***=Brand, Wiesenbrand und Lichtschein, den letzterer in der Ferne verbreitet; ***ortamak***=entzünden, verbrennen; ***örtük***=verbrannt.

juk. ***örd***=Wiesenbrand; ***uor***=Zorn, Heftigkeit (vgl. das analoge Verhältniss von ***kizmak*** = glühen und erzürnen); ***uordak***=zornig; ***urutta***=sich erhitzen; ***urun***=hell, klar, weiss.

kir. ***örtermek***=brennen; ***örteng***=abgebrannte Wiese.

kk. ***ürterben***=brennen.

alt. ***ört***=Brand; ***örtö***=entzünden, verbrennen.

Der Unterschied zwischen ***jar*** und ***or***, ***ör*** besteht darin, dass ersteres nur strahlen, glänzen, leuchten bedeutet, letzteres aber daneben auch den Begriff von brennen, entzünden in sich schliesst.

Die vorstehenden drei Abschnitte sind deshalb mit alphabetischer Classification versehen worden, weil ihre Zusammengehörigkeit sofort ins Auge fallen muss, ich jedoch, meinem Vorsatze möglichst getreu, die Eintheilung in eine einzige Familie nur dann vornehmen konnte, wenn wenig oder gar kein Zweifel obwaltete. Es gehört allerdings kein besonderer philologischer Scharfblick dazu, um die Analogie von ***jal*** und ***jar*** (glänzen, scheinen) zu entdecken. Sogar die Einzelheiten des Ideengangs stimmen in vieler Hinsicht miteinander überein; so z. B. drückt ***jal*** ebenso wie ***jar***, und auch umgekehrt, nicht nur den Begriff des Glänzens, Brennens, sondern auch den des Glattseins, Kahlseins und der Armuth aus. Mit einem Worte, es gibt eine ganze Fülle lautlicher und begrifflicher Analogien, die eine Zusammenfassung rechtfertigen würden.

129.

Jang, ***jeng***, *Art*, *Weise*, *Gebrauch*, *Sitte*, *Glaube*, *Gesetz*.

uig. ***jang***=Art, Weise (*bu jang ile*=auf diese Weise); ***janglik***=auf diese Art, ähnlich; ***jangsak***=ähnelnd, ähnlich; ***jangsatmak***=ähnlich machen, nachahmen.

alt. ***jang*** = Sitte, Glaube, Weise, Gebrauch; ***jangda*** = Sitte oder Glauben halten.

čag. ***janglik***, ***jańlik***, ***jańluk*** = ähnlich, gleich; ***jangilamak*** = ähneln, nachahmen, täuschen.

kir. ***jang***, ***jań*** = Sitte, Glaube, Gesetz (*jangi jok jurt* = ein Land ohne Gesetz: Radloff).

kaz. ***žanglik*** = ähnlich; ***žanglamak*** = ähneln, täuschen; ***jon*** = Art, Weise, Mittel; ***jonli*** = artig; ***jonsiz*** = unartig.

tkm. ***jali*** = ähnlich.

osm. ***jańšlamak*** = nachahmen; ***jańliš*** = Täuschung, falsch, Irrthum.

Wie „Fehler" und „Gesetz" einer und derselben Stammsilbe entspringen können, mag wol auffallend erscheinen, und dennoch ist die Sache höchst einfach. ***Jang***, ***jań*** heisst der Grundbedeutung nach Form, Acusseres (mit ***'ang***, ***ań*** = Gesichtsfarbe verwandt), und während es sich einerseits auf Förmlichkeit, Sitte und Gesetz bezieht, dient es andererseits als Basis für Formannahme, Nachahmung, respective Täuschung und Irrthum (vgl. *al* = Trug § 13).

130.

Jap, ***jab***, ***jam***, *verhüllen, bedecken, schliessen, darauflegen.*

I. —*p*, *b*.

čag. ***japmak*** = zudecken, verhüllen; ***japuk*** = Decke, Hülle; ***japku*** = Vorhang, Kleid; ***japinži*** = Frauenkleid (Chiwa), Regenmantel (Azerb.); ***saprak***, ***japurgan*** = Blatt, Decke; ***japalak*** = rund, geschlossen.

osm. ***japmak*** = schliessen; ***japik*** = Pferdedecke; ***jorgan*** (von *japurgan*, *javurgan*, *jourgan*) = Decke, Bettdecke.

jak. ***sab***, ***sababin*** = bedecken; ***sabi*** = Deckel; ***sabilāk*** = bedeckt; ***captal*** = Aufeinanderlegung.

alt. ***jap*** = bedecken, verhüllen; ***jabu*** = Decke; ***jabilti*** = Vorhang, Hülle.

kk. ***t'abarben***, ***tefarben*** = zudecken; ***t'abénérmen*** = sich zudecken.

čuv. ***sjiviléc*** = Blatt.

Hierher müssen wir noch das uig.-ćag.-alt.-osm. *japišmak* = sich ankleben (eigentl. sich an etwas anschliessen); *japištirmak* = ankleben rechnen.

II. —*m*.

alt. *jamunmak* = sich zudecken; *jama* = Fleck.
ćag. *jamamak* = einen Fleck auflegen, eine Oeffnung mit etwas bedecken.
osm. *jama*, *jamak* = Fleck, Aushülfe leistender Arbeiter, der einem Gesellen zugegeben wird (in Konstantinopel Küchenjunge); *jamalamak* = flicken.

Als nächstverwandt mit *jap* — *jam* vgl. *kap* — *kam* (schliessen, bedecken).

Mit Hinsicht auf die Begriffsanalogie des Zudeckens und Zuschliessens kann *jam* mit Veränderung des Inlauts noch in *jum*, *jom* = zudrücken, zuschliessen erkannt werden; doch da dies einen separaten Wortkreis bildet, habe ich es in einem besondern Abschnitte vorgeführt (vgl. § 147).

J verwandelt sich noch in *ć*; so:
ćag. *ćapan*, *ćepen* = Kleid, Mantel, Decke.
osm. *ćaprak* = Pferde- und Satteldecke; *ćepken* = Mantel.

131.

Jap, lap, jep, ep, jöb, söb, *ganz, gut, passend, schön, vollkommen, fertig, verfertigen, machen, bauen.*

uig. *jap*, *jab* = viel, sehr, stark, fest; *japmak* = verrichten; *japurmak* = fertig machen, beschliessen, enden; *japrakin* = häufig, oft; *japlumak*, *jeplümek* = erbauen; *epilmek* = gedeihen, vollkommen werden; *epitmek* = bereit oder fertig machen; *epik* = Kunst, Geschicklichkeit.
ćag. *japmak* = bauen, herrichten; *japi* = Gebäude; *jap* = ein gemachter Kanal.
osm. *japmak* = machen, verfertigen.
kz. *lap*, *lab* = sehr, gut, stark (*lab jacšći* = sehr schön).
jak. *lab* = Wahrheit, bestimmt.
alt. *eple* = ordnen, ausgleichen, herrichten; *ep* = Fertigkeit; *eplü* = geschickt; *epći* = Hersteller, Macher, Friedensstifter.

(*Elding epčizi tonning topčizi*=der Friedensstifter im Volke ist gleich dem Knopfe am Kleide.)

Mit *ö*-, *ü*-Inlaut kommt diese Stammsilbe zumeist in der Adverbialform in folgender Weise vor.

uig. ***söb, süb***=passend, schön, richtig (*söbüt*=zu rechter Zeit).

jak. ***söb***=richtig, passend; ***söbsüö***=genehmigen; ***söbū***=Genehmigung; ***sübä***=Rath; ***sübäläs***=sich berathschlagen.

alt. ***jüb, jöb***=gut, gerade, schön, Rath, Uebereinstimmung (*jöb söz*=ein wohlgemeintes, aufrichtiges Wort); ***jöbtö***=rathen.

čag. ***jüb, jöb***=gut, wohl (*jüb körmek*=gut heissen, genehmigen).

Die Verwandlung des *j*-Anlauts in *s*, welche sonst nur im Jakutischen vorkommt, ist hier auch im Uigurischen wahrzunehmen. In welchem Verhältniss das zunächst folgende ***jap*** (verhüllen, bedecken) zu vorliegendem ***jöp*** stehe, lässt sich aus einem ähnlichen Verhältnisse zweier anderer Stammsilben: *böt*=bedecken und *böt*, *büt*=beschliessen, enden; ferner uig. *japurmak̡*=enden; čag. *japurmak̡*=bedecken, wol einigermassen ahnen, aber nicht mit Bestimmtheit angeben.

132.

Jar, jer, ar, er, gut, nützlich, rein, fromm, taugen, werth sein, bereiten, rüsten.

I. *j*—.

uig. ***jari***=Nutzen, Medicin, Hülfe (*bu jikke jari jok̡*=für dieses Uebel gibt's kein Mittel); ***jaramak̡***=taugen, nützen, werth sein; ***jarak̡***=Nutzen, Bereitung; ***jarak̡lik̡***=tüchtig, brav, tauglich; ***jar***=gutgesinnt, Freund; ***jarlik̡amak̡***=Gefallen finden, gern haben; ***jaraśmak̡***=sich gegenseitig gut sein, Frieden machen, sich geziemen; ***jaraś***=Friede; ***jarasti***=Friede; ***jaruśuk̡***=passend.

čag. ***jar, jarak̡, jarlik̡amak̡*** (wie oben); ***jaramak̡***=taugen; ***jaratmak̡***=bereiten, herrichten; ***jardim***=Hülfe (eigentl. die Gefälligkeit).

osm. ***jarar***=tüchtig, werth, würdig, schicklich; ***jaratmak̡***=erschaffen.

alt. ***jara***=genehmigen, bereit sein; ***jarat***=jemand zufrieden oder etwas zurecht machen; ***jaraš***=zufrieden sein; ***jaramlịk***=genehm, genügend.

čuv. ***jora***=genehm sein; ***joral***=lieben; ***njirlak***=schonen, lieben; ***njoral***=erschaffen; ***njoras***=sich anpassen, sich bequemen, friedlich werden.

kk. ***t'ėraglik***=schön.

II. *a*—.

uig. ***arịḳ***=rein, tugendhaft, gut; ***arimaḳ***=reinigen; ***aritmaḳ***=rein werden lassen, beseitigen; ***arić***, ***erinć***, ***arinć***= Friede, Ruhe, Gemächlichkeit; ***ermek***=werth sein; ***ertük***, ***artam***, ***ertem***=Werth, Tugend, Verdienst; ***erteni***=Schmuck.

čag. ***ariḳ***=rein; ***aritmaḳ***=reinigen; ***arinmaḳ***=sich reinigen; ***ari***=schön, gut, ja.

osm. ***ari***=wohl, gut.

jak. ***ar***=das Beste; ***ïras***=sauber, rein; ***ïrasta***=reinigen.

alt. ***aru***=rein; ***arula***=reinigen.

kk. ***araḳ***=rein.

čuv. ***ïra***=gut, wohlthätig.

133.

Jar, *ar*, *jïr*, *ïr*, *zerspalten*, *zerklüften*, *zerreissen*, *entfernen*.

I. *j*—.

uig. ***jarmaḳ***=zerspalten, zerlegen; ***jïraḳmaḳ***=beseitigen, entfernen; ***jïraḳ***=fern.

čag. ***jar***=Kluft, Spalte, steiler Abhang; ***jarmaḳ***=spalten, trennen, entzweien, (und in bildlichem Gebrauche) entscheiden; ***jargi***=Säge; ***jargu***=Urtheil (Entscheidung?); ***jara***=Wunde (Spalte im Körper); ***jïrtmaḳ***=zerreissen; ***jïratmaḳ***=entfernen; ***jïraḳ***=entfernt, weit.

alt. ***jar***=spalten; ***jaril***=sich zerklüften; ***jara***=Wunde.

osm. ***jarmaḳ*** (wie oben); ***jarma***=ein Scheit Holz; ***jariḳ***= Spalte, Oeffnung; ***jorti***=Loch; ***jort***, ***jurt*** (auch čag. *jurt*) =Wohnung, Behausung (vgl. ***oj***, ***öj***=Haus und ***ojmaḳ***= graben, höhlen, welches demgemäss einen ganz analogen

Ideengang in der betreffenden Wortbildung aufweist); *jarï. jarim* = halb, Hälfte.

jak. *sïr* = steiles Ufer.

kk. *t'ar* = steiles Ufer; *t'arak* = Spalte; *t'arïm* = Hälfte.

čuv. *sjor* = spalten; *sjïr* = steiles Ufer; *sjóra* = Hälfte; *jiran* Spalte, Furche.

Ob das čag. *jarmak̦* = Geld (richtiger Kleingeld, vielleicht Scheidemünze) von *jarmak* = trennen, scheiden hierher gehört, oder ob es von der Stammsilbe *jar* (glänzen, scheinen) entstanden, da *tenge*, *tünge* = Geld von *tüng* = scheinen ähnlichem Ideengange entsprungen ist, kann vorderhand noch nicht entschieden werden.

II. *a*, *ï*—.

čag. *arïk̦*, *arna* = Kanal, Spalte; *art* = Einschnitt in einem Berge, Engpass; *oramak̦* = schneiden; *ïrak̦* = fern.

alt. *ïra* = sich entfernen; *ïrak̦* = fern.

osm. *arïg* = Kanal.

jak. *ararta* = in viele Theile theilen, zerlegen; *artïk̦* = Gebirgspass.

kk. *èrarmen* = spalten; *èrek* = Riss, Spalte; *èrak* = weit, entfernt; *èrirben* = entfernen.

Hierher gehört noch das čag. *ïrgamak* = zerklüften, zerhacken und *ïrgak̦* = Kralle.

134.

Jas, *jaz*, *jos*, *Reihe, Ordnung, Regel, Gesetz, ordnen, richten, machen.*

uig. *jasun*, *josun* = Art, Weise.

čag. *jasal* = Reihe, Schlachtordnung; *jasak̦*, *jasav* = Gesetz, Gesetzbuch, Ordnung; *jasamak̦* = ordnen, machen, reihen, putzen, zieren; *jasak̦* = Strafe; *jasaul* = Ordner, Vollstrecker des Gesetzes; *josun* = Weise, Art (*bu josunluk̦* = ein derartiger).

alt. *jaza* = machen, richten (*toj jazadï* = er hat ein Fest bereitet); *jas* = heilen, verbessern (*jazïldï* = er ist genesen);

jozoḳ = Muster, Bild, Beispiel; *jozoḳto* = nach Muster oder Beispiel handeln.

osm. *jasaḳ* = Verbot; *jasakči* = Wache, Verbieter.

kir. *žasa* = Gesetz; *žasamaḳ* = machen, ordnen.

jak. *tsasai* = seine Anordnungen treffen.

kk. *t'asârmen* = machen, bereiten.

čuv. *joza* = machen, ordnen, zurichten; *jozan* = genesen; *jozav* = Ordnung.

Der Begriff des Ordnens und Herrichtens ist nicht weit entfernt vom Begriffe des Ebenens und Glattmachens, daher vorliegende Stammsilbe zunächst mit *jas, jat* = eben, gleich verwandt ist. Dem Worte *jasaḳ* = Gesetz entspricht lautlich und begrifflich das alt.-čag. *jatuḳ* = Harmonie (eines Instruments).

135.

Jaš, jiš, iš, hell, licht, Schein.

uig. *jašiḳ* = Sonne (*jašiḳ tündi* = die Sonne schien); *jašin* = Blitz, Lichtstrahl; *jašnamaḳ* = leuchten, blitzen.

čag. *jašim, išim* = Blitz, Wetterleuchten; *jišnamaḳ, išnamaḳ, išlamaḳ* = glänzen, leuchten, scheinen; *išiḳ* = Helle, Licht, das Freie (im Gegensatz zu *tim, tum* = finster, geschlossener Raum); *išiḳta* = draussen (im Freien).

kir. *žašim, žašnamaḳ* = Blitz, blitzen.

čuv. *sjlzim* = Blitz.

alt. *jaašin* = Blitz.

osm. *ašiḳ* = Funke; *išiḳ* = Lichtstrahl, Helle, Licht (nicht *fente, crevasse, à travers laquelle on peut regarder*, wie Bianchi angibt).

Wie in den meisten Fällen, so lässt der Auslaut *š* auch hier eine Contraction stattgefundener Affixirung vermuthen, worin der Doppelvocal *aa* im Altaischen (zumeist aus Absorption des *ḳ* oder *g* entstanden) bestärkt. Es ist daher sehr wahrscheinlich, dass *jaš* aus *jakiš, jaiš* (*jaḳ* = hell) zusammengezogen worden ist.

136.

Jaś, is, iz, *nass, feucht, grün, jung, grünen, leben.*

uig. ***jaśil*** = grün; ***jaśillamak*** = grünen, gedeihen.

ćag. ***jaś*** = nass, feucht, jung, Thräne, Lebenszeit (*jaś kiśi* oder *jaś oglan* = Jüngling); ***jaślik*** = auf das Lebensalter bezüglich (*kiska jaślik* = jung, d. h. von kurzem Lebensalter); ***jaśil*** = grün; ***jaślatmak, jiślatmak*** = befeuchten; ***jaśillanmak*** = blühen, grünen; ***jaśamak*** = leben, gedeihen; ***izgar, jizgar*** = feucht.

osm. ***jaś*** = Alter, Thräne, frisch, nass; ***jaśli*** = alt; ***jaśamak*** = leben, gedeihen; ***jaślik*** = Nässe, ***jeśil*** = grün; ***islamak*** = benässen; ***islak*** = feucht.

alt. ***jaśil*** = grün, feucht.

jak. ***sas*** = Lebensalter.

kk. ***d'as*** = Thräne, Zeit; ***d'it, t'it*** = jung.

ćuv. ***jaś*** = jung.

Die Begriffsanalogie zwischen jung und grün oder nass ist auch im Gegensatze, nämlich in ***kor, kur*** = dürr, trocken und alt vorhanden (vgl. § 84).

137.

Jat, jaj, *schwach, arm, geringfügig, elend, nackt, zu Fuss.*

I. *—t.*

uig. ***jatin*** = schwach, kraftlos, träge; ***jatik*** = fremd, arm, elend (vgl. das arab. غريب der Grundbedeutung nach fremd, im Osm. jedoch als arm, verlassen gebraucht; so auch das deutsche Wort elend der Grundbedeutung nach fremd); ***jatak*** = zu Fuss; ***jataklik*** = Fussgänger.

ćag. ***jat*** = fremd, unbekannt; ***jatlilik*** = die Fremde, Armuth, Elend; ***jatlamak*** = verarmen.

ćuv. ***jot*** = fremd.

osm. ***jatlu*** = arm, unglücklich; ***jad*** = fremd.

kk. ***d'azak*** = zu Fuss.

II. —*j*.

čag. *jajaḳ* = zu Fuss; *jajaḳlamaḳ* = zu Fuss gehen; *jajdaḳ* = nackt (ungesatteltes Pferd).

alt. *jaju* = zu Fuss; *jaïna (jajina?)* = sich schwächen, sich quälen.

osm. *jajan* = zu Fuss, niedrig. (So: *sen aniñ janında jajan ḳalirsin* = du stehst sehr unter ihm, wörtlich: du bleibst neben ihm zu Fuss).

Auch der Anlaut *j* hat in einigen Fällen sich in den nächstverwandten *s* verwandelt. So:

uig. *satḳamaḳ* = verachten, schmähen; *satḳaḳ* = ein Schmäher; *satḳun* = verächtlich, verwerflich.

jak. *tsadai* = arm werden; *satü*, *satïbin* = nicht zu Stande kommen, sich vergebens mit etwas bemühen; *tsadañi* = arm, Armuth; *sadaḳ* = Mangel; *sati* = zu Fuss.

čuv. *sjidik* = fremd.

In Anbetracht der letzterwähnten Form dieser Stammsilbe wäre ich geneigt, auch das Zeitwort *satmaḳ* = verkaufen nach der türkischen Bedeutung des Wortes = losschlagen, weggeben hierher zu rechnen.

138.

Jat, *jaj*, *jas*, *liegen, lehnen, dehnen, strecken, gedehnt, flach.*

(So wie *tur* nicht so sehr den Begriff des Stehens als des Aufrechtseins [vgl. § 196] bezeichnet, ebenso drückt *jat*, *jas* nicht sowol die Handlung des Ausruhens als vielmehr die der horizontalen Lage und des Sichausstreckens und Dehnens aus.)

uig. *jatmaḳ* = ausdehnen, ausbreiten; *jatḳamaḳ* = liegen; *jatḳaḳ* = Lager, Bett; *jatilmaḳ* = sich ausdehnen, sich ausbreiten; *jatiḳ* = ausgedehnt, breit, flach. (*Jatik* ist die uigurische Benennung für die Wolga [čag. *jajik*, *jaik*], der wörtlichen Bedeutung nach breit, ausgedehnt, und stimmt merkwürdigerweise mit der magyarischen Benennung dieses Flusses, nämlich *atil* [nach Porphyrogenitos], überein.)

čag. ***jatmak*** = liegen; ***jatkuzmak*** = legen; ***jajmak*** = ausdehnen, ausbreiten; ***jajik*** = breit; ***jajpak***, ***jalpak*** = flach, eben; ***jasmak*** = flach werden; ***jasang*** = breit; ***jazi*** = Ebene; ***jaska*** = flach; ***jastanmak*** = sich anlehnen; ***jastuk*** = Kissen, Polster; ***jasmuk*** = Linse (vielleicht von der flachen Form so genannt?).

osm. ***jatmak***, ***jastanmak***, ***jajmak*** (wie oben); ***jatsi*** = die Zeit zum Schlafengehen; ***jaz*** = grosse Ebene; ***jassi*** = flach, eben.

alt. ***jat***, ***jas*** = ausdehnen, ausstrecken; ***jat*** = liegen, leben, sein (vgl. ***turmak*** = sein, stehen und leben, ***olmak*** = sein und leben); ***jadiś*** = das Leben; ***jattak*** = breit; ***jattiś*** = Ebene.

jak. ***sit***, ***sitabin*** = sich legen, liegen; ***sitiar*** = niederlegen; ***sittik*** = Polster; ***sisi*** = Fläche.

kk. ***ťadarben*** = ausbreiten; ***ťüdderben*** = liegen; ***ťase***, ***ťaze*** = Feld, Steppe.

In Anbetracht, dass Sommer und Frühling bald ***jaj***, bald ***jaz*** heissen, nicht minder aber auch in Berücksichtigung des Umstandes, dass der Sommer und Frühling bei den altaischen Völkern die Zeit des Sichzerstreuens und Ausdehnens nach der engen Winterwohnung sind, wäre vielleicht anzunehmen, dass *jaj*, *jaz* = Frühsommer, Sommer zur vorliegenden Stammsilbe gehören. Mit ***jaj*** = Sommer ist auch *jil* = Jahr verwandt. Im Jakutischen wird der Begriff Jahr mit Schnee (Winter), im Türkischen mit Sommer bezeichnet.

139.

Jer, er, jir, ir, sir, Raum, Räumlichkeit, Platz, Erde.

uig. ***jer***, ***er*** = Erde, Raum; ***jerlenmek*** = Unterkommen haben.

čag. ***jir***, ***ir*** (wie oben); ***jirleśmek*** = Platz oder Raum haben; ***jirlik***, ***jerlik*** = irgendwo zuständig, zugehörig.

osm. ***jer***
kir. ***žer***
kk. ***ťir***
čuv. ***śir*** } = Erde, Ort, Platz.

jak. ***sir*** = Ort, Platz, Erde; ***sirdiä*** = Weg weisen.

Trotzdem dass heute in allen Dialekten durchgehends ***jer*** in erster Bedeutung Erde heisst, so unterliegt es doch keinem Zweifel, dass diese Bedeutung nur eine entlehnte ist, und dass ***jer*** ursprünglich Raum, Räumlichkeit bedeutet. Die eigentlichen Benennungen für Erde sind 1) uig. ***ķoķ***, eigentl. dürr, trocken, ganz so wie ***ķara***, ebenfalls der Grundbedeutung nach dürr, trocken (vgl. § 84); 2) ***toprak***, der Wortbedeutung nach der Gegenstand, auf welchem herumgetreten wird (vgl. § 76 und 179). ***Jer*** steht daher sowol in lautlicher als auch in begrifflicher Hinsicht mit ***er***, der Stammsilbe des Zeitwortes ***ermek*** = Raum haben, hineinpassen; ***erdürmek*** = hineinbringen, Raum verschaffen, in nächster Verwandtschaft (vgl. ***keng, keñ*** § 103). ***Jir (jür)*** ist noch im Worte ***jürek*** = Herz, Blutgefäss zu erkennen (vgl. ***köñül*** § 116).

140.

Jet, jit, sit, anliegend, angrenzen, anlangen, erreichen, genügen.

uig. ***jetik*** = anbelangend, angrenzend, gebührlich; ***jetrü*** = genügend, entsprechend.

alt. ***jet*** = genügen, erreichen; ***jettre*** = bis, bis zu, anlangend (*üjge jettre* = bis zum Haus).

ćag. ***jetmek, jitmek*** = erreichen, gelangen, genügen; ***jetik, jeter*** = genügend; ***jetkürmek*** = nahe bringen.

jak. ***sit, sitäbin*** = einholen, erreichen; ***sitär*** = zu Ende bringen, erfüllen.

ćuv. ***sjit*** = anlangen, erreichen, genügen; ***sjideléen*** = bis, bis zu, anlangen (ćag. *jitkenće*); ***sjidellek*** = genügend.

kk. ***t'iderben, t'etermen*** = erreichen; ***t'eterben*** = erlauben (erreichen lassen).

Ob ***jet*** mit dem begrifflich ihm nahestehenden ***jak*** (nahe, gut, gefällig) verwandt sei, zwischen welchen beiden ***jek, jej*** (gut, wohl) ein Annäherungsmoment, sozusagen eine Mittelform bildet, kann hier nur als Vermuthung aufgestellt werden.

141.

Jig, ag, ig, čig, čag, *laut rufen, schreien, weinen* (vgl. engl. *to cry* = schreien und weinen), *klagen, lärmen.*

I. *j, i, a*—.

čag. *jigi* = das Weinen; *jiglamak* = weinen.

alt. *igla, ijla* = weinen; *ij, ig* = das Weinen; *ijlakan* = weinerlich.

osm. *aglamak* = weinen.

Die nächsten Verwandlungen des *j*-Anlauts sind die in *č, ž* und *s*. Der letztgenannte Laut kommt nur in wenigen Beispielen vor, als: čag. *sikklamak* = winseln, weinen; *sokramak* = knurren; *sagirtka* = Grille, Zirpe; kirg. *sikirlau* = knirschen, zirpen; čuv. *sigr* = rufen, während die Stammsilbe mit erstgenanntem Anlaut einen reichhaltigen Familienzweig aufweist. So:

II. *č, ž*—.

čag. *čagirmak, žagirmak* = rufen; *čig* = Ruf; *čigiš* = Lärm, Getöse; *čigir, čigirdak* = krächzen, knurren, und die einen ähnlichen Laut hervorbringenden Geräthe, als *čigir* = Rad der Wasserleitung; *čikrik* = Rad der Wollkamm-Maschine; *čaglama* = Laut, Stimme.

osm. *čagirmak* (wie oben); *čagildamak* = rauschen, plätschern; *čagišti* = Klang, Laut, Schall, Geräusch.

tir. *žigi* = das Weinen.

Aus *čigir, čagir, jigir* sind nach Absorbirung des inlautigen Gutturalbuchstabens noch entstanden *čir, čar, jir, jar,* welche begrifflich sich nur insofern von den übrigen Stammverwandten unterscheiden, dass die mit ihnen gebildeten Worte die Bedeutung des Rufens, Schreiens, Jauchzens, Frohlockens, aber nicht zugleich die des Weinens, Klagens in sich schliessen. So:

uig. *čarkulamak* = erfreuen, fröhlich stimmen; *jirmak* = rufen.

čag. *čarlamak, žarlamak* = rufen; *čarang* = Echo; *žarak* = fröhlich; *jirlamak, irlamak* = singen, jauchzen; *jirau* = Gesang; *jirindak, irindak* = Gesangweise, Tonweise.

kir. ***žir*** = Gesang; ***žirći*** = Sänger.

osm. ***irlamak*** (wie oben); ***irinti*** = Gesang (*Jürük* in Anatolien).

jak. ***ćorgui*** = laut schallen, einen lauten Ton von sich geben; ***iria*** = Lied; ***illa*** = singen.

ćuv. ***jora*** = Lied.

kk. ***ćr*** = Lied, Gesang.

alt. ***jar*** = Ruf, Ausruf, Nachricht; ***jarći*** = Ausrufer; ***jarlu*** = anzeigen, veröffentlichen; ***jarlik****) = Befehl.

Schliesslich sind diese zusammengezogenen Silben ***jar, ćar*** sowol im An- als auch Auslaute in folgender der normalen Lautveränderung entsprechenden Form anzutreffen:

1) *ćar = ćav, ćau, šau.*

uig. ***ćav, ćau*** = Ruf; ***ćavukmak*** = einen Ruf erlangen; ***ćavutmak*** = berühmt machen.

ćag. ***ćau*** = Ruf, Aufruf; ***ćauči*** = Ausrufer; ***ćaudur*** = Rufer; ***ćaudurmak*** = rufen; ***šaukun*** = Lärm.

osm. ***ćavuš, ćauš*** = Aufseher (ursprünglich Verkünder eines fürstlichen Befehls).

kaz. ***šavla*** = tosen, murmeln.

2) ***jar = sar, sav, sau, sai.*****)

uig. ***sav, sau*** = Ruf, Kunde, Botschaft; ***sauči*** = Prophet, Kundgeber.

ćag. ***sairamak*** = singen; ***sairan*** = Gesang; ***sairo*** = Nachtigall; ***sauči (chatun)*** = Liebesbotin (im Osmanischen, wohin dieses Wort aus schriftlicher Ueberlieferung gelangt ist, fälschlich *sevidži chatun* genannt).

alt. ***sarin, sarindar*** = Lied, Gesang.

---

*) Die Stammsilbe *jar* ist nebst vorliegendem Worte, welches auch im Ćag. und Osm. (*jerlig* = fürstliches Schreiben) vorkommt, noch zu erkennen in ćag. *jargi* = Urtheil, Richterspruch; *jarguči* = Urtheilsprecher, Richter; alt. *jargila* = urtheilen.

**) Die weitere Entfaltung von *sar, sau, sav* s. in § 167, nämlich bei der verwandten Stammsilbe *sor* = anreden und *söz* = Rede, Wort.

142.

Jil, jel, jal, sil, silil, sal, *Wind, windig, kalt, Hauch, Athem, athmen,*
(und in bildlicher Bedeutung des Wortes)
eilig, hurtig, sich schnell bewegen.

I. *j*—.

čag. ***jil, jel*** = Wind; ***jilsik, ilsik*** = Segel, Windschirm; ***jellemek*** = wehen; ***jildam, ildam*** = hurtig, flink; ***jelmek, jelikmek*** = eilen, flink sein; ***jilatun*** = der schnelle Gang.

kaz. ***jelburdamak*** = zerstäuben, schnell auseinandergeben; ***jelpimek*** = lüften; ***jelpü, jelbikü*** = Fächer; ***jeldüremek*** = mit Windesschnelle sich bewegen.

alt. ***jel*** = Luft; ***jelbü*** = Luftzug, Zug; ***jel*** = schnell laufen; ***jelek*** = Anlauf.

osm. ***jel*** = Wind, Schlagfluss; ***jellemek*** = lüften; ***jelmek*** = hin- und herlaufen; ***jelken*** = Segel; ***jel(paze)*** = Fächer (eigentl. Windspieler, vom türk. *jel* und pers. *baze*).

II. *s*—.

uig. ***salik*** = Wind; ***salikmak*** = wehen.

čag. ***salig*** = windig *(Chulasai Abbasi)*; ***salkin*** = kühl, kühler Wind; ***salkinlamak*** = das Wehen eines kühlen Windes; ***soluk, solus*** = Athem, Hauch; ***solamak*** = athmen, pfeifen (vom Winde); ***sülümek*** = einsaugen; ***sülük*** = Blutegel (Sauger); ***savurmak, saurmak*** (eigentl. *salurmak*) = würfeln.

kir. ***salkam*** = windig; ***soluktau*** = aufathmen.

osm. ***selin*** (Anatolien), ***serin*** = kühl, windig; ***soluk, solukmak*** (wie oben).

čuv. ***sil*** = Wind; ***sollä*** = wehen, Wind machen; ***sollan*** sich im Winde bewegen; hieran mag wol das in den übrigen Mundarten bekannte ***sallanmak*** = sich bewegen, schaukeln geknüpft werden.

alt. ***salkin*** = Wind; ***serüün*** = Erkältung.

jak. ***salgin*** = Lüftchen, Luft; ***salgii*** = wehen, blasen; ***salgilä*** =

9*

frische Luft schöpfen; *tiał*=Wind; *tialir*, *tialirabin*= wehen; *siäl*=traben; *siällär*=traben lassen.*)

Die Stammsilben *sol*, *sil* verändern ihren Auslaut in *v*, respective *b*, *f*, *p*, und wir erhalten *sov*, *siv*, *sib* mit der Bedeutung von athmen, saugen, blasen, pfeifen. So:

čuv. *sivla*=athmen, Athem holen; *sivliś*=Athemzug; *sivir*= Sauger; *šibir*=musikalisches Instrument.

čag. *sipkarmak*=saugen; *siposga*=Flöte, Pfeife; *sovurmak*= einsaugen, einathmen.

kaz. *sibizgi* }
alt. *sipiski* } =Rohrpfeife, Flöte.

143.

Jok, jaj, juj, jut, *nein, nicht, verneinen, vernichten, lügen, verderben, Armuth, Seuche.*

uig. *jok* = nein, nicht; *joki* = Vernichtung; *jokalmak* = vernichten; *jokluk*=Verderben; *jut*, *juti*, *jutuk*= Unheil, Unglück, Verderben; *jutmak*=verbrauchen, vernichten.

alt. *jok*=nicht, ohne, Entbehrung; *joktu*, *joksus*=armselig, bedürftig; *jogol*=zu Grunde gehen; *joksin*=Verlust empfinden; *joksire*=arm werden; *joj*=Lügner, Maulheld.

čag. *jok* (wie oben); *jokolmak*= verschwinden; *joksul* = arm, bedürftig; *jojmak*=vernichten; *joju*=Vernichtung; *joj*, *juj*, *jujen*= Lüge, lügenhaft, irrig; *jut*, *jot*= Seuche, Verheerung, Verderben; *jutmak*=verschlingen, vernichten.

kir. *žojmak*= vernichten; *žut*, *žud*=Seuche; *žojan*= lügenhaft; *žokmak*=verleumden, Lügen sagen.

osm. *jokluk*=Armuth; *jok etmek*=vernichten.

jak. *suok*=nicht vorhanden, nicht da, Abwesenheit; *suokta*= vermissen.

čuv. *sjok*=nein, nicht, ohne; *sjogat*=vernichten; *sjogal*=zu Grunde gehen.

kk. *t'ok*=arm.

---

*) Ob nicht etwa čag.-osm. *jal*, *jel*; jak. *siäl*; čuv. *sjilge*=Mähne, von dem Begriff des Flatterns, Wehens ausgehend, hierher gerechnet werden darf?

133

An die im kk.-čuv. und jak. sich zeigende normale Lautveränderung des *j*-Anlauts in *t'* und *s* schliesst sich zur Bezeichnung eines verwandten Begriffskreises die mit *t* und *č*, *ž* anlautende Stammsilbe an.

j = t, t'.

alt. *tögün* = Lüge; *tögünči* = Lügner; *tögünde* = lügen.
kk. *t'öl* = Betrüger; *t'ötlünerben* = betrügen.
jak. *tüökün* = Lügner.
čag. *tükül*, *tügül* = nicht existirend.
osm. *degil*, *dejil* = nicht, nicht seiend.

j = č, ž.

uig. *žoḳi*, *čoḳi* = Verleumder, Lügner.
čag. *čogul* = falsche Anklage; *žüjen* = falsch. Und schliesslich gehört in diese Familie uig. *čiḳai* = arm, bedürftig.

144.

Jol, jon, jul, jun, hobeln, schnitzen, schaben, kratzen, glätten.

čag. *jolmaḳ* = glätten, die Haare ausrupfen; *joluḳ* = glatt, polirt; *jölünmek* = sich abwetzen, sich abreiben; *jonmaḳ* = schnitzen, hobeln; *jonuži* = Zimmermann, Schnitzer.
alt. *jul* = rupfen, ausreissen; *julda* = abschälen; *jilin* = dünn werden, zusammenschrumpfen, sich abwetzen.
osm. *jolmaḳ*, *jonmaḳ* (wie oben); *jonga* = Hobelspäne; *jonži* = Steinmetz.
čuv. *jan* = Schere, Messer; *sjol* = schneiden.
kk. *šunerben* = schnitzen; *šonarmen* = behauen; *t'ularben* = rupfen; *t'ülärman* = rasiren, scheren.

Im engern Sinne der lautlichen wie begrifflichen Zusammengehörigkeit ist *jol, jon* zu *jal* B. (vgl. § 127) zu rechnen.

145.

Jol, ol, ul, jor, jur, jür, gehen, schreiten, wandeln, Gang, Weg.

I. —*l*.

uig. ***jol*** = Weg, Weise, Art, Sitte, Manier; ***jolamaķ***, ***jolakmuk*** schicken, senden; ***jolauči***, ***jolauč*** = Gesandter, Prophet; ***olanmaķ***, ***jolanmaķ*** = sich begeben; ***olasmaķ*** = hin- und hergehen, zueinander gehen, verkehren.

čag. ***jol*** = Weg, Art, Linie, Richtung; ***joluķmaķ*** = begegnen; ***ulak*** = Reitthier, Esel (eigentl. ein Fahrzeug; vgl. arab. ركب = gehen und مركب = Reitthier, Fahrzeug); ***jular*** = Zügel (von *jol* = Richtung, folglich Richtunggeber, Lenker).

alt. ***jol*** (wie oben); ***ula*** = eine Richtung einschlagen; ***ulala*** = = den Weg weisen; ***ulagičï*** = Wegweiser, Führer.

kaz. ***ulaķ*** = Bote, Läufer; ***ulau*** = Führung; ***ulauči*** = Führer, Leiter.

jak. ***suol*** = Weg; ***suollā*** = einen Weg machen.

čuv. ***jol*** = Sitte, Gebrauch, Gewohnheit; ***sjol*** = Weg, Mal; ***rïläk*** = Thier.

kir. ***žol*** = Weg, Art, Mal; ***žola*** = Gebrauch, Sitte; ***žolaķ*** = gestreift, mit Linien versehen.

kk. ***t'ol*** = Weg.

II. —*r*.

uig. ***joriķ*** = Gang, Weg, Art; ***jorimaķ*** = gehen, wandeln.

čag. ***joruķ*** = Schritt, Gang, Weg (***jorukta jürümek*** = im Schritt gehen); ***jortmaķ***, ***jorgalmaķ*** = im Trabe gehen oder reiten; ***jorgun*** = müde (eigentl. abgegangen; vgl. stehen, abgestanden); ***jormaķ*** = ermüden; ***jürümek***, ***jünümek***, ***žünümek*** = gehen, marschiren, herankommen.

jak. ***tsoruola*** = im Passe gehen; ***tsoruo*** = Passgänger; ***sïrïl***, ***sïltsabïn*** = gehen, reiten, fahren; ***sïri*** = Gang; ***sïlai*** = müde werden; ***sïlā*** = Müdigkeit; ***sür***, ***sürabïn*** = laufen; ***sürük*** = laufend, guter Läufer, Strömung.

kk. ***t'orormen*** = fahren; ***t'orirben*** = gehen; ***t'orterben*** = galopiren alt. *jor* = gehen; *jort* = antreiben; *jür* = leben, gehen; *jürüm*, *jürüš* = Leben, Gang.

čuv. *sjort* = rennen; *sjür* = leben, gehen, wandeln.

Abgesehen von der normalen Veränderung des auslautenden *l* in *r* oder vice versa, sprechen für die hier angegebene Analogie des *jol* und *jor* am besten die betreffenden Beispiele des Jakutischen, wo *sir* und *sil* für denselben Begriff abwechselnd gebraucht werden.

In Anbetracht, dass *jür* nicht nur laufen, sondern auch einen Anlauf nehmen, sich ereifern bedeutet, würde ich *jürek* = Muth, Herz; *jürekli* = muthig, beherzt auch hierher rechnen. Es ist ebenso wie *köngül* nur ein abstracter Begriff und keine directe Interpretirung fraglichen Blutgefässes.

146.

Juḳ, jiḳ, juv, ju, waschen.

uig. *jumaḳ* = waschen; *junmaḳ* = sich waschen.

čag. *jumaḳ*, *jujmaḳ* (wie oben); *juḳalmaḳ* = gewaschen werden.

osm. *jiḳamaḳ* = waschen; *jiḳanmaḳ* = sich waschen. Uebrigens gibt es auch eine ältere Form mit *ju* und *jun*.

az. *jov*, *juvmaḳ* (wie oben).

alt. *ju*, *jun* = waschen, sich waschen.

jak. *sui*, *sujabin* = waschen; *sun*, *sunabin*, auch *sujun* = sich waschen; *suju* = Waschung.

kk. *t'urben* = waschen.

čuv. *sjuv* = waschen (*put sjuvas* = sich das Gesicht waschen).

Trotzdem *juḳ* die ältere Form zu sein scheint, so ist doch in den ältern Sprachmonumenten *ju* mehr gebräuchlich. Der ursprünglichen Bedeutung nach dünkt mir *juḳ* nicht der Grundbegriff des Waschens, d. h. Reinigens, sondern im Gegentheil des Sichbefleckens, Sichbeschmierens in sich zu bergen und scheint demnach mit *juḳ* = ankleben verwandt zu sein. So vergleicht Budenz in seinem Magyar es finn.-ugor. nyelvekbeli szógyzisek, S. 85, ganz richtig das magy. *fest* = malen mit dem finn. *pese* = waschen, reiben, und folgende Wortfamilie gehört entschieden hierher, ja sie enthält sogar die ältere und primitivere Form. So:

ćag. *juḳmaḳ*, *joḳmaḳ* = ankleben, haften, sich beschmieren (*joḳum agri* = eine ansteckende Krankheit); *juḳaḳ* = anhaftend, kleberig.

osm. *joḳlamaḳ* = betasten, berühren, anfühlen.

147.

Jum, źum, jom, som, źom, jüm, ćüm,
vereinigen, zusammendrücken, fest, dicht, massiv, Körper von runder, geschlossener Form.

I. *j*—.

uig. *jumitmaḳ* = versammeln; *jumulmaḳ* = sich sammeln, sich zuschliessen; *jumḳi* = insgesammt; *jime*, *jüme* = alle; *jumdurmaḳ* = anhäufen.

ćag. *jummaḳ* = zudrücken, schliessen; *jumalaḳ* = Knäuel, Beule (von der geschlossenen runden Form so genannt); *jumruḳ* = Faust, geschlossene Hand (vgl. *aja* = flache, d. h. offene Hand); *jümri* = rund; *jümrülmek* = in Trümmer fallen, eigentl. ein Haufen werden.

alt. *ju* = versammeln; *juuna* = sich versammeln; *jumur* = rund, oval; *juun* = Volk, Versammlung.

osm. *jummak* (wie oben); *jumru* = Beule; *jumaḳ* = Knäuel.

jak. *ïmü* = drücken, quetschen; *suturuḳ* = Faust.

kk. *numzuruḳ* = Faust.

Charakteristisch ist es, dass *jum* bei der Bezeichnung des Wortes Ei überall als Stammsilbe figurirt. So: ćag. *jumurtḳa*, osm. *jumurta*, ćuv. *šïmarda*, kk. *numurtka* u. s. w., was selbstverständlich für die Begriffsanalogie dieses Wortes mit Knäuel, Kugel, Rundung spricht.

II. *ć*, *ź*—.

uig. *ćomlamaḳ* = sammeln.

ćag. *ćom*, *źom* = alle, sämmtlich, sehr, stark (*ćom ḳara* = sehr schwarz); *ćoman* = Keule, Knittel, runder, massiver Kopf irgendeines langen Körpers; *ćömük* = dicht, fest, compact; *ćömürmek*, *ćömülmek* = sich zusammenziehen, sich zusammenkauern; *ćomrü*, *ćomru* = Sesshafter, Ansässiger (Gegensatz von *köćer* = Nomade, Herumziehender).

osm. *čomak* = Keule; *čumar* = Schaf mit rundem, hornlosem Kopfe.
čar. *čumur* = Kreisel, Knäuel.

Als Mittellaut zwischen *j* und *č* figuriren noch in fraglicher Stammsilbe: 1) *s*, z. B. im osm. *som* = massiv, dicht (*som gümüš* = massives Silber); alt. *som* = fest, hart (*som temir* = hartes Eisen); jak. *sïm* = gedrängt, voll und *ümis* = fett; čag. *semiz* = fett, *semirmek* = fett werden; čuv. *samir* = fett, *samirt* = füttern und kk. *sïmiz*, *sêmiz* = fett u. s. w. 2) *t*, z. B. čag. *tommak* = untertauchen, sich baden (باب فرورفتن Lugati Fazlullah Chan), in welcher letztern Form *jom*, *čom*, *som*, *tom* an das nächstverwandte *tum*, *tom* (vgl. § 177) sich anreiht.

148.

Sag, sog, saa, sav, sao, *herausnehmen, ausziehen, abziehen, abnehmen, wegnehmen.*

čag. *sagmak* = melken (eigentl. die Milch herausziehen); *sagin*, *saglik* = Mutterschaf, Melkkuh, Melkstute; *sagir*, *sigir* = Kuh (vom letztern das osm. *sigir* = Rind, Rindvieh im allgemeinen).

kaz. *savmak*
osm. *saghmak*, *saamak* } melken.
kk. *sârben*, *sagarben*

alt. *saa* = melken (*saala uj* = Melkkuh).
kir. *savluk*, *saoluk* = Melkthier.
jak. *ïa*, *ïbin* = melken.

Soviel von der mit *a* inlautenden Stammsilbe. Die mit *o* inlautenden Beispiele kommen entweder in der causativen Form vor, als čag. *sogurmak* = herausnehmen, ausziehen (so: *tiš sogurmak* = einen Zahn herausziehen, *kilič sogurmak* = ein Schwert ziehen); *sogur* = Eimer (Wasserherauszieher); *sojurmak*, *sovurmak* = abschälen, ausziehen, ausrauben, entblössen; osm. *sïjirmak* = aus der Scheide herausziehen; kk. *sïrarben* = abziehen, ausziehen; oder auch in der Grundform, als: čag. *sajgau* = Beute, Raub; *sogan* = Zwiebel (d. h. das sich Abschälende); osm. *sajmak* = entkleiden, berauben; *soran* = Zwiebel u. s. w.

Sollte vielleicht die Analogie des griech. μελγ ... ἀμέλγ-ω = melke (vgl. Curtius, Griechische Etymologie, I, 153 B.) und des deutschen Milch einen Anhaltspunkt zur Vergleichung des Wortes *süt* (Milch) mit *sau* = melken, *saut* = das Gemolkene, geben?

149.

Saj, śaj, ćaj, ćej, *hin- und herbewegen, umherstreifen, umherirren, schaukeln, tänzeln, schütteln, mit den Gedanken hin- und herschweifen (phantasiren).*

I. *s, ś*—.

uig. ***sajilkan*** = umherirrend, blöde (von ***sajilmak*** = umherirren).
ćag. ***sajak*** = Vagabund, Landstreicher.
alt. ***sajgaktu*** = faseln; ***sajak***, ***sujgak*** = Lügner, Faselhans.
osm. ***sajiklamak*** = faseln, phantasiren; ***sajrik***, ***savrik*** = Schwätzer, der Unsinn spricht.
kir. ***śajkamak*** = hin- und herbewegen, schütteln (*at basin śajkadi* = das Pferd hat den Kopf hin- und herbewegt); ***śajmak*** = schütten, beschütten, waschen.
ćuv. ***soja*** = Lüge (vgl. alt. *sajak*).

II. *ć*—.

ćag. ***ćajaklamak***, ***ćajkalamak***, ***ćajkamak***, ***ćajpamak*** = hin- und herbewegen, schaukeln, wiegen, schütteln; ***ćajku***, ***ćajkun*** das Schaukeln, das Bewegen, das Zittern; ***ćajnamak*** = den Mund hin- und herbewegen (kauen).
kaz. ***ćaja*** = hurtig, beweglich, flink; ***ćajlamak*** = sich beeilen.
alt. ***ćajba*** = schaukeln, plätschern, waschen, spülen; ***ćajbu*** = Geplätscher; ***ćajka*** = schütteln; ***ćej*** = rühren, mischen (*palkuśku su ćej* = menge Wasser in den Lehm).
osm. ***ćalkamak***, ***ćajkamak*** = schaukeln; ***ćijnamak***, ***ćijnemek*** = kauen, tänzeln, trippeln.

Das kir. *ś* bildet den lautlichen Uebergang zwischen *ć* und dem ursprünglichen *s*, und als Stammsilbe mit diesem Anlaute muss *saj* zu *sal* (vgl. § 152), dessen Grundbedeutung mit letzterer identisch ist, gerechnet werden.

Ebenso ist *čaj* mit *čal* lautlich und begrifflich verwandt, wie aus folgenden Beispielen ersichtlich ist. So: čag. *čaliķ* = flink (vgl. kaz. *čaja* = flink); *čalķamaķ*, *čalķalamaķ* = schütteln; schaukeln; *čalim* = flinke Bewegung, List; *čala—čala!* = eilig, hurtig!

150.

Saķ, sag, saj (sajin), san, *zählen, beachten, achten, bedenken, denken, bemitleiden, bedauern.*

uig. *saķ* = Zahl, Art, Weise; *saķiš* = Zahl, Rechnung, Berechnung, Gedanke, Wahn; *saķmaķ*, *satmaķ* (letzteres eine Variation des *sajmaķ* = zählen, achten, beachten); *saķinmaķ* = sich bekümmern, beachten, Sorge tragen; *saķnilamaķ* = jemand bedauern; *saķinč* = Kummer, Bedauern.

čag. *sag*, *saji* = Zahl, Mass, Richtung *) (letztere veraltete Form ist nur in den Ableitungen zu erkennen, so: *sajin* = gemessen, gezählt, Zahl, durchweg, entlang [*jil sajin* = das ganze Jahr hindurch]); *sagu* = Trauer, Klagelied; *sagun* = nachdenklich, traurig; *saginmaķ* = denken, sinnen; *sajgu* = Wahn, Berechnung; *sajlamaķ* = aussuchen.

jak. *aķ*, *agabin* = zählen; *aķsi* = Abrechnung, Rechnung; *aķti* = Erinnerung; *agīlin* = gezählt, geschätzt oder geachtet werden.

alt. *sagiš* = Sinn, Verstand, Gemüth, Herz (*ak sagišli* = gut gesinnt; *kara sagišli* = schlecht gesinnt).

osm. *saji* = Zahl; *sajmaķ* = zählen, beachten, berücksichtigen.

kk. *sâgus* = Verstand, Gedächtniss; *sâgunerben* = denken.

Ob *san*, wie oben angedeutet, von *sajin* entstanden, oder ob das in der primitiven Stammsilbe auslautende *ķ* oder *g* durch den Vermittelungslaut von *ng*, *ñ* sich in *n* verwandelt hat, kann vorderhand nur hypothetisch aufgestellt werden. Soviel ist sicher, dass *san*, lautlich verwandt, infolge des ganz identischen Begriffskreises seiner Derivata nur hierher gerechnet werden kann. So:

---

*) Mit *saji* = in der Richtung, entlang, scheint das čag. *sari* (*saj-ri*) = entlang verwandt zu sein.

uig. ***sanin*** = Zahl; ***sanaḳći*** = Sterndeuter, Sternzähler (beide nach Budagow).

ćag. ***san*** = Zahl; ***sanamaḳ*** = zählen, achten, schätzen, erwägen, überlegen; ***sanag*** = überlegend, furchtsam, zaudernd, schonend; ***sanagliḳ*** = Schonung, Beachtung, Mitleid; ***sanḳur*** = in Gedanken vertieft, verwundert.

kir. ***san*** (wie oben); ***sana*** = Gedanke, Sinn (*aḳ sanali kiši* = ein Mann rechten Sinnes).

osm. ***san*** (wie oben); ***sanlu*** = geachtet, der etwas zählt; ***sanmaḳ*** = wähnen, meinen, denken; ***sanu*** = Gedanke; ***sanḳiliḳ*** = Staunen, Verwunderung.

jak. ***sänä*** = denken, meinen; ***sanargä*** = trauern.

kk. ***sanirben*** = lesen, zählen (vgl. magy. *olvasni* = lesen und zählen. Auch hinsichtlich der Begriffsanalogie des Zählens, Achtens, Denkens und Bemitleidens vgl. magy. ***szám*** = Zahl und ***szánni*** = achten, ***szándék*** = Gedanke).

ćuv. ***son*** = denken, nachsinnen.

151.

Saḳ, śaḳ, trocken, dürr.

jak. ***saḳsa*** = ausgetrocknet, dürr; ***saḳsai*** = austrocknen; ***saḳsarḳai*** = ausgetrocknet, lose, locker.

ćag. ***śaḳśal*** = dürres Holz; ***śaḳśalmaḳ*** = sehr austrocknen, dürr werden.

Aus ***saḳ, śaḳ***, respective aus dessen causativer Form *saḳurmaḳ* scheint ***saḳruḳ, saḳriḳ, sariḳ, saruḳ***, kk. ***sârak***, ćuv. ***sari*** = gelb, vergilbt, verdorrt, entstanden zu sein. Zu einer solchen Vermuthung führt das in lautlicher und begrifflicher Beziehung ähnlicherweise entstandene Wort für trocken, dürr, wenn wir nämlich die Stammsilbe ***ḳaḳ*** = dürr, trocken denselben Process durchmachen lassen, also: ***ḳaḳurmaḳ, ḳaḳruḳ, ḳauruḳ, ḳuruḳ*** und ***ḳuru*** = trocken, dürr, leer u. s. w.

152.

Sal, tal, *das Hin- und Herbewegen eines Körpers,*
auch die hurtige, heftige Bewegung im causativen und und transitiven Sinne des Worts, z. B.:
werfen, schleudern, schicken, treiben, jagen, rütteln, schütteln; wallen, schwanken, schaukeln.

I. *s*—.

čag. ***salmaķ*** = werfen, schleudern, jagen, schicken; ***saldamlu*** = ernst, gesetzt, geübt (vgl. franz. *bien lancé* = geschickt, wohl geworfen); ***salgit*** = Steuer, Grundsteuer (eigentl. das Ausgeworfene); ***salig*** = Einsatz; ***salgamaķ*** = hin- und herwerfen, schaukeln, schütteln; ***salkinmaķ***, ***salginmaķ*** = sich schaukeln.

osm. ***salmaķ*** (wie oben); ***sallamaķ*** = bummeln, herabhängen; ***salķim*** = Traube (eigentl. das Herabhängende; so: *bir salķim üzüm* = eine Weintraube; *bir salķim churma* = ein Bund Datteln); ***sallatmaķ*** = schaukeln; ***salaķ*** = penis (eigentl. das Herabhängende); ***saliķ*** = das Werfen, Aussenden, Schicken; ***saliķ vermek*** = jemand auf den Weg, in die Richtung setzen (eigentl. den Wurf geben. Vgl. *lancer quelqu'un; to give a start.*).

jak. ***salai*** = wenden, lenken, richten (vgl. osm. ***salik vermek;*** uig. *sub salmak* = eine Armee schicken, lenken; *sub salar* = General, wovon das neupers. *sipehsalar* stammt.

Aus ***sal*** ist infolge Verwandlung des inlautenden *a* in *i* noch entstanden:

čag. ***sillenmek*** = sich schaukeln; ***sillemek*** = rühren, bewegen.
osm. ***silkmek*** = schütteln, rütteln; ***sille*** = Ohrfeige.
alt. ***silki*** = das Schütteln.
kk. ***silligerben*** = ausschütteln.
čuv. ***sille*** = schütteln.

Ferner nach Verwandlung des auslautenden *l* in *r* mit čag. ***sarsamaķ***, ***sarsimaķ*** (von ***salsamak***) = schütteln, rütteln und ***sarķmaķ*** (eigentl. ***salķmaķ***) = herabhängen, herabwallen.

II. *t*—.

čag. ***tallamak̦***, ***talgalamak̦*** = schaukeln, wiegen, hin- und herbewegen; ***talgum*** = Woge, Welle, bewegtes Meer; ***talpinmak̦*** = zappeln, sich hin- und herbewegen; ***talgitmak̦*** = aufwühlen, aufrühren (*köngül talgitmak̦* = Unruhe verursachen, d. h. jemand das Gemüth aufregen).

alt. ***tolk̦oo*** = Welle; ***tolk̦oolon*** = sich in Wogen aufthürmen; ***talbanda*** = sich hin- und herwälzen, sich wiegen.

osm. ***dalga*** = Welle; ***dalgalanmak̦*** = sich schaukeln.

jak. ***dolgui*** = schwanken, sich bewegen, wogen; ***dolgun*** = Welle.

kk. ***t'alhcg*** = Welle.

153.

Sap, šap, čap, hauen, schlagen, schneiden, zerhauen, einschneiden, einschlagen, einfallen.

I. *s, š*—.

čag. ***sapmak̦*** = einschlagen (einen Weg), einrammen (einen Pfahl); ***sapamak̦*** = mit einem Stocke ausklopfen; ***saplamak̦*** = eindringen, einschlagen, einsetzen; ***sapak̦***, Stiel, Heft, Stengel, Griff (der untere feste Theil eines Körpers, welcher in der Hand festgehalten oder in die Erde eingeschlagen wird); ***sapan*** = Pflug (vgl. das bei *sapak̦* Gesagte); ***sapag*** = Seitenweg; ***šappalamak̦*** = klatschen, hauen; ***šapa***, ***šapalak̦*** = Ohrfeige; ***šappati*** = breit, dünn geschlagen.

kir. ***saba*** = festschlagen; ***saban*** = Stock, Prügel; ***šapmak̦*** = schlagen, eilen, rennen; ***šapoo*** = Flucht, Einfall.

alt. ***saba*** = Schnitt, Abschnitt, Theil; ***sabalak̦*** = Zweig (wahrscheinlich der schon abgeschnittene; vgl. *sal* = Zweig und *salmak* = werfen, abwerfen).

osm. ***sapmak̦*** (wie oben); ***saplamak̦*** = einschlagen, einrammen; ***sopa*** = Stock, Prügel; ***sap*** = Stiel, Stengel.

jak. ***ub*** = Heft, Stiel, Stengel (vgl. osm. *sap*).

kk. ***saptarmen*** = durchstechen; ***sabarben*** = schlagen; ***sap*** = Schaft; ***sapka*** = Sense (Haue).

čuv. ***sabak*** = Stengel, Stiel; ***sap*** = schlagen, dreschen, hauen.

II. *č*—.

čag. *čapmaḳ* = hauen, schlagen, eilen, rennen; *čapuḳ* = eilig, hurtig, schnell; *čapaul*, *čapau* = Ueberfall, Raubzug; *čapḳu* = Messer, Hacke; *čapḳi* = Hieb, Schnitt; *čap* = Galop; *čapḳun* = Plänkler, Geplänkel, Marodeur; *čauḳun* = der ins Gesicht schlagende Schnee oder Regen; *čapalamaḳ* = herumschlagen, zappeln; *čapḳulamaḳ* = aushauen, umherhauen; *čapḳulin* = Säbelgefecht.

az. *čapar* = Schnellreiter, Post, Kurier.

osm. *čapmaḳ* (wie oben); *čapa* = Haue, Hacke; *čabuḳ* = schnell, *čabalamaḳ* = trachten, sich bemühen (vgl. čag. *čapalamaḳ*); *čapḳin* = Schelm (vgl. čag. *čapḳun*).

čuv. *čop* = laufen, rennen; *čoptar* = umhertreiben, jagen.

jak. *čäpčäki* = leicht, von geringem Gewicht, gewandt, leichtsinnig (vgl. osm. *čapḳin*).

Mit weichem Vocale, d. h. mit inlautendem *e* ist diese Stammsilbe noch zu erkennen im čag. *čevik* und *čeber* = flink, eilig; ferner mit *ö* in folgenden Worten: *čöp* = Mist, Abfälle, Schnitzel; čuv. *sjüp* = Mist; čag. *čöpü* = Zwerg, wobei überall der Grundbegriff des Zerhackten, Zerhauenen, d. h. Häckerling, vertreten ist.

154.

Sat, sač, čač, čaš, mit Wort und Thal umherwerfen: schlendern, schleudern, phantasiren, faseln, umherstreuen, ausstreuen.

I. *s*—.

uig. *satḳamaḳ* = beschimpfen, schmähen; *satḳilmaḳ* = verachtet werden; *satḳun* = leichtfertig, geringfügig.

kaz. *satu* = leichtsinnig, unbesonnen; *satašmaḳ* = phantasiren, im Schlafe reden; *saču* = Saat (*songsaču* = Spätsaat).

čag. *sačmaḳ* = hin- und herwerfen, streuen, ausstreuen, säen; *sačiḳ* = Geschenk (von Untergebenen an Vornehme, d. h. das in üblicher Weise auf den Weg Gestreute); *sačuḳ*, *sačuḳ* = Tisch- oder Handtuch (d. h. das Ausgebreitete, Ausgestreute), der herabhängende Theil eines Kleides, Franse.

osm. *sačmaḳ* (wie oben); *sačma* = geringfügig, Kleinigkeit; *saču* = kleines Geschenk (die bei einer Hochzeit oder Festlichkeit ausgestreuten kleinen Münzen); *sačik* = zerstreut; *sačanaḳ* = Strichregen; *šašmak* = zerstreut oder betroffen sein; *šaškin*, Zerstreuter, Thor.
kk. *sazerben*, *t'at'erben* = säen; *t'at'ak* = Fransen, Lappen.

II. *č*—.

čag. *čašmaḳ* = sich verirren, den Verstand verlieren, zerstreut sein; *čačmaḳ* = schwatzen, faseln; *čačḳau* = Faselhans.
baškir. *čačmaḳ* = säen, ausstreuen; *čačrau*, *čačraḳ* = Funke (vgl. *kivilčun*, richtiger *kirilčun* = Funke, d. h. das Abgebrochene).
alt. *čač* = bestreuen, bespritzen, umherwerfen, säen; *čačïgï* = Libation, Opferspende.
az. *čašan* = der sinnlos Umhergehende.

Ob etwa das čag.-osm. *satmaḳ* (verkaufen), wenn wir dies im Sinne des Losschlagens, Verwerfens, Absetzens nehmen, hierher gehört, konnte einstweilen nur vermuthet werden. So heisst z. B. im čag. *satḳaḳ kiši* = ein verwerflicher, verkäuflicher Mann. (Vgl. das lautlich und begrifflich verwandte *saj* § 149.)

155.

Sek, *seg*, *sej*, *springen*, *hüpfen*, *entfliehen*, *entspringen*.

uig. *sekmek* = fliehen, entspringen.
čag. *segirmek*, *sigirmek* = springen, hüpfen, tanzen; *segirtmek*, *sigirtmek* = entspringen.
osm. *sejirmek*, *sejirtmek* (wie čag. *seg*).
kk. *sagerčrben* = hüpfen.
alt. *sekir* = springen, hüpfen; *sekirtkis* = Floh.

Von *sek* existirt nach dem Lugati Fazlullah Chan eine ältere Form mit hartem Inlaute, nämlich *siḳramaḳ* = springen, hüpfen, welche sich im osm. *sičramaḳ*, čag. *sačramaḳ*, baškir. *čačramaḳ* = springen, hüpfen erhalten hat.

156.

Ser, sar, schwer, mühsam, hart, steil, rauh, streng. rasch.

uig. ***serp, sarp***=schwer, schwierig, rauh (eine Formation, die ausserdem nur noch in *alp, ulb* [mächtig, von *al, ul*] und in *kulb* [Oehr, Ohr eines Gefässes, von *ḳul*=Ohr] vorhanden ist); ***serinmek***=sich anstrengen, sich bemühen; ***serirmek, sararmaḳ***=jemand Mühe verursachen; ***serim***=Fleiss, Anstrengung.

osm. ***sarp***=steil, rauh, schwierig; ***sert***=rauh, ätzend, streng, herb, stark (von Getränken); ***sirke, serke***=Essig (eigentl. herbes Getränk).

čag. ***serkmek***=auffahren, aufspringen; ***serkek***=auffahrend (der einen leichten Schlaf hat); ***serče, sirče***=flink, behend.

jak. ***sürük***=wachsam; ***sürün***=sich hüten.

Die eigentliche concrete Bedeutung vorliegender Stammsilbe ist mir unbekannt.

157.

Sev, seü, süj, soj, lieben, gern haben. Gefallen finden, freuen, erfreuen.

uig. ***sevük***=liebevoll, geliebt; ***sevüklük***=Liebe; ***sevinč***=Freude; ***sever, siver***=Freund; ***sojurmaḳ, sojurḳamaḳ***=erfreuen, beschenken (mittelst Geschenk jemand erfreuen).

čag. ***süjmek, süümek, sürmek***=lieben; ***süjgülük***=geliebt; ***süjünmek***=sich freuen; ***süjünč***=Freude; ***süjürgal****)=Geschenk (von Vornehmen an Untergeordnete), Liebesbezeigung; ***süjürgamaḳ***=jemand ein Geschenk geben; ***seugu, sauga***=Geschenk.

osm. ***sevmek***=lieben; ***sevgi***=Liebe; ***sevgili***=Geliebte.

---

*) Es ist dies das einzige Beispiel in der türkischen Sprache, wo die Vocalharmonie in den betreffenden Affixen unbeachtet blieb, was dem Umstande zuzuschreiben ist, dass dieses Wort, nur in der Schriftsprache vorkommend, von den persisch-mittelasiatischen Schriftstellern übermittelt worden ist.

alt. *sü* = lieben; *süjüm* = Liebe; *süg̃ünüš*, *süjünüš* = Freude.
kk. *séllirbek* = beschenken, bewirthen.
čuv. *sav* = lieben, herzen.

Hinsichtlich des concreten Begriffs ist es nicht unwahrscheinlich, dass *seü*, *süj* mit *sil*, *sür* = streicheln, liebkosen identisch ist. Hieran erinnert das čag. *silemek* = streicheln, lieben und alt. *süränüg* = liebreich. Soviel ist sicher, dass *sev* eine secundäre und *seü*, *süü*, *süv*, *süj* die primäre Form ist.

158.

Sij, šij, *pissen* (Onomatopöie).

čag. *šijmek*, *sijmek* = pissen; *sijdik* = Urin.
osm. *išimek* = pissen (*i* gehört hier nicht zur Stammsilbe und ist zur leichtern Aussprache des dem türkischen Sprachorgan schwer fallenden sibilanten Anlauts genommen worden); *sidik* = Urin.

159.

Sil, sij, sir, sür, siz, čir, čiz, *reiben*, *streichen*, *poliren*, *glätten*, *schmieren*, *malen*, *zeichnen*,

und die entsprechenden Hauptwörter theils concreten, theils abstracten Begriffs, wie:

Strich, *Linie*, *Reihe*, *Gemälde*, *Zeichnung*, *Schrift*, *Bild*, *Gesicht*, *äussere Form*,

ein weiter Familienkreis, den wir nach den verschiedenen Auslauten, weil diese am meisten variiren, vorführen werden.

I. —*l*, *j*, *v*.

uig. *silik* = glatt, rein, fromm.
čag. *silmek* = wischen, reiben, glätten; *silenmek* = streicheln, glätten, liebkosen; *sijdam* = glatt, glitscherig; *süjremek* = gleiten, schleifen; *süjüšmek* = ausgleiten.
osm. *silmek* (wie oben); *sülmen* = Schmiere, Schminke; *silki* = Wischtuch; *sivišmek* = entgleiten; *sijirmek*, *sivirmek* = glätten.
kk. *silik* = schön, rein.

II. —*r*.

čag. ***sirmak***=gleiten, wischen, streichen, abwischen; ***sirinčak***= Schleifbahn; ***sürmek***=reiben, streichen, aufstreichen, treiben; ***sürtmek***[a]), ***sürémek*** = gleiten, wetzen, schleifen; ***sirgi***[b]), ***sürgü***=Reihe, Ordnung, Strich, Zeichnung.

uig. ***serge***=Reihe, Ordnung, Strich, Schrift (damit ist nächstverwandt ***čerge***=Freibrief. Vergl. *jarlik* in der Anmerkung a).

osm. ***sürmek*** (wie oben); ***sürme***=Schminke, Strich, Linie, Riegel; ***sürgü***=Riegel; ***sürüsmek, sürtünmek***=sich anreiben, sich wetzen, sich schleppen.

alt. ***sür***[c])=streichen, zeichnen, einschneiden, Bild, Gesicht; ***sürli***=bemalen, eingravirt; ***sürtkün***=Schmiere.

čuv. ***sjür***=schmieren, glätten, reiben; ***sjir***=zeichnen, schreiben; ***sjiru***=Schrift.

jak. ***sirai***=Handtuch, Wischtuch; ***sirga***=Schlitten (ein gleitendes, rutschendes Fahrzeug); ***sürga***=Reihe (Strich); ***sürgäläs***=sich in eine Reihe stellen.

kk. ***sirben****, sigirben*=Striche ziehen; ***sor***=Schlitten (vgl. jak. *sirga*).

III. —*z*.

čag. ***sizmek***=streichen, liniiren, eingraviren, einschneiden (und von letzterm der übertragene Sinn des Empfindens, Schmerzes. So: ***sizgi*** = das Tippeln, das Stechen; vgl. ***sančmak***=stechen und ***sanču***=Bauchgrimmen); ***sizik***= Linie, Strich.

uig. ***sizik, sisik***=Stechen, Schmerz.

osm. ***čizmek***=liniiren, streichen; ***sizmak***=einschneiden, stechen, jucken; ***čizgi***=Linie; ***sizi***=Grimmen, Jucken; ***sezmek***= =empfinden, fühlen.

čuv. ***sis***=fühlen; ***sis'***=Empfindung.

alt. ***sez***=empfinden; ***sezik***=Empfindung.

Anmerkung [a]). Im Čuvaschischen heisst ***jirge***=Reihe, Ordnung, was auf eine ehemalige Stammsilbe mit auslautendem *j* schliessen lässt, von welcher auch noch anderweitige Beispiele vorhanden sind. So: ***jarlik***, ***jerlik*** oder ***jirlik***=Freibrief, eigentlich das Schreiben, und dieses ***jar***

10*

ist noch nach stattgefundener Erweichung im osm. *jazmaḳ* = schreiben vorhanden.

Anmerkung [b]). Von *sürt* ist mittelst Lautverschiebung das čag. *südremek*, čuv. *sjütre*, alt. *sürüre* = wegschieben, wegwälzen, wegstossen entstanden. Hinsichtlich der Begriffsverwandtschaft des in *sür* enthaltenen „reiben" und „treiben" sei nebenbei bemerkt, dass *sür* nicht so sehr verscheuchen, verjagen als vielmehr entfernen, beseitigen, reinigen bedeutet, wie dies aus den abgeleiteten Wörtern ersichtlich ist.

Anmerkung [c]). An den Begriff von Bild, Zeichnung reiht sich noch eine kleine, lautlich hierher gehörende, speciell auf Gesicht, Aussehen, Gesichtsfarbe, Schönheit u. s. w. Bezug habende Wortfamilie an. So:

čag. *čïraj*, *čïrai* = Gesichtsfarbe; *čïrajlïḳ* = Schönheit; *čïn*, *sïn* = Farbe, Aussehen (*mogul sïnlïk kiši* = von mongolischem Aussehen).

kir. *šïrai* = Physiognomie; *sïn* = Farbe, Aussehen; *sïndï* = von Aussehen (*tüjüče sïndï* = von der Gestalt eines Kamels).

jak. *sïrai* = Gesicht.

čuv. *sïn* = Gesicht, Gesichtsfarbe; *sïnsïr* = ungestalt; *sïr* = Farbe, Röthe.

alt. *čïraj*, *čïrajlï* (wie oben); *sïr* = Farbe, Röthe; *sïrla* = färben, bunt machen.

Fassen wir nun die Grundbedeutung vorliegender Wortfamilie etwas näher ins Auge, namentlich bei Erwägung der lautlichen Verwandtschaft des *sil*, *sij*, *siv* und *sib*, so wird sich ergeben, dass der nächstfolgende Artikel als seitwärts fallender Familienzweig auch hierher gerechnet werden muss.

160.

Seb, *siv*, *sim*, *süp*, *suv*, *glätten*, *streicheln*, *fegen*, *glatt*, *rein*, *heil*.

uig. *siba* = glatt.

čuv. *šima* = glatt; *šuv* = gleiten; *šuvir* = geglättet, scharf; *šuvirt* = glätten, wetzen, schleifen.

ćag. *sipalamak* = streichen, streicheln, glätten; *sipalmak*, *sipanmak* = ausgleiten, rutschen; *sipanźak* = Schlittschuhbahn; *sipürmek*, *süpürmek* = fegen, kehren, glätten; *süpse* = Besen; *süpsük* = Kehricht; *sivamak*, *suvamak* = anstreichen.

alt. *śiba* = mit Lehm beschmieren.

kaz. *sibirmek* = fegen; *sibirtki* = Besen.

osm. *süpürmek* (wie oben); *siva* = Anstrich, Bekleidung (einer Mauer).

jak. *siba*, *sibäbin* = schmieren; *sibak* = Schmiere; *sis* = Kehricht.

kk. *seberben* = kehren, fegen.

161.

Sir, *oben, obere Seite, auflegen, anlegen.*

ćuv. *sirt* = Rücken, oberer Theil; *sirin* = sich ankleiden; *sir* = bekleiden (vgl. *ket* = Rücken mit *ketmek* = anziehen, anlegen; magy. *ruhát felölteni* = ein Kleid anlegen).

ćag. *sirt* = Rücken, Bergrücken (*sirtiga almak* = etwas auf sich nehmen oder anlegen).

162.

Sok, *sog*, *sov*, *kühl, kalt.*

uig. *sokuk* = kalt; *sokutmak* = abkühlen.

ćag. *soguk*, *sovuk* = kalt; *sogmak*, *sovmak* = kalt werden, sich abkühlen.

osm. *souk*, *soumak*, *soghmak* = kalt, abkühlen.

alt. *sook*, *suuk* = kalt; *suut* = auskühlen.

jak. *soi*, *sojobun* = sich abkühlen.

kk. *sök* = Kälte.

ćuv. *sive*, *s'ive*, *solgin*, *soligim* = kalt, kühl; *siven* = sich abkühlen.

Das ćuvaschische Beispiel, wo *siv* und *sol* den gemeinsamen Begriff für kalt geben, im Verein mit dem Umstande, dass auch im ćag. und osm. *salkin* und *sejrin* (kühl, kalt) eine auf *l* oder *j* auslautende Stammsilbe vorhanden ist, lässt vermuthen, dass *sok*, *sog* keine primitiven, sondern secundäre Formen von *soj*, *sol*, *sal* (Wind, Kühle) repräsentiren.

Wir hätten hiermit eine analoge Wortbildung des magy. *tél* = Winter und *szél* = Wind, des griech. χεῖμα = Sturm und χειμών = Winter.

163.

Sok, sik, sig, sing, siñ, siñ, dem Grundbegriff nach: *eindringen, durchdringen*, im übertragenen Sinne: *hineinstecken, einhauen, einstechen, hauen, stechen; einsaugen, einnehmen, verdauen, sich einnisten, hineinpassen* u. s. w.

I. —*o*—.

čag. ***sokmak*** = stechen, hauen, hacken, schnitzen, hineinstecken; ***sokum, sogum*** = Schlachtvieh; ***sokuš, soguš*** = Kampf, Schlacht; ***sokmak*** = eingedrückte Stelle auf dem Boden, ausgetretener Weg, Pfad; ***sokulmak*** = sich einmischen, eindringen, sich einbohren; ***sogulžan*** = Wurm, Made, Holzwurm (eigentl. der sich einbohrt).

osm. ***sokmak, sokulmak*** (wie oben).

alt. ***suk*** = einstechen, hineinstecken.

čuv. ***suk*** = hauen, zwicken, stechen.

kk. ***soktärmen*** = stossen (eigentl. hineinstampfen); ***sôgak*** = Mörser.

jak. ***sūga*** = Hacke, Beil.

In den erwähnten Beispielen drückt die Stammsilbe die concrete Handlung des Hineinsteckens, Eindringens aus, in der nächstfolgenden, mit gedehntem *i*-Inlaute versehenen Form ist nebenbei auch noch die transitive Handlung ausgedrückt.

II. —*i*—.

uig. ***sikmak*** = Raum haben; ***sikkurmak*** = Raum oder Platz machen, jemand unterbringen; ***sikku*** = Zufluchtsort.

čag. ***sigmak*** = hineinpassen; ***siginmak*** = sich in etwas einfügen, Zuflucht nehmen, sich zurückziehen; ***sigurmak*** = unterbringen; ***sigmak*** = Schutz, Wehr; ***siginča*** = kleine Festung.

čuv. ***šinis*** = Raum haben, unterkommen; ***šinistar*** = unterbringen; ***šinar*** = Hütte.

Noch mehr tritt das erwähnte Verhältniss dort hervor, wo der auslautende Kehllaut nach stattgefundener Nasalirung in das verwandte *nk*, *ng*, *ñ* sich verwandelt hat. So:

uig. ***singmaķ***, ***singmek*** = eindringen, durchdringen; ***singimlik*** = einer, der überall ein- oder durchdringt, d. h. tapfer, tüchtig.

ćag. ***singmek***, ***süngmek*** = eindringen, einsaugen, verdauen (*taam midemge singmes* = mein Magen verdaut die Speisen nicht, wörtlich: die Speisen dringen nicht in meinen Magen; *derja ķumga singer* = der Fluss dringt oder sickert in den Sand); ***singürmek***, ***singüzmek*** = aufsaugen, eindringen oder verdauen lassen; ***singir*** = Nerv, Sehne, d. h. ein Sauggefäss; ***singek***, ***süngek*** = Fliege (Einsauger); ***süngür*** = Rotz, eigentl. dasjenige, was durchsickert; ***süngürlemek*** = rotzen.

osm. ***siñmek*** = verdauen, eindringen; ***süñger*** = Schwamm, Badeschwamm; ***siñek*** = Fliege; ***siñir*** = Nerv; ***sümük*** = Rotz.

kaz. ***süngü*** = das Durchsickern, das Einsickern; ***süngükremek*** = rotzen.

alt. ***ćingir***
kk. ***singererben*** } = rotzen, sich schneuzen.

jak. ***iñ*** = eindringen, eingesogen werden (von einer Flüssigkeit); ***iñür*** = einsaugen; ***iñir*** = Sehne; ***siñsli*** = eine Prise nehmen; ***sinsir*** = das Beriechen (das Einsaugen eines Geruchs).

Mit ***sing***, ***süng*** ist nächstverwandt das in seinem In- und Auslaute veränderte ***sanć***, ***sanž*** = zwicken, stechen, d. h. gewaltsam eindringen. So:

ćag. ***sanćmaķ*** = bohren, stechen *); ***sanću***, ***sanži*** = Bauchgrimmen (vgl. *burumak* = bohren und *buru* = Bauchgrimmen); ***sanžiķ*** = kleiner Speer; ***sanžaķ*** = Fahne (eigentl. der Speer, da diese Waffe mit einem Rosschweife versehen früher als Fahne diente. Vgl. *tüg* = langer, spitziger Körper und *tug* = Fahne).

osm. ***sanžlamaķ*** = durchbohren; ***sanžki*** = Gabel (Budagow); ***süngü*** = Bajonnet.

ćuv. ***sunu*** = Lanze, Spiess (eigentl. der Durchbohrer).

Zu erwähnen ist noch an dieser Stelle die Stammsilbe ***sin*** (brechen, zerbrechen), von welcher mit Recht ange-

---

*) Im Uigurischen bedeutet *sanćmaķ* eindringen, siegen, wovon der alttürkische Eigenname *Sanćar* (d. h. siegreich).

nommen wird, dass das auslautende *n* als ein passiv-transitives Affix und nicht als zum Stamme gehörig bezeichnet werden muss. Es existirt nämlich im Kudatku Bilik die concrete Form von ***simak*** = überwältigen, zerbrechen; so: *jakin simak* = den Feind besiegen; *köngül simak* = jemand das Herz brechen. Es muss ferner in Betracht gezogen werden, dass *sinmak* nicht wie *kirmak* von activer, sondern mehr von passiver Bedeutung ist und nur mit von sich selbst brechen, gebrochen oder zerbrochen werden übersetzt werden kann. So:

čag. ***sinmak*** = brechen, verfallen; ***singak***, ***sanik*** = gebrochen, zerbrochen.

osm. ***sinmak*** = eine Niederlage erleiden, zerfallen (so: ***sirb sindigi*** = die Niederlage der Serben, d. i. die Schlacht bei Kossowa); ***singun*** = bankrott.

jak. ***sintä*** = sich umbiegen; ***sin***, ***sinablu*** = zerdrücken.

kk. ***senerben***, ***senarmen*** = zerbrechen.

alt. ***sin***, ***sinik*** = brechen, zerbrochen.

164.

Sok, *sik*, *eng*, *dicht*, *fest*, *voll*, *gedrückt*, *geizig*, *blind*, *beengen*, *drücken*, *geizen*.

uig. ***sok*** = dicht, eng, blind, geizig; ***sokni*** = fest beisammen (vgl. *kat* = fest und *katni* = beisammen); ***sakir*** = taub; ***šök***, ***šük*** = ruhig, still; ***šükmek***, ***šük turmak*** = schweigen, still sein.

čag. ***sok***, ***suk*** = Neid, Geiz; ***sokur*** = blind, karg; ***sagir*** = taub; ***soklamak*** = neidisch werden; ***sik*** = dicht, fest geschlossen.

osm. ***sikmak*** = drücken, beengen; ***sikilmak*** = sich beengt fühlen, sich ärgern (vgl. *tar* = eng und *tarilmak* = zürnen).

kaz. ***sangrau*** = taub; ***sikna*** = Knauser, Geizhals.

jak. ***ik*** = ausdrücken; ***igis*** = sich gegenseitig drücken; ***iksa*** = dicht, nahe; ***iksat*** = beengen, drängen; ***uk*** = stechen, legen; ***sokkor*** = einäugig.

kk. ***sogur***, ***ségar*** = blind.

alt. ***sokor*** = blind.

Mit *s* eng verwandt in lautlicher sowol als begrifflicher Hinsicht sind ***tok*** (voll, satt) und ***tikamak*** (stopfen, füllen). Nicht minder reihen sie sich aber auch der vorhergehenden Stammsilbe an, inwiefern die Handlung des Eindringens, Einfüllens mit obigen allgemeinen Begriffen im engen Zusammenhange steht. Hinsichtlich der Begriffsanalogie des eng mit blind, karg mögen die Redensarten *eli tar* = karg (enghändig), *közi tar* = geizig, blind (engäugig) einigermassen als Aufklärung dienen.

185.

Sol, son, čol, čon, links, linkisch, ungeschickt, krüppelhaft, schwach.

čag. ***sol*** = Linke, links; ***solak*** = linkisch; ***čolak*** = ungeschickt. Krüppel; ***čonak*** = Menschen und Thiere mit fehlerhaften Körpertheilen.

kir. ***solakaj*** = linkisch; ***sonak*** = stumpf, krüppelhaft, ungeschickt.

kaz. ***solak*** = einarmig, armlos.

az. ***čolak*** = lahm, hinkend; ***čolpak*** = der alles verdirbt.

osm. ***čolak*** = Krüppel.

čuv. ***solagai*** = linke Seite.

Vgl. ***sak, sag*** (§ 122) = Rechte, recht, gesund, gut, vollkommen als begrifflichen Gegensatz. Hinsichtlich der Grundbedeutung von ***sol*** sind wir, da sein Wortkreis enger ist, nicht so ganz orientirt wie bei ***sak***.

186.

Sol, söl, soñ, söng, čol, čöl, welken, vertrocknen, zu Ende gehen, Ende.

I. —*l*.

čag. ***solmak*** = welken, dürr werden; ***solgun, sölpük*** = welk, dürr; ***čöllemek*** = ausdörren, sehr dursten; ***čöl*** = Steppe, Wüste, das ausgedörrte Land, zum Unterschiede von ***kir*** = Feld mit Vegetation.

kir. ***čölde*** = stark dursten.

II. —*n*.

čag. **sönmek**, **sünmek** = erlöschen (vom Lichte), herabfallen (von Sternen), ausgehen (vom Feuer); vgl. *aḍiḳi söndi* = sein Grimm ist erloschen; **sönük**, **süngen** = erloschen, ausgegangen; **song** = Ende, nach.
osm. **sönmek** (wie oben); **soñ** = Ende; **soñra** = nach.
čuv. **sjün** = erlöschen, zu Ende gehen.

167.

Sub, suv, su, Wasser, Glanz, Ehre.

(Hinsichtlich der Begriffsanalogie vgl. pers. *ab* = Wasser, Glanz; *ab-rui* = Gesichtsglanz, Ehre; *abi-schemschir* = der Glanz eines Schwertes und *abdan* = schön.)

uig. **sub** = Wasser, Glanz, Achtung; **subluḳ** = wässerig, glanzvoll, schön, geehrt.
čag. **su**, **suj**, **sju**, **suu** = Wasser, Email; **suluḳ** = schön, wässerig; **suvarmaḳ**, **sugarmaḳ** = tränken, begiessen; **susamaḳ**, **susamaḳ** = dursten; **susaḳ** = durstig.
osm. **su** (wie oben); **sulamaḳ** = begiessen; **susuz** = durstig.
jak. **u** = Wasser; **utui**, **utujabin** = zu Wasser werden; **utat** = durstig werden; **utaḳ** = durstig.
kk. **suk**, **sug**, **su** = Wasser; **sük** (*suguḳ?*) = flüssig.
čuv. **šu**, **šiva**, **šiv** = Wasser, Fluss; **šivar** = tränken.
alt. **su**, **sugat** = tränken; **suusa** = dursten.

168.

Sus, süs, süz, stocken, stehen bleiben, still sein.

čag. **sus** = matt, schwach; **susaḳ** = matt, betroffen, der aus Verwunderung stehen bleibt; **sustajmaḳ** = erschlaffen, ohnmächtig werden; **susun** = geronnene Milch (nach dem Lugati Chulassei Abbasi).
osm. **sus** = still, schweigsam; **susmaḳ** = schweigen; **susturmaḳ** = zum Schweigen bringen; **süzme** = geronnene Milch (vgl. čag. **susun**).
kk. **sodan**, **šodan** = stumpf.

Als hierher gehörend würde ich noch bezeichnen osm. *sis* = Nebel, eigentl. dichte Luft (vgl. *tum* = geschlossen, dicht und *tuman* = Nebel, Rauch); čag.-jak. *is* = starker Rauch; *sas* = Koth, Schmuz; kk. *sas* = Sumpf; čag. *sas(ik)* = Fäulniss, Gestank.

169.

Söz, sor, sur, *Rede, Wort, Laut, sprechen, reden.*

uig. *sözük* = Gerede, Rede; *sözči* = Sprecher.

čag. *söz* = Wort, Rede, Laut; *sözlemek* = sprechen, reden; *sözčin* = gesprächig; *sözcöl, sözaul* = Verkünder, Ausrufer (und nicht *sözlcöl*, was der Vermuthung Raum gibt, dass auch eine Verbalform *sözmek* oder *sözemek* existirt haben muss); *sormaḳ, soramaḳ* = anreden, ansprechen, fragen, kosten, untersuchen; *sorašmaḳ* = sich begrüssen, d. h. sich gegenseitig um das Befinden fragen; *soraḳ* = Erkundigung; *soragu* = Bettler, d. h. Anfrager, Ansprecher.

osm. *söz, söjlemek* = sprechen; *ses* = Stimme, Laut; *seslenmek* = einen Laut von sich geben.

alt. *sös* = Wort; *sorun, sorug* = Bitte, Gebet.

jak. *ös* = Wort, Rede, Nachricht; *östös* = zanken; *suraḳ* = Nachricht; *suragila* = fragen.

kk. *söz, söt* = Wort; *sölirben* = sagen; *södanerben* = reden.

čuv. *sas* = Stimme, Laut; *sumak* = Gerede, Wort; *sumaḳla* = reden, sprechen.

An das jak. *ös* reiht sich durch Weglassung des sibilanten Anlauts das čag. *öčc*, uig. *üče* = Wort, Gerede; ferner čag. *üčešmek* = Worte wechseln; čuv. *oďar* = reden.

170.

Süz, siz, sis, čüz, čöz, *trennen, absondern, theilen, auflösen, klären, losmachen, los, ohne.*

čag. *süzmek* = absondern, losmachen, läutern; *süzük* = geklärt, abgesondert, lauter, rein; *süzkeč* = Seiher (Absonderer); *sozmaḳ* = lösen, auseinanderbringen, ausdehnen; *čözmek* = losmachen, aufbinden, lösen; *süz, söz, siz* = ohne, los.

osm. *süzmek*, *sizmek* = filtriren, absondern; *siz*, *suz*, *söz* = ohne.
alt. *sis* = abtrennen, abstammen, loskommen (*adamnañ siskan enеden čikkan jangis men* = nur ich bin der vom Vater abstammende und von der Mutter geborene).
čuv. *sir*, *zir*, *ser*, *zer* = ohne; *sjür* = filtriren.
jak. *süör* = lösen, losbinden.

Trotz der Seite 138 ausgesprochenen Vermuthung ist die Etymologie des Wortes *süt* = Milch, der Grundbedeutung nach ein süsses Getränk, auch hier in Betracht zu ziehen.

171.

Süž, süč, čüč, ses, čeč, čič, süss, *schmackhaft, lieb, schön, zierlich, schmuck.*

uig. *süčik*, *süžük* = süss, Süssigkeit, Wein; *süčimek* = Gefallen finden, schmecken (vgl. *tat* = süss; *tatanmak* = gefallen); *čüček*, *čüčük* = Blume, Zierath.
čag. *süžük* (wie oben); *čüčük* = Saft, Süssigkeit; *süčimek*, *čüčimek* = schmecken; *čüčе*, *čüčün* = schön, Gast (ein angenehmer Mensch?); *čiček*, *čeček* = Blume, Zierath; *čičen*, *čečen* = gut, tapfer, Held.
kas. *süčü* = süss; *süčüži* = Mäkler (Versüsser, d. h. der mittelst Anrühmens oder Gefallenerweckens die Waare abzusetzen sucht).
osm. *süs* = Schmuck, Zierath; *čiček* = Blume, Arabeske.
čuv. *seske*, *čeček* = Blume, Blüte; *čečen* = rein, glatt.
kk. *č'eč'ek* = Blume.

172.

Tap, tab, tep, teb, tip, tib, tüb, *unten, unterer Theil, Grund, Boden, Sohle, Spur,*
und jede hierauf bezügliche Handlung, als:
mit den Füssen treten, in eine Spur treten, nachspüren, suchen, finden, sich erniedrigen, dienen, anbeten, ehren, achten.

I. —*a*—

čag. *tap*, *tab* = Tritt, Schlag, Spur, Narbe; *taban* = unterer Theil, Sohle; *tabanlik* = Gefolge (eigentl. der einem in die

Spur tritt, der untergeben ist); ***tabu*** = Stempel (eigentl. Eindrückung); ***tabuś, tavuś, tauś*** = Tritt, Laut des Trittes; ***tavuślamak*** = widerhallen (vom Schritte); ***taplamak*** = niedertreten, dünn treten oder schlagen.

Und der abstracte oder bildliche Begriffskreis, als:

tapmak = nachspüren, aufsuchen, finden (vgl. ***iz*** = Spur, Eindruck und ***izlemek*** = suchen); ***tapinmak*** = sich erniedrigen, anbeten, dienen; ***tapku, tapuk, tabuk*** = Dienst, Fund, das Gefundene; ***tapkur*** = die zum Beutesuchen ausgeschickte Colonne; ***tapiśmak*** = sich gegenseitig finden oder treffen; ***tapiśirmak, tapśirmak*** = sich gegenseitig anvertrauen, sich etwas übergeben.

uig. ***tap*** = Eindruck, Verehrung; ***taplamak*** = vertrauen, ehren.

alt. ***tap*** = Unterwerfung, Uebereinstimmen (*seniñ tabiñ bolziñ* = wenn es dir genehm wäre); ***tapir, tapkir*** = erfinderisch.

az. ***tapmak*** = finden.

kir. ***taptamak*** = stampfen, zertreten.

osm. ***tapmak*** = anbeten; ***tapamak*** = schlagen, treten; ***tapanża, tabanża*** = Schlag, Ohrfeige, Pistole.

jak. ***taptai*** = ebnen, platt machen, flach hämmern; ***tab*** = das Ziel treffen; ***tabis*** = sich gegenseitig treffen; ***tabin*** = Räthsel (was aufgefunden werden soll; vgl. osm. ***bulmaża*** = Räthsel und ***bulmak*** = finden); ***taptä*** = lieben; ***taptal*** = Liebe.

kk. ***tabarben, taberben, tafarmen*** = finden, das Ziel treffen.

čuv. ***tap*** = treten, stossen; ***tapran*** = sich rühren, sich sputen, zappeln, trippeln (osm. ***davranmak*** = sich eilen); ***top*** = auf die Spur kommen.

Hierher gehört noch das fast überall gleichmässig vorkommende ***toprak, tuprak*** = Erde, der Ort, auf dem herumgetreten wird, denn sowol dieses als auch *jer, jir* (eigentl. Raum) werden für *terra* nur im übertragenen Sinne gebraucht. Das ursprüngliche Wort für *terra* ist *kok* (vgl. § 70).

II. —*e*—

uig. ***tepmek, tepremek*** = zertreten, herumtreten, zerschlagen, rühren, bewegen; ***tepremikli*** = das Lebende, das sich Rührende.

čag. ***tepmek, tepremek*** (wie oben); ***tepkelmek*** = zappeln.

kir. *tepümek* = stossen; *tepke*, *töpke* = Stoss, Ausschlagen der Pferde.
osm. *tepmek* = tanzen, trippeln, treten, stossen.
jak. *tüb*, *tübübin* = mit dem Fusse stossen; *tübis* = stampfen.
kk. *tebermen*, *teberben* = mit den Füssen stossen.

III. —*i*, *ü*, *ö*—

uig. *töb*, *tüb* = der untere Theil, Abgrund, Boden, Ursprung; *töblük*, *tüblük* = was einen Ursprung hat, adelich, von edler Abkunft.
čag. *tüb* (wie oben); *tübün* = unten; *tübsüz* = grundlos, unbegründet.
alt. *tümün*, *tömön* = unten, unterer Theil; *tümünki* = der Untere, der Niedere.
koz. *tüb* = Grund, Boden; *töblemek* = Fuss fassen.
osm. *dib* (vgl. *töb*); *diblik* = was am Grunde sich befindet; *diblenmek* = untergehen.
kk. *tüp* = Grund; *töben* = hinunter.
jak. *töb* = gesetzt, Gesetztheit (vgl. uig. *töb*).
čuv. *tübja* = hinab.

An *tep*, *töb*, *tub* schliesst sich das nächstverwandte *tök*, *tög*, *tük* (vgl. § 199) an.

173.

Tak*, *tek*, *tag*, *teg*, *taj*, *tej, *anrühren*, *berühren*, *hinzulegen*, *hinzufügen*, *bis*, *bis zu* (d. h. der Zustand, in welchem zwei Körper sich berühren); ferner der bildliche Begriffskreis, als: *anlehnen*, *stützen*, *unterstützen*.

I. —*a*—.

uig. *taḳu* = hinzugefügt, zugleich, auch; *taḳmaḳ* = hinzugeben, hinzufügen, darauflegen; *taḳun* = angrenzend, zugleich; *ta* = auch, und; *toḳimaḳ* = berühren, anrühren; *toḳmaḳ* = klopfen.
čag. *taḳmaḳ* (wie oben); *taḳar*, *tagar*, *taḳav* = das Daraufgelegte (Decke, Hülle), das auf die Sohle des Pferdes gelegte runde Stück Eisen (Hufeisen); *taḳim*, *toḳum* = ein aus mehrern Theilen zusammengefügtes Ganzes; *taḳa*, *toḳa* =

Spange, Schnalle (d. h. der Zusammenfüger zweier getrennter Körper); *tokumak* = berühren, weben (d. h. Fäden nebeneinanderlegen); *takiśmak* = sich zusammengeben, zusammenstellen; *takinmak* = sich anhängen, sich an etwas anlegen; *tajanmak* = sich anlehnen (vom veralteten *tajmak* = anlehnen, hinzustellen); *tajak* = Lehne, Stütze, Stock zum Stützen; *tajané*, *taj* = Stütze, Macht, Ausdauer; *tajalmak* = hinhalten, Stütze leihen.

trkm. *tajav* = die Stange, an welche die Schiffer sich stemmen, um das Boot vorwärts zu bringen, Stütze, Lehne.

osm. *takmak*, *takim*, *dajak*, *dajanmak* (wie oben); *dachi* = auch, zugleich; *dokumak* = weben; *dokunmak* = anrühren.

alt. *táa*, *dáa* = zugleich; *tagan* (vgl. *takav*) = Hufeisen.

jak. *dagani* = auch, und; *tajak* = Krücke, Rohr.

čuv. *toju* = Stütze, Lehne, Stock.

kk. *tagarauerben* = flicken, ausbessern (eig. auflegen auf eine Oeffnung); *t'éganak*, *télhänäk* = Elnbogen, Stütze (vgl. čag. *tirsek* = Elnbogen und *tiremek* = stützen, anlehnen).

II. —*e*, *i*—

uig. *tekmek* = hinanlangen, berühren, angrenzen; *tek*, *teg*, *tekrü* = angrenzend, hinreichend, bis, bis zu; *tekinmek* (= *takinmak*) = sich anschliessen; *tekiśmek* = sich treffen, sich erreichen; *tekiś*, *tegiś* = Treffen, Schlacht, Geschicklichkeit; *tegäk* = Stütze; *tekimlik* = erreichbar.

čag. *teg*, *tig*, *tigru*, *tegin* = bis, bis zu, anstossend, angrenzend; *tegme* = ohne zu berühren, kaum; *tegdirmek* = berühren, zukommen lassen; *tegirmek* = dazu bringen, dazu legen (*köngül tegirmek* = Sehnsucht haben, das Herz zu etwas bringen); *tegizmek*, *tegüzmek* = anrühren.

kaz. *tejiś* = zugehörig, zuständig; *tejiśmek* = sich zu etwas anschicken.

osm. *dejmek* = berühren (mit Worten berühren, erwähnen), anlangen (*kolagima dejdi* = ich habe es gehört); *dejin*, *degin* = bis; *dejenek*, *dejnek* (vgl. *dajak*, *dajanmak* = Stütze, Stock, Lehne.

jak. *tii*, *tijäbin* = hinlangen, erreichen; *tiär* = zu etwas führen, erreichen lassen; *tigis*, *tiksäbin* = dicht zusammenstossen mit etwas; *tiksis* = zusammentreffen.

čuv. *tiv* = berühren, erreichen; *tük* = berühren, stossen, schlagen; *tügün* = sich berühren.

An das čuv. *tük* reiht sich das čag.-osm. *tögmek*, *döjmek*, *dövmek* = schlagen, anrühren und deren Derivata: *dögüšmek* = sich schlagen; *dögdürmek*, *döjdürmek* = geschlagen werden; *tögüš*, *dögüš*, *döjüš*, *dövüš* = Schläge. Dieselben Begriffe finden sich übrigens auch in hartlautigen Formen dieser Stammsilbe vor: *tokuš* = Kampf, Schlägerei; *tokušmak* = kämpfen, sich gegenseitig schlagen; *tokač*, *tokmak* = Stössel, Keile, Klöppel; *tokat* = Schlag, Ohrfeige; jak. *oguz* = klopfen; *oksa* = das Klopfen, bei welch letzterm der dentale Anlaut sich verwischt hat. Ferner: alt. *tokulda* schlagen, stossen; *toñlak* = Stoss, Schlag.

174.

Tak, tek, tik, tok, *schneiden, zerstückeln, zerreissen, zertrennen, zerstäuben, verdünnen, vermindern,*

und die eine solche Handlung interpretirenden Haupt- und Beiwörter, als:

Stück, Glied, einzeln, Theil, getrennt, dünn, seicht.

čag. *tak, tek, tikke* = einzelner Theil, allein, Stück, abgesondert (*tek kiši* = ein einzelner Mensch, *tek baruturgan* = der allein geht); *teklik* = Einzelheit, Abgesondertheit; *tagmak* = zerreiben (eine Beule); *taglamak* = zerstreuen, auseinanderwerfen; *tagitmak* = ausstreuen, erweitern, ausdehnen; *togramak*, *tokramak* = schneiden, zerschneiden, schnitzen.

kaz. *takilamak* = zerschneiden, durchschneiden.

osm. *dag* = Einschnitt, Narbe, Mal (fälschlich aus dem Persischen abgeleitet); *daglu* = mit einer Brand- oder Stichwunde versehen; *dagmak* = zerreiben; *daglamak* = zerstreuen; *daginmak* = sich zerstreuen; *daginlik* = Zerstreuung; *dogramak* = schneiden, schnitzen, hobeln; *dogramači* = Schreiner; *tek, tikke* (wie oben); *tikkelemek* = zerstückeln.

alt. *toor* = schnitzen, schaben (*toorlm agaš* = abgehobelter Baum).

175.

Tuk, taj, tog, *kahl, glatt, eben, gleiten, ausgleiten, rutschen.*

ćag. ***tak*** = glatt, eben, durchweg (nur als Verstärkungssilbe zu ***tüz*** gebraucht; so: *tak tüz* = ganz gerade); ***toka*** = Regel, Ordnung, Sitte, d. h. glatte, geordnete Zustände, und davon ***togru*** = in gerader Richtung, in Ordnung; ***togrutmak*** = gerade machen; ***takir*** = der feste, glatte Lehmboden in der Steppe; kahl, glatzköpfig; ***takrak*** = *takir*; ***takirlamak*** = kahl oder glatt machen, ebnen; ***tajmak*** = gleiten, glitschen; ***tajgak*** = schlüpfrig, glatt.

uig. ***tajik*** = schlüpfrig.

alt. ***tajiz*** = seichte Stelle eines Flusses.

osm. ***dogru*** = gerade, aufrichtig (vgl. ćag. *togru*).

t wird bei tieferm Einblick in den Begriffskreis von glatt, fest, hart als eine verwandte Form der Stammsilbe *kak* = dürr, getrocknet, trocken erscheinen, und es ist dieselbe Veränderung des Anlauts, die wir in der Bezeichnung des Begriffs von gleiten, glitschen auch anderweitig wahrnehmen; so:

osm. ***kajmak*** = gleiten, rutschen; ***kajak*** = schlüpfrig.

jak. ***kaltarii*** = ausgleiten; ***kaltirkai*** = glatt, Glätte.

Schliesslich ist vorliegende Stammsilbe noch in dem verwandten Anlaute *s* anzutreffen, nämlich in ***saj, sej*** (= *taj, tej*) in der Hauptbedeutung von seicht, glatt. So:

ćag. ***saj*** = seicht, klein (vom Wasser); ***sajluk*** = ein seichter Ort.

alt. ***sajjak*** = selten (vgl. *kuru* = trocken, leer, arm); ***saj*** = das kleine Gestein am Ufer eines Bachs.

az. ***sajirmak*** = abnehmen, vermindern.

osm. ***sejrek*** = selten (Comparativ vom ćag. *saj*).

kk. ***sai*** = Untiefe, Sandbank.

ćuv. ***saira*** = selten.

176.

Tal, tel, tar, ter, *gross, geräumig, ausgedehnt, von grossem Umfange, erweitern, ausbreiten, ausdehnen, ausstreuen, säen, darlegen.*

I. *l*—.

uig. ***talim, telim*** = viel, gross; ***talulamak, talimlamak*** = zunehmen, reich werden, sich vermehren.

čag. ***talai*** = viel, reich, gross; ***dalim, delim*** = viel; ***tala*** = das weite, ausgedehnte Feld, Steppe.

jak. ***tala*** = grosses Wasser, Gewässer; ***tälgät, tälgiä*** = ausbreiten, ausdehnen.

alt. ***talai*** = Meer, ein grosses, weites Wasser (vgl. osm. ***eñ*** = Weite, Breite und ***eñin*** = offenes Meer); ***tala*** = offenes Feld, Gegend.

Lautlich und begrifflich verwandt ist mit ***tal*** das in allen Turksprachen fast gleichmässig vorkommende Wort für voll. So: uig.-čag. ***tolu***; osm. ***dolu***; jak. ***tuol, toloru***; kk. ***tolo***; čuv. ***tol***, welches nicht nur *plenus*, sondern auch sehr, viel und stark bedeutet. So heisst es im Ostturkestanischen *tola obdan, tola jakši* = sehr schön, sehr gut; *tola ičkendir* = er hat viel getrunken.

II. —*r*.

uig. ***tarajer, terejer*** = Ausdehnung, Fläche, flacher Raum (*jazi tak tarajeri* = die Oberfläche von Berg und Thal); ***tarakmak, taramak*** = ausbreiten, ausstreuen, säen; ***tarakči*** = Ausstreuer, Säemann, Ackersmann.

čag. ***tarimak*** = säen, ausstreuen; ***tarik*** = Saat, Saatfeld; ***tari*** = Grütze, Saat; ***taratmak*** = auseinander gehen lassen (eine Armee); ***tarkatmak*** = ausstreuen, zerstreuen, zerstäuben; ***taraknak*** = kämmen, auseinander werfen, hecheln; ***tarak*** = Kamm (der Zerstreuer); ***teremek, terkimek*** = ausbreiten; ***terkinmek*** = sich ausbreiten; ***terki*** = das Tuch oder der Platz zum Ausbreiten der Waare, Ausstellung, Ausbreitung; ***tere, teri*** = Thal, Fläche (als Gegensatz zu *tak* = Berg); ***terek*** = Darlegung, Auseinanderlegung, Nachricht.

alt. *tara* = zerstreuen, aussäen; *tarkila* = auseinander werfen.
osm. *taramak* = säen, ausstreuen, kämmen; *tarla* = Saatfeld; *darmadar* (verdoppeltes *dar* nebst *ma* = und) = zerstreut, auseinander geworfen; *tarak* = Kamm; *dere* = Thal.
az. *daralmak* = sich zerstreuen; *dar-ba-dagan* = zerstreut (besteht aus *dar*, *ba* = *ma* und *dagan*; vgl. *tak* § 174).
jak. *targat* = zerstreuen; *tarā* = kämmen.
kk. *tarirben*, *târirben* = säen, kämmen; *tarlak* = Acker.
čuv. *tira* = Saat; *tora* = kämmen.

Noch ist eine Form zu registriren, bei welcher das anlautende *t* sich in *s* verwandelt hat, nämlich in:
čag. *sermek* = ausbreiten; *serilmek* = sich ausbreiten.
osm. *sermek* (wie oben); *sergi* = Ausstellung, Ausbreitung der Waaren zum Verkaufe (vgl. čag. *terki*).
kk. *sirä* = Bett, Ruheort (Platz zum Ausstrecken der Glieder?).
čuv. *sar* = ausbreiten.

177.

Tal, *dal*, *unten, hinten, nieder, untertauchen, untergehen, herabkommen, abstehen, ermüden.*

az. *dal* = hinten, unten, der niedere oder hintere Theil, Wurzel (Gegensatz von *kabag* = vorn, vorderer Theil); *dalmak* = untergehen, untertauchen; *daldalamak* = sich zurückziehen.
čag. *talmak* = untergehen, abstehen, ohnmächtig werden; *talik*, *talkan* = abgestanden, müde, schwach; *talikmak* = sich ermüden; *talgič*, *talguči* = Taucher.
alt. *tal* = ermüden; *taldir* = jemand ermüden.

Ob *terin*, *tering*, *tariñ* = tief, in älterer Form *teliñ*, *taliñ*, vielleicht aus vorliegender Stammsilbe entstanden, mag wol als Frage aufgeworfen werden. Auch darf andererseits nicht unberücksichtigt bleiben, dass *tal* in seiner Bedeutung von schwach, herabgekommen mit *jal* (§ 127) in gewisser Verbindung steht; in der Bedeutung von unten, nieder hingegen muss es entschieden als die Primärform von *al* betrachtet werden.

11*

178.

Tul, tul, dal, dul, nackt, bloss, einzeln, vereinzelt, verlassen, leer, Witwe, berauben, entblössen.

čag. ***tal*** = nackt, entblösst (*tal ḳilič* = nacktes Schwert), abgesondert, einzeln (*bir tal jigač* = ein Stück Baum), Baum, Zweig; ***tala — tala*** = einzeln, allein, abgesondert; ***talamaḳ*** entblössen, berauben (vgl. osm. *sojmaḳ* = jemand entkleiden und berauben); ***talan, talaś, talḳan*** = Raub, Beute, Räuberei, Hader, Gezänk; ***talaśmaḳ*** = sich gegenseitig berauben, sich zanken; ***tul*** = verlassen, leer, Witwe (vgl. *viduus — vidua*; kk. *erďoḳ* = Witwe (d. h. ohne Mann).

uig. ***tul*** = verlassen, düster, Trauer.

kir. ***dal*** (wie oben); *dal kiloo* = zerstückeln; *daldul* = halb nackt, zerlumpt; *dal neme, danneme* = rein nichts; ***talasbaḳ*** = zanken, streiten; ***tulda*** = Trauer einer Witwe nach dem Tode ihres Mannes; ***tulaḳ*** = eine magere Kuh oder Pferd; ***talai*** = einzeln, gesondert.

osm. ***dal*** (wie oben); *dal taban* = Barfüssler (nackte Sohle), feig; *dal ḳauḳ* = Schmarotzer (nackter Pelzhut); *dal sirt* = unbekleidet (nackter Rücken); ***dul (karî)*** = Witwe.

jak. ***tala, talābin*** = rauben, berauben; ***tali*** = das Rauben; ***tulaja*** = Witwe.

alt. ***tul*** = entbehren, bedürfen (*suga tulgan ḳojon diñ* = gleich einem wasserbedürftigen Hasen); ***tulaḳ*** = nackt, haarloses Fell; ***tul*** = Witwe.

kk. ***tul*** }
čuv. ***tuluk*** } = Witwe.

Vgl. die mit *t* verwandten Stammsilben ***jal*** (§ 127) und ***sal*** = wegwerfen (§ 152), welch letztere in der Grundbedeutung des Entbehrens im osm. ***salt*** = leer, bloss (*salt at*, ungesatteltes [leeres, nacktes] Pferd) sich vorfindet. Nicht zu übersehen ist ferner, dass ***tal, tul*** nach der normalen Veränderung des *l*-Auslautes in *n* in der Postposition ***tan, tin, ten, dan, din, den*** = von, aus sich erkennen lässt, ein Verhältniss, welches lebhaft an die Postposition ***siz, siz, suz*** (ohne, los) und die Stammsilben ***sez, siz, suz*** (losbrechen, abbrechen, absondern) erinnert. Und schliesslich ist *t* noch in *č* übergegangen. So:

čag. *čalmak* = schlagen, abhauen, schneiden, absondern.

osm. *čalmak* (wie oben), mit der Hinzugabe folgender Bedeutungen, als: stehlen (vgl. *talamak*), musiciren (ein Instrument schlagen); *čalik* = zerhauen, zerschlagen.

alt. *čali* = schneiden; *čala* = halb, Hälfte (*čula tindi* = halb lebendig). Hinsichtlich der Begriffsanalogie von schneiden und halb vgl. *bičmek* und *bučuk*, *jarmak* und *jari* (§ 133).

179.

Tam, tem, tim, tom, töm, tum, tüm, ton, tön, toñ, tün, *versammelt, vereint, fest, dicht, geschlossen, erstarrt, gefroren; Dunkelheit, Finsterniss, Nebel, Nacht, Kerker, Hölle, Steingebäude* (nach innerasiatischen Begriffen, d. h. fensterlos); *sammeln, stocken, frieren, erstarren* u. s. w.

Betreffs leichtern Verständnisses wollen wir hier bei der Eintheilung nicht die lautliche, sondern die begriffliche Entfaltung der Stammsilbe vor Augen haben und zuerst mit der Grundbedeutung des Sammelns, Vereinigens beginnen.

I. (Sammeln, anhäufen.)

uig. *tom* = viel, angehäuft; *tömen* = Haufe, sehr viel; *tömenmek* = sich vermehren.

alt. *tem* = gesammelt, vereinigt; *temeš* = sich einigen; *temiktir* = vereinigen.

čag. *tomanmak* = sich vermehren; *tumar* = Haufe, Knäuel, Talisman (Bündel, in welchem das Schreiben aufbewahrt wird); *tömen* = Haufen, Menge, Fülle, Bezirk; *tomušmak*, *dumšajmak*, *dumsajmak* = sich zusammenziehen, sich zusammenkauern, (und in übertragener Bedeutung) sich betrüben, schmollen; *tomluk*, *tömlük* = Menge, Dicke, Dichtheit; *tömmek* = anschwellen.

jak. *tomuruon* = gross an Umfang.

čuv. *tuman* = Unzahl.

Mit der Grundbedeutung des **Zusammenziehens, Erstarrens** werden wir solche Körper und Naturerscheinungen im Zusammenhange finden, deren Beschaffenheit den Zustand der **Dichtheit, Geschlossenheit** und **Dunkelheit** bedingt. So:

II. (Dichte, feste Körper.)

čag. ***tam, tim*** = Steinhaus, Gemäuer; ***tamuk*** = Hölle (finstere, geschlossene Oertlichkeit); ***tamaḳ, tamur*** = Ader, Kehle, Schlucht, Schlund (eigentl. der hohle, enge und finstere Gang; so: *tag tamuri* = ein finsterer, hohler Weg im Berge); ***temir, temür, timur*** = Eisen, eisenfest. (Vgl. *temirbaš* = Steinkopf, harter Kopf, eigensinnig; *temir ḳazik* = Nordstern, wörtlich: eiserner Pflock, d. h. der unbewegliche Stern.)

uig. ***tamuḳ, tamu*** = Hölle.

osm. ***tamu*** (veraltet) = Hölle; ***tumruḳ*** = Gefängniss (*tumruḳ agasi* = Gefängnisswächter); ***demir*** = Eisen (*demir kanli* = unerschrocken, d. h. von eisernem Blute).

alt. ***tim*** = fest, unbewegt, dicht, still; ***timl*** = still werden (*salḳin timl berdi* = der Wind ward still).

čuv. ***tamlḳ*** = Abgrund, Hölle (vgl. čag. *učmak* = Abgrund und Hölle); ***timar*** = Wurzel, Ader.

jak. ***timir*** = Eisen; ***timirtsit*** = Grobschmied.

III. (Finsterniss, Dunkelheit.)

uig. ***tumliḳ*** = finster, dicht, dunkel; ***tumlitmaḳ, tumritmaḳ*** = verfinstern, verdunkeln, betrüben; ***tön, tün*** = Nacht, Finsterniss; ***tünerik*** = finsterer Raum, Mutterleib (*erik?*); ***tünek*** = Gefängniss, finstere Räumlichkeit; ***tünemek, tünenmek*** = sich verfinstern, sich in Gedanken vertiefen.

čag. ***tuman*** = Nebel, dichte Atmosphäre; ***tün*** = Nacht; ***tünmek, tonmak, tunmaḳ*** = Nacht oder finster werden, nachsinnen, sich in Gedanken vertiefen; ***tünekün*** = gestern; ***tonḳatar (tunḳatar)*** = Nachtwächter (der die Nacht hindurch herumgeht).

jak. ***tüñ*** = dicht, undurchdringlich; ***tün*** = Nacht, Mitternacht; ***tuman*** = Nebel.

osm. ***dün*** = gestern (vgl. slaw. *večer* = Abend und *věra* = gestern;

lat. *vesper* und deutsch *gestern*, engl. *yester*); *duman* = Nebel, Rauch.

alt. *tün* = finster, Nacht; *tünér* = dunkel werden, sich verfinstern; *tünerik* = Finsterniss (vgl. uig. *tünerik*).

kir. *tünümek* = die Nacht durchwachen; *tünkatao* = der die ganze Nacht hindurch reist.

kk. *tün* = Nacht, gestern; *tan* = Nord, Nordwind (vgl. trkm. *temir kazik* = Nordstern, Nord; magy. *éjszak* = Nacht und Nord).

IV. (Erstarrung, Frost).

uig. *tong* = Frost; *tongsak* = fröstelnd, kalt.

čag. *toñ*, *tong* = Frost; *tongsak* = gefrieren; *tonglu* = gefroren (*tonglu jagmur* = Hagel (gefrorener Regen).

osm. *doñ* = Frost; *dolu* (von *doñlu jagmur*) = Hagel.

jak. *tîmni* = kalt; *toñ* = gefroren, fest, compact (so: *toñ mučča* = Stockrose); *toñni* = frostig; *toñor* = frieren.

čuv. *tum* = Frost.

kk. *tong* = gefroren; *tongur* = Schneekruste.

alt. *toñ* = hart, fest, gefroren (*toñ torko* = feste Seide).

Ich glaube, die Zusammengehörigkeit der vorgeführten Begriffe bedarf keiner andern Belege. Es muss nur bemerkt werden, dass die Stammsilbe bei den auf **Erstarrung, Frost** Bezug habenden Wörtern in den meisten Fällen das auslautende *n* in *ñ*, *ng* verwandelt, einigemal aber auch, wie im Jakutischen und Čuvaschischen, das ursprüngliche *m* beibehalten hat.

180.

Tam, dam, tim, *Tropfen, tröpfeln, siegeln.*

uig. *tamka* = Tropfen, Siegel (früher ein zur Bekräftigung oder Unterschrift eines gegenseitigen Vertrags auf das officielle Actenstück fallen gelassener Blutstropfen, welcher später durch rothe Farbe [*al tamga*] ersetzt wurde); *tamkalamak* = träufeln, siegeln; *tamusmak* = triefen lassen, vergiessen.

čag. *tam*, *tim* = Tropfen; *tammak*, *timmak* = triefen; *tamlamak* = träufeln; *tamsimak* = tropfenweise trinken; *tamga* = Siegel.

kir. ***tamši*** = Tropfen; ***tamšïlu*** = tropfenweis.
osm. ***damla*** = Tropfen, Schlag (Apoplexie); ***damlamaķ*** = tröpfeln; ***damga*** = Siegel.
jak. ***tammuķ*** = Tropfen; ***tammalā*** = tröpfeln.
kk. ***tâmer*** = Quelle (Tropfquelle); ***tamdelirben*** = fliessen, rinnen.
čuv. ***tamga*** = Siegel; ***tomla*** = triefen; ***tomlaķ*** = Tropfen.

t scheint aus einer Lautnachahmung des herabfallenden Tropfens, des Schlages, den derselbe verursacht, entstanden zu sein. Ein anderer Zusammenhang ist mir nicht einleuchtend.

181.

Tañ, teñ, tiñ, tüñ, *Licht, Morgenröthe, Helle, Himmel, Gott, glänzen, strahlen, scheinen.*

uig. ***tang*** = Tagesanbruch, Tageslicht, Licht; ***tangmaķ*** = anstarren, anstaunen, bewundern (eigentl. hell oder strahlend sein); ***tangri*** = Gott, Himmel; ***tangsuķ*** = das Wunder, das Blendende; ***tüngmek, tingmek, tinmek*** = scheinen, strahlen, glänzen (*jašiķ tingliķi* = Sonnenschein).
čag. ***tang*** = Tagesanbruch (*tang julduzi* = Orion); ***tanglamaķ, tang atmak*** = hell werden, grauen; ***tangsuķ, tansuķ*** (wie oben); ***tangizgamaķ, tansuķlamaķ*** = wundernehmen, neugierig, lüstern sein; ***tangri, tingri, teñgri*** = Gott; ***tüng*** = Fenster (nach Lugati Fazlullah Chan); ***tünglük, tünlük*** = Lichtloch, Rauchloch, Oeffnung oben am Zelte.
osm. ***dañ*** = Tagesanbruch, Verwunderung (*daña ķalmaķ* = überrascht sein); ***diñliķ (ajdiñliķ)*** = Helle, Mondschein (vgl. uig. *jašiķ tiñligi*); ***tañri*** = Gott.
alt. ***tang*** (wie oben); ***tañda*** = grauen, staunen; ***teñere, tegri*** = Himmel.
jak. ***tañara*** = Himmel, Gottheit, Gott; ***tiñ*** = Morgenröthe, Tagesanbruch; ***tünnük*** = Fenster; ***tünnä*** = gegerbtes Elennfell (von dem glatten, glänzenden Aeussern so genannt; vgl. ***jargaķ*** = gegerbtes Fell und ***jaruķ*** = strahlend, glänzend).
kk. ***tang*** (wie oben); ***d'ün, d'üjan, t'üjan*** = Gott.
čuv. ***tóra, tór*** = Gott, Gottheit; ***tüne*** = Lichtloch, Oeffnung zum Herauslassen des Rauchs.

So wie an die Bedeutung von **hell, licht, klar** auch in andern Sprachen der Begriff des Erhellens, Erleuchtens,

Erkennens, Klarwerdens u. s. w. sich anreiht (vgl. deutsch *weiss* und *wissen*), ebenso dünkt mir *tang* mit *tan, tañ* = wissen, erkennen, einleuchtend sein in naher Verwandtschaft zu stehen. Den persischen Ursprung von *tan, dan* entschieden in Abrede stellend, wollen wir daher letztgenannte Wortfamilie hier anführen.

uig. *tanuk̦* = Beweis, Zeuge, Zeugniss; *tanuk̦luk̦* = Erkenntniss.

čag. *tanimak̦* = kennen, erkennen, wissen; *tanglamak, tanlamak* = (successive erkennen) wählen, prüfen, kosten, aussuchen, errathen; *tangla* = Gaumen (eigentl. der Prüfer, Versucher); *tamišmak̦, tanišmak̦* = sich gegenseitig erkennen, Bekanntschaft machen oder pflegen.

kir. *tangdabak̦* = erkennen.

jak. *tañalai* = der harte Gaumen (vgl. čag. *tangla*).

kk. *tangma* = Kennzeichen, Merkmal (nicht zu verwechseln mit *tamga* § 180).

alt. *tanï* = wissen, kennen.

182.

Tar, ter, *eng, schmal, dicht; beengen, zusammenziehen, vereinigen, sammeln, zusammenbringen.*

I. —*a*—.

čag. *tar* = eng, fest; *tarlik̦* = Enge, Beengung (*elik tarligi* = Kargheit; *köngül tarligi* = Beklemmung, Zorn); *tarimak̦, tarikmak̦* = beklommen, beengt sein, zürnen, böse sein (vgl. *k̦iz* = eng und *k̦izmak̦* = zürnen); *tarik* = zornig, beengt, beklommen; *taritmak̦, tariltmak̦* = jemand beengen, zürnen; *tartmak (tar-etmek)* = zusammenziehen, ziehen, in die Länge ziehen, dauern.

osm. *dar* = eng; *darilmak̦* = sich beengen, zürnen; *dargin* = zornig; *tartmak* = wiegen (eigentl. ziehen, weil da zumeist von einer Zugwage die Rede ist. So auch pers. *kešiden* = ziehen und wiegen).

alt. *tarin* = sich ärgern, zürnen; *tarinčak̦* = zum Zorn geneigt.

kk. *tar* = eng; *tarancrben* = sich ärgern, zürnen.

jak. *tarendak̦* = böse, zornig; *tard, tardabin* = ziehen.

čuv. *tort* = anziehen, ziehen, schleppen, Tabak rauchen (vgl. osm.

tütün čekmek; pers. *tombaku kešiden* = Rauch oder Tabak ziehen, d. h. rauchen).

II. *—e—*.

uig. ***termek*** = sammeln, zusammenziehen; ***terenmek*** = sich zusammennehmen; ***terken*** = Haufe, Zusammenziehung (*čerik terkeni* = Truppenanhäufung).

čag. ***termek, tirmek*** (wie oben); ***terim, tirim*** = das Zusammensuchen der Aehren, Nachlese; ***terme, tirme*** = Sammlung; ***terki*** = Ranzen (Ort oder Gefäss zum Sammeln einzelner Gegenstände); ***tergemek*** = zusammenkoppeln.

az. ***dermek, dirmek*** = sammeln.

osm. ***dirim*** (von *dirmaḳ*) = Haufe; ***dirinti*** = Versammlung; ***direng*** = Reunion.

kaz. ***tirgemek*** = zusammenheften, zusammennähen.

kk. ***têrirben*** = sammeln.

čuv. ***targan, torgan*** = Sammler, Oberhaupt. (Hierin liegt denn auch die wahrscheinliche Bedeutung des bekannten Titels *tarchan, terchan,* uig. *tarḳan,* das wir gewöhnlich mit Fürst, Oberhaupt übersetzen.)

Als zu ***t***, namentlich als zur zweiten Form dieser Stammsilbe gehörig kann bezeichnet werden das fast überall gleichmässig vorkommende ***čerig, čerik*** = Heer, Truppe; der Wortbedeutung nach Haufe, Versammlung, was auch aus der Redensart *čerik tartmak* = eine Armee, eine Truppe zusammenziehen, und aus der Verbalform ***čerkenmek*** (eine Nebenform von *terkenmek*) = sich ansammeln hervorgeht.

183.

Tat, dat, *fest, ruhig, gelassen, friedlich, genehm, angenehm, süss, geschmackvoll.*

čag. ***tat, tatik*** = aufrichtig, solid, Süsse, Geschmack; ***tatiḳliḳ, tatlig*** = süss, schmackhaft, angenehm; ***tattu, tatu*** = Vereinigung, Verständigung, Willfahrung; ***tatuluḳ*** = genehm, gefällig, willfährig, friedlich; ***taturmaḳ*** = kosten; ***tatanmaḳ, tatulašmaḳ*** = sich willfährig oder gefällig zeigen, sich vergleichen, Frieden schliessen; ***tuči*** (von ***tutči***) = süss (so: *tuči su* = Süsswasser; *tuči tilli* = der eine süsse Zunge hat); *tačik* (von *tatčiķ*), *tažik* = der Name, mit welchem Türken und Mongolen die friedliche sesshafte Bevölkerung bezeichnet haben. So benannten auch die eindringenden Araber den Iranier Mittelasiens und so wird er noch heute genannt. *Tažik* hat daher mit dem Worte *tazi*, wie früher fälschlich angenommen wurde, nichts gemein. *Tazi* war der altpersische Ausdruck für Araber und Mohammedaner, ja das armenische Volk bezeichnet selbst noch heute mit dem Namen *tažik* jeden Moslem, welcher Nationalität er auch immer sei.

uig. *tatiķ* = angenehm, gefällig, süss.

alt. *tedü* = friedlich, ruhig, willfährig; *tattu* = süss.

kaz. *tat* = Geschmack; *tatli* = süss; *tatiu* = Friede, Willfahrung; *tatiulaniš* = sich friedlich oder willfährig zeigen.

kk. *tâdelčk*, *tâdeliķ* = angenehm, schmackhaft.

čuv. *tačak* = gefällig, bei der Hand; *tut* = Geschmack; *tutta* = süss, schmackhaft.

Die Grundbedeutung von *t* ist: fest, solid, ruhig, friedlich, wovon die übertragenen Begriffe: sanft, süss und genehm entstanden sind. Ob nun *tat*, von welchem auch die Form *tut* sich erhalten hat, mit *tut* = fest, fassen, halten verwandt sei, lässt sich wol vermuthen, aber noch nicht nachweisen.

184.

Tek, tök, teg, tög, töng, tej, töj, tev, töv,
Kreis, Runde, herum, ringsherum, drehen, umkehren, wenden, kreisen.

uig. *tekri* = herum, in der Umgegend; *tekrilmek* = sich drehen, kreisen; *töngmek* = sich umkehren, sich umwenden.

čag. *tekre*, *tegre*, *tigre* = im Kreise herum; *tekre-taš* = die ganze Umgebung; *teker*, *tekir* = Runde, Kreis (*tekir baš* = Rundkopf); *tekerme* = Rundung, Runde; *tekerčik* = Rad, Rädchen; *tekerlemek* = wälzen; *tekrenmek* = sich im Kreise bewegen; *tegirmen*, *tekirmen* = Mühle; *töge* = Hügel (Rundung); *tögremek*, *tögermek* = umdrehen, umstürzen, rund machen; *tögül* = Ballen, Knäuel; *teverek*, *töverek* = Runde,

Umgebung; ***tevrik, tövrük*** = umgestürzt, umgedreht, umgekehrt.

kir. ***tökre*** = im Kreise herum; ***tökerek, töngerek*** = rund, Runde; ***töngerlemek*** = sich im Kreise drehen; ***töngül, tüngül*** = Achse; ***döngelek*** = rund herum.

alt. ***tegerek*** = Rad, Kreis, Runde; ***tegilek*** = runde kleine Münze; ***teermen*** = Mühle; ***togolok*** = rundförmig; ***togolon*** = sich wälzen.

osm. ***teker*** = eine runde Bewegung, Purzelbaum; ***tekerlemek*** = rollen, wälzen; ***tekerlik*** = Rad; ***degirmen, dejirmen*** = Mühle; ***dinil*** = Achse; ***dönmek*** = umkehren, sich wenden; ***devirmek*** = umstürzen; ***devrik*** = umgestürzt, umgekehrt.

jak. ***tögürük*** = rund, Kreis; ***tögörüččü*** = rund herum; ***tögörüi*** = im Kreise gehen; ***tökünüi*** = hinunterrollen; ***tönün*** = umkehren; ***tönnör*** = umkehren lassen.

čag. ***tügür*** = Astrolab; ***tügürt*** = Spiegel (im östlichen Asien und Mittelasien noch heute von kreisförmiger Gestalt).

Der Anlaut *t* in vorliegender Stammsilbe und zwar in der auf *v* auslautenden Form ist auch in dem verwandten *č* anzutreffen; so:

osm. ***čevirmek*** = drehen, wenden, umwenden; ***čevre*** = rund herum, Kreis, Umgebung (vgl. *tekre, tevre*); ***čevresini almak*** = etwas umringen; ***čevre*** = Tuch (eigentl. ein Zeug, das zum Umwickeln verwendet wird).

az. ***čövürmek*** = kreisen, umringen; ***čövrük*** = Umkehr.

čuv. ***sjavr*** = wenden; ***sjavrin*** = sich umwenden.

185.

Tek, teg, tej, teng, tiñ, deg, dej, deñ, *eben, glatt, gleich, gleichartig, ähnlich, gleichwerth, werth, werth sein, aufwiegen, wiegen, erwägen, probiren, Gleiches für Gleiches geben,* d. h. *tauschen.*

uig. ***tek*** = gleich, ähnlich; ***teng*** = eben, gerade, Ordnung, Regel, Richtschnur; ***tenglemek*** = richten, in Ordnung bringen; ***tengešmek*** = sich gegenseitig aufwiegen, helfen.

čag. ***teg, tig, dek, dik*** = gleich, als wie (***mentig*** = gleich mir; *barirdik* = als wenn er ginge, dem Gehen ähnlich); ***tegiz,*** *tigiz*=glatt, eben, flach; *tegmek*=werth, aufwiegen, entsprechen; *teger*, *tegiš* = genügend, entsprechend, Werth, was aufwiegt; *tegišmek*, *tikišmek* = sich gegenseitig aufwiegen, austauschen, tauschen, eins für das andere geben; *teng*=Gleichgewicht, Ordnung, Gegengewicht; *deñ, diñ* =glatt, gleich, gerade (*ne deñlu*, *ne deñlü*=was für ein? was gleich?); *teng-tüz*=ganz gerade, ganz eben; *teñlik*= Geradheit, Werth; *tengmek*, *deñlemek*=wiegen, probiren; *tengšemek*, *diñšemek* = sich ausgleichen, gegenseitig das Gleichgewicht herstellen.

kir. *tik, tig, tigiz, ting*, vgl. *tek*, *tegiz*, *teng*; *tigmek*, *tijmek*=werth sein.

osm. *deñ*=Gleichgewicht; *deñlu*=so viel als, im Werthe von; *deñmek*, *deñemek* = erwägen, versuchen; *dejmek* = werth sein; *dejišmek*=tauschen.

alt. *tiñ* = glatt, eben; *tij, dij* = gleich, eben; *tekši* = eben, gerade.

jak. *tüñ*=glatt, eben, gleich; *tüñnä*, *tüñnibin*=vergleichen; *tüñnii*=sich ausdehnen (eigentl. flach, eben werden).

kk. *teg*=gleich, als wenn; *teng*=eben; *tengnirben*=ebnen.

čuv. *tan, tigis*=glatt, eben, gleich; *tanaš*=gerade werden; *tanaštar*=ebnen, gerade machen.

Der enge lautliche sowol als begriffliche Zusammenhang des angeführten Wortschatzes bedarf wol keines weitern Commentars.

186.

Ter, tir, tes, tis, rührig, beweglich, flink, lebendig, sich rühren, sich bewegen, leben.

I. *r*—.

uig. *teri*, *terk*=eilig, sicher, behend, wohl, frisch; *terkin*=auf der Stelle; *tirik*, *tiriklik*=lebendig, Leben; *tirikmek*= lebendig sein, leben.

čag. *teri*, *tiri*, *tirik*=hurtig, flink, behend, lebendig; *tirilmek* =leben; *tirimek*=sich rühren, sich bewegen; *tiritmek*= bewegen, lebendig machen; *tirgüzmek*=beleben.

alt. *tiril*=erbeben, zittern (*tengeri tirler*=der Himmel zittert, Bud. nach Radl.); *tür*=hurtig, flink; *türü*=lebendig.

jak. **tilin**, **tiläbin** = lebendig werden; **tilinnär** = beleben; **tilli** = das Leben.
osm. **diri** = lebendig; **dirilmek** = lebendig werden; **tiril** = bebend, zitternd.
čuv. **čiri** = lebendig; **čiril** = aufleben; **čirit** = beleben.

II. —*s*, *z*.

čag. **tes**, **tez**, **tis** = schnell, flink, eilig (nicht persischen Ursprungs, wie allgemein angenommen wird); **tiskinmek** = hurtig sein, sich rühren, sich bewegen, zittern; **tizlemek** = eilen.
uig. **teskinmek** = sich bewegen.
alt. **tes** = laufen, davonlaufen.
jak. **täskiliä** = vor einer Gefahr davonlaufen; **tüsi** = scheu, Scheuheit.

187.

Ter, tir, *Nässe, Schweiss, nass, frisch.*

čag. **ter**, **tir** = Schweiss, nass; **terlemek** = schwitzen; **teretmek** = benässen.
osm. **ter** = Schweiss; **tere** = frisch (*tere jag* = frische Butter; *ter taze* = ganz frisch, mit Bezug auf den nassen grünen Zustand eines Körpers); **terlik** = Schweissdecke, Schweisstuch.
jak. **tirit** = schwitzen; **tülliä** = Schweissdecke.
čuv. **tir**, **tar** = Schweiss.

Auch hier muss speciell hervorgehoben werden, dass **ter** nicht dem Persischen entlehnt ist, vielmehr das Umgekehrte das Wahrscheinlichere ist.

Ter, tir, *unrein, ungeschickt, umgekehrt.*

uig. **ters** = barbarisch, schlecht, ungeschickt.
čuv. **tiris** = Unrath.
osm. **teres**, **teres** = schlecht, unrein, ungeschlacht; **ters** = verkehrt, schlecht, ungerathen (hiervon *ters-chane* = Arsenal, d. h. das Haus der Unreinen, weil in demselben anfänglich nur Ungläubige verwendet wurden).

Ters = verkehrt ist ferner noch im čag. *teskeri* = verkehrt zu erkennen, bei welchem das *r* weggefallen ist. Hinsichtlich der Bildung vgl. *ič*, *ičkeri*.

188.

Til, *dil*, *Zunge, Sprache, Wort, reden, verlangen, bitten, betteln.*

uig. ***til*** = Zunge, Sprache; ***tilek*** = Verlangen, Wunsch; ***tilekči*** = Bettler; ***tilekli*** = der ein Verlangen hat; ***tilmeči*** = Dolmetsch (eigentl. Sprecher).

čag. ***til***, ***tilek*** (wie oben); ***tilči*** = Spion, Berichterstatter; ***tilemek*** = reden, verlangen; ***tilenmek*** = sich etwas wünschen, betteln; ***tilmanč*** = Dolmetsch; ***tilmürmek*** = mit Verlangen nach etwas blicken.

kir. ***tilemsek*** = zudringlich, überredend; ***tildik*** = geschwätzig.

alt. ***tilmeš*** = Dolmetsch; ***tilmešte*** = übersetzen, verdolmetschen; ***tilbilen***, ***tilbirke*** = sehnsuchtsvoll sein oder blicken.

osm. ***dil*** = Zunge, Sprache, Nachricht; ***dilenek*** = betteln; ***dilenči*** = Bettler.

jak. ***til*** (wie oben); ***tilbas*** = Dolmetsch; ***tilla*** = benachrichtigen.

kk. ***tèl*** = Zunge.

čuv. ***kil'*** = Gebet; ***čil*** = Zunge, Aussprache; ***kil'gil'*** = beten.

kas. ***kelja***, ***telja*** = bitten, beten; ***keljan*** = Bitte, Gebet.

Ob nicht vielleicht das čag.-osm. ***timek***, ***temek***, osm. ***dijmek***, ***demek*** = sagen, reden von vorliegender Stammsilbe abstammt? Zu einer solchen Annahme verleitet stark das alt. ***te***, čuv. ***tè*** = sprechen, reden.

189.

Tin, *tim*, *tiñ*, *tinč*, *Seele, Athem, Athemzug, Athem holen, verschnaufen, ruhen, ruhig sein, aufhören, anhören.*

uig. ***tin*** = Seele, Athem, Hauch, Dunst (in letzterer Bedeutung ist dieses Wort im Türkischen und Neupersischen auch in der Form von ***dem*** vorhanden; seine iranische Abkunft ist daher entschieden falsch); ***tinmak*** = athmen; ***tinikli*** =

Athmende, Lebende; *tinlik* = belebt; *ting, tinč* = ruhig, Ruhe; *tinïürmek* = beruhigen.

čag. *tin, tem, dem* = Athem, Seele, Dunst (*tin kilmak* = leben; *tem almak* = aufathmen, Athem holen; *tem birmek* = Ruhe gewähren); *tinmak, tinč* (wie oben); *temlemek, demlemek, dem urmak* = dünsten (vom Thee); *tinčlanmak* = sich beruhigen; *tiñlamak, tiñlemek* = still sein, anhören, zuhören; *tinik(su)* = abgestandenes Wasser.

alt. *tin* = Seele, Leben, athmen; *tindu* = lebendig; *tiniš* = das Aufathmen, Ruhen (vgl. *tinč*); *tim* = Ruhe, Stille; *timi* = stillen, zum Schweigen bringen.

osm. *diñmek* = ruhen, aufhören; *diñlemek* = sich ruhig verhalten, anhören, zuhören; *diñdürmek* = besänftigen.

jak. *tin* = Athem; *tinnak* = belebt; *tin, tinabin* = athmen.

čuv. *tin* = Sinn, Bewusstsein; *tinla* = sich entsinnen.

kk. *tén* = Athem; *ténauerben* = ausruhen.

Durch Weglassung des Anlauts in *tinč, tenč* ist das gleichbedeutende *inč, enč* entstanden; so:

uig. *inč* = Ruhe, Stille.

alt. *enčü* = Ruhe; *enčik* = ruhig oder friedlich sein.

190.

Tir, tür, tör, til, tel, *brechen, zerbrechen, zerstückeln, zerstossen, durchbrechen, zerlöchern, zerstäuben.*

I. —*r.*

uig. *torlamak* = zerbrechen, zerstäuben, zerfallen; *tor* = Staub.

jak. *tir* = durchschneiden, spalten; *tirit* = zerreissen; *tirinkala* = in kleine Stücke zerspalten; *tir* = Spalte.

čag. *tirim* = Bruchstück, Stück; *tire* = Zweig einer Familie in ethnischer Bedeutung; *torgamak* = zerstückeln, zerbrechen; *törselemek* = abbröckeln, langsam zerbrechen (und davon das osm. *örselenmek* = sich gebrochen fühlen); *törtmek* = zerstossen; *törtülmek* = sich zerbröckeln.

osm. *dirim* = Stück; *dörtmek* = zerstossen, stossen; *törti* = Abfälle, Hefe, Absatz.

čuv. *tordu* = Zweig einer Familie.

Infolge der Erweichung des *r*-Anlauts in *z* ist diese Stammsilbe noch in folgender Form zu erkennen:

II. —*z*, *s*.

alt. ***tos*** = sich zerstückeln; ***toskir*** = zerbrechen; ***tozin*** = Staub.
čag. ***toz*** = Staub, Bröckel (vgl. uig. ***tor***); ***tozmak*** = zerstäuben; ***tozang*** = weicher Boden, Staub; ***tozanglamak*** = stäuben.
kaz. ***tozgak*** = Staubregen.
jak. ***tosun*** = brechen, entzweigehen; ***tosut*** = etwas zerbrechen; ***tostu*** = entzwei.

III. —*l*.

čag. ***tilmek*** = brechen, durchbrechen; ***tilim*** = Bruch, Stück; ***tilimgač*** = Stückchen; ***tilük*** = Durchbruch, Loch, Spur eines Pferdefusses; ***tilin*** = Stück, durchbrochen, ausgehauen (*tilin tilin* = stückweise).
osm. ***delmek*** = durchbrechen; ***delik*** = Loch, Durchbruch; ***delinmek*** = ein Loch bekommen.
jak. ***dülbi*** = Riss, Spalte; ***dülbärit*** = zersprengen, zum Platzen bringen.

Und schliesslich verwandelt sich der dentale Anlaut noch in *č* und einen Sibilanten:

IV. —*č*, *s*.

čuv. ***čil*** = zerstückeln, zerhauen (vgl. *til* = brechen); ***sjür*** = verfaulen, zerbröckeln.
alt. ***čiri*** = verfaulen, gebrechlich werden.
čag. ***čürümek***, ***čürükmek*** = verfaulen; ***čürük***, ***čürüken*** = verfault, gebrechlich, schwach.
jak. ***siti*** = faul.

Mit ***tir***, ***til*** vgl. ferner ***kir***, ***kil*** (§ 91), welche letztern Formen streng genommen zu vorstehender Wortfamilie gehören.

191.

Tir, ***tiz***, *Stütze*, *Lehne*, *Knie*, *Elnbogen*.

uig. ***tirkek***, ***tirkük*** = Stütze, Säule.

čag. ***tiremek***, ***tirkemek*** = stützen; ***tirek*** = Stütze, Säule; ***tirsek*** = Elnbogen; ***tiz*** = Knie.
kir. ***tireö*** = Mastbaum, Säule; ***tireöüš*** = Stütze.
osm. ***direk*** = Säule; ***dirsek*** = Elnbogen; ***diz*** = Knie.
jak. ***tirän*** = sich stützen; ***tiriä*** = stützen; ***tirübil*** = Stütze.
kk. ***teräl*** = Stütze; ***terirben*** = stützen.
čuv. ***čire***, ***čir bossi*** = Knie.

Die Ableitung der Worte Knie und Elnbogen von einer und derselben Stammsilbe ist erstens durch die Formähnlichkeit beider Körpertheile, zweitens durch das gegenseitige Lautverhältniss begründet. Knie sowol als Elnbogen heissen der Wortbedeutung nach Stützpunkt, als welche sie denn auch für den obern und untern Theil des Körpers figuriren (vgl. ***tüzmek*** = heften, stützen § 197).

192.

Tob, töb, čob, čöb, *Haufe, rund, dick, kugelförmig, zusammenschrumpfen, sich zusammenkauern, sammeln, zusammen.*

I. *t*—.

čag. ***tob***, ***top*** = Haufe, Kugel, Knäuel, Busch; ***topi*** = eine runde, halbkugelförmige Kappe in Chokand; ***topak*** = der Knoten eines Strickes; ***topčak*** = fettes, rundes Pferd; ***topie***, ***töpie*** (*töp bije?*) = fette, runde Stute; ***töpe***, ***tüpe***, ***tipe*** = Hügel, oberer Theil, Kopfscheitel; ***toplamak*** = sammeln; ***töpelenmek*** = rund zugespitzt werden.
osm. ***top*** = Kugel, Ballen; ***tepe*** = Spitze, Hügel; ***topalak***, ***tombalak*** = kugelrund; ***topal*** = krumm, hinkend (eigentl. der zusammengeschrumpfte runde Zustand eines Gliedes).
kaz. ***tubalaśmak*** = sich zusammenkauern, sich zusammenziehen.
čuv. ***tübe*** = Anhöhe, Hügel, oben; ***tübek*** = Schopf der Vögel.
alt. ***töbö***, ***töbe*** = Hügel.

II. *č*—.

čag. ***čobulmak*** = sich in einen Knäuel verwirren.
uig. ***čobrunmak*** = zusammenschrumpfen; ***čobruśmak*** = zusammenkommen.

top sowol als *čop* stehen in enger Verwandtschaft mit *tom, jom* und *čom* (§ 179); im engern Sinne des Worts sind es sogar Synonyma der letztern, inwiefern sie insgesammt den Begriff von rund, gesammelt u. s. w. ausdrücken. Erwähnt sei hier noch, dass *čob, čom, čum* nebst dem Begriff des Zusammenkauerns auch den des Sichuntertauchens, Sichduckens (welches mittelst Zusammenkauerns erfolgt) ausdrückt. Infolge dessen gehören noch in diese Familie:

čag.	*čummak̡*	= baden, sich untertauchen.
alt.	*čom*	
az.	*čömmek*	
osm.	*čimmek*	
čuv.	*čum*	

193.

Tok̡, toj, tot, tut, *dicht, fest, compact, voll, viel, vollkommen, satt; festmachen, halten, stopfen, füllen, sättigen, vervollständigen.*

I. —*k, j.*

čag. *tok̡* = voll, satt, ruhig, gesetzt; *tok̡luk̡* = Fülle, Reichthum; *tok̡mak̡* = der Anstopfer, Stössel; *tok̡lamak̡* = füttern, sättigen; *tok̡tamak̡* = zur Ruhe verhalten, stillen, inne halten, aufhalten; *toj* = Sättigung, Mahlzeit, Festessen; *tojum* = Reichthum, Beute; *tojgarmak̡* = sättigen; *tojmagur* = Nimmersatt; *tojmak̡* = satt sein, erfüllt sein, durchdrungen sein; daher wissen, fühlen, wahrnehmen. Diese letztere Bedeutung wird wol häufiger durch *tujmak* bezeichnet, doch verändert sich der hartlautige Consonant auch in weichlautiges *ö, ü*, als: *töjük, tüjük* = bewusst, wissend, fühlend; *töjüklük* = das Gefühl, das Bewusstsein.

osm. *tok̡* = satt; *dojmak̡* = satt werden; *dujmak̡* = empfinden, wissen, fühlen; *toj* = Fest, Festessen (und davon *düjün* = Feiertag, eigentl. *toj* oder *töj-gün* = Festtag).

az. *tok̡* = satt; *toulamak̡* = füttern, mästen; *toulu* = fett.

jak. *tok̡tuo, tok̡tubun* = anhalten, stehen bleiben; *tok̡tot* = aufhalten, jemand anhalten.

12*

čuv. *tuk̦ta* = inne halten; *toj* = Festessen; *turan* = sich sättigen.
kk. *tok* = satt; *tokpak* = Klotz (vgl. čag. *tok̦mak̦*); *toi* = Hochzeit; *tokterben* = aufhören.

Zu *tok̦* = satt, voll gehören: 1) mit verändertem Inlaute auch *tik̦*, im čag.-osm. *tik̦amak̦* = voll machen, voll stopfen, ausstopfen, stopfen; *tik̦in*, *tigin* = eng, verstopft; *tik̦* (vgl. *sik*) = eng; *tigizlik* = enge Oeffnung, Beengung; *kik̦k̦ač* = Stöpsel; *tik̦ilmak̦* = sich verstopfen.

2) mit verändertem Anlaut, nämlich mit *č*, folgende mit den eingangs angeführten Bedeutungen verwandte, ja sogar synonyme Begriffe von Menge, Macht, sammeln, vermehren:

uig. *čok̦* = Macht, Grösse, Würde, Kraft.
čag. *čok̦mak̦* = vermehren, sammeln.
osm. *čok̦* = viel, sehr; *čogalmak̦* = viel werden.
jak. *čuogui* = sich zu einem Haufen stellen; *čuogus* = sich zusammenstellen. Und

3) mit weichlautigem Inlaute, als:

uig. *tök* = viel, zahlreich; *tökün* = gänzlich, vollkommen; *tökellik* = Fülle, Vollkommenheit, Segen.
čag. *tükel*, *töküz* = vollkommen; *tükellemek* = vervollkommnen, anfüllen, ergänzen; *tükün* = vollständig, beendet.
osm. *dükelli* = alle, insgesammt.

Ferner ist die Stammsilbe *tok̦*, *tuj* (fest, voll) nebst der Variation *tüj*, *tüg* mit der concreten Bedeutung von binden, befestigen als Etymon folgender Wortfamilie anzutreffen:

alt. *tuj*, *tü* = binden, befestigen, abschliessen, verschliessen; *tujuk̦* = gebunden, geschlossen (*tujuk̦ söz* = Vers, gebundene Rede; čag. *tujuk̦* = Vers); *tujuk̦ta* = schliessen, abschliessen; *tüünček*, *tügin* = Knoten, Knopf.
čag. *tüjmek*, *tügmek* = binden, knüpfen; *tüjüm*, *tügüm* = Knoten, Masche, Ast im Holze; *tügme*, *tüjme* = Knopf; *tüjülge* = Endknoten der Peitsche; *tüjemek*, *tüjlemek* = aufladen, eigentl. aufbinden, aufbürden (eine Last). Ob nicht etwa *tüje*, alt. *töö*, čuv. *töve*, osm. *deve* = Kamel dieser Stammsilbe zu Grunde liegt? Demnach Lastthier, im Gegensatz zu *ulak* = Lauf- oder Reitthier?

osm. *düjüm*, *döjme* = Knoten, Knopf; *düjmelemek* = zuknöpfen.
jak. *tüti*, *tütjäbin* = etwas auf etwas packen (binden?)
čuv. *tije* = aufladen; *türe* = Knoten, Band; *tümme* = Knopf.

II. —*t*.

uig. *totu*, *tutu* = satt, voll; *totmak* = satt werden; *toturmak* = sättigen; *tutmak* = fühlen, empfinden, fassen, aufnehmen, halten (vgl. čag. *tojmak*, *tujmak*); *tutu*, *tutši*, *tuči* = haltend, anhaltend, immer; *tutruk* = Behälter; *tutušmak* = raufen, sich gegenseitig packen oder halten; *tutkak* = Lippe, Schnabel (eigentl. Fasser, Packer).

čag. *tutmak* = halten, festhalten, fassen, erfassen; *tot* = Rost (am Eisen), eigentl. was am Eisen haftet; so: *pas tutmak* = rostig werden (vom pers. *pas* = Rost); vgl. magy. *rozsdát fog* = es wird rostig, d. h. es erhält oder bekommt Rost; *tutak* = Kriegsgeisel (eigentl. der Gehaltene); *tutak*, *dudak* = Lippe (vgl. uig. *tutkak*); *tutku* = Griff, Henkel; *tutum* = eine Handvoll (das Erfasste); *tutkun* = gefangen, befangen, betrübt; *tutluk*, *tütek* = stotternd (befangener Zunge); *tut* = Rauch (feste, dichte Atmosphäre). Vgl. *toman* = Rauch mit *tom* (§ 179) = dicht, dunkel.

kaz. *tuturmak* = anfüllen; *tutukmak* = rostig werden, mit Rost behaftet sein; *tötön* = Rauch.

jak. *tut*, *tutabin* = halten; *tutak* = Griff; *tutur* = Hinderniss; *tot* = satt; *totu* = Sattheit; *totor* = sättigen.

kk. *tutarmen*, *dudcrben* = halten, fangen.

čuv. *tit* = fassen, halten, erhalten; *tot* = satt, voll; *toda* = Lippen; *tüdüm* = Rauch; *tütüm* = Finsterniss, Dunkel. Letztgenannte zwei Worte geben den besten Beleg zu dem zwischen *tuman* und *tum* (vgl. čag. *tut*) angestellten Vergleiche.

Die čuvaschische Form *tit* von der concreten Bedeutung fassen, halten erinnert, dass diese Form der Stammsilbe auch noch anderswo und zwar im übertragenen Sinne verbieten, d. h. abhalten, zurückhalten, existirt und somit zur vorliegenden Wortfamilie gerechnet werden muss. So:

uig. *titmak* = verbieten, abhalten von etwas; *titikli* = Abhalter, Verwehrer.

čuv. *titar* = abhalten, verbieten, wehren (alt. *tutir* = verbieten).

čag. *titmak* und *tijmak* = verbieten; *tijmagur* = willfährig, d. h. der nichts verbietet.

osm. *titis* = widerwillig, Stänker, d. h. der in nichts einwilligt.

Budagow leitet *tij* von *tin* = ruhig sein ab, doch fälschlich, wie aus der obigen Zusammenstellung ersichtlich ist.

194.

Tok, tog, *emporkommen, in die Höhe kommen, entstehen, geboren werden, gebären, erzeugen, Geburt, Blutsverwandte.*

uig. *tok* = Kind; *tokmak* = entstehen, aufgehen, geboren werden; *toka* = Sitte, Regel (das Aufgekommene), Prinz (vgl. *töre* = Prinz, Gesetz mit *töremek* = erzeugen, erschaffen) von Geburt; *tokar* = Ost, Sonnenaufgang; *tokukli* = Erdgeborene.

čag. *toka* = Oberhaupt, Aufseher, Gesetz; *togmak* = entstehen, aufgehen (Sonne), geboren werden; *togu* = Sonnenaufgang; *toguś* = Geburt; *togkan (uruk)* = Anverwandter (*bir togkan kardaś* = leiblicher Bruder); *togma* = Sklave (eigentl. ein Eingeborener; ein beschönigender Ausdruck für das stark verpönte *kul*, vgl. § 99).

osm. *dogmak*, *doomak* = geboren werden, entstehen; *dogma* = von Geburt.

jak. *tagis*, *taksabin* = hervorkommen, hervorgehen, hinausgehen; *dagdai* = sich heben, stark schwellen, sich aufthürmen; *dagdačči* = stark geschwollen.

čav. *tok* = herausgehen, hervorgehen.

alt. *tuu* = gebären; *tuul* = geboren werden.

Wie das jak. *tagis*, čav. *tok* an das im Westtürkischen stark gebrauchte, verwandte *čik* = herausgehen, hervorgehen erinnert (vgl. alt. *eneden čikkan* = von der Mutter geboren), so wird aus obiger Zusammenstellung die Hierhergehörigkeit von čag.-osm. *tak, tag, dag*, čav. *tu*, alt. *tu* = Berg, Anhöhe, Höhe nahe gelegt. An *tok* reiht sich ferner als nächstverwandt *jok* = hoch, oben (vgl. § 7) an, und die Mittelform der beiden ist das kk. *t'ogar* = hinauf; *toktarmen* = aufwärts fahren u. s. w.

195.

***Tol, dol**, herum, ringsherum, sich im Kreise bewegen, umhergehen, herumbringen, umwickeln.*

čag. ***tolamak̡, tolgamak̡***=wickeln, umwickeln, kreiseln, drehen, winden, sich vor Schmerzen winden, Geburtswehen haben; ***tolag*** = Fusslappen; ***toluk̡, tolgaś*** = gewunden, gekrümmt, geschraubt, Schmerz; ***tolanmak̡, tolganmak̡***=sich im Kreise bewegen; ***tolaśmak̡, tolgaśmak̡***=herumgehen; ***tolaj, tölej*** Cirkel, Versammlung; ***dolana***=Wirbelwind.

osm. ***dolaj*** = Cirkel, Bereich, in Betreff, wegen, (*menden dolaj* = wegen meiner; vgl. arab. *dair* = wegen mit *daire* = Kreis); ***dolanmak̡*** = herumgehen, umgeben oder umringt sein; ***dolandirmak̡***=betrügen (eigentl. jemand herumgehen lassen); ***dolaśmak̡***=umhergehen; ***dolaśik̡***=auf Umwegen, krumm.

az. ***dolaj*** = Umgebung, Kreis (*dolajini almak* = jemand umringen); ***doli***=Wirbelwind; ***dolamać***=Kreis.

alt. ***tolu***=sich drehen.

jak. ***tul*** = umgehen; ***tula***= Umkreis, rund herum; ***tulalā***=umgeben, abrunden.

kk. ***tolganderarmen***=umringen; ***tolgirben***=winden.

Tol ist nur hypothetisch als Stammsilbe angeführt, denn es darf wol nicht vergessen werden, dass wir im Cagataischen noch eine andere Form haben, nämlich ***taul, tavul***=umwickeln, Wirbelwind, was zu der Annahme bringt, hier *tak̡, tek̡* (vgl. § 184) = rund, Kreis als die Grundsilbe zu betrachten. Eine derartige Verschmelzung des gutturalen Auslauts ist beinahe normal zu nennen (vgl. *sak̡mak̡* mit ***saulmak̡, savulmak̡***=hüten, sich hüten).

Tol hat schliesslich seinen Anlaut in das verwandte *ć* verwandelt, daher: ***ćolgamak̡***=wickeln; ***ćolgau. ćolgak̡***= Fusslappen; ***ćolgaśmak̡***=sich verwickeln.

196.

Ton, tün, jon, jün, Oberfläche, Hülle, Kleid, Wolle.

ćag. ***ton*** = Kleid, Hautfarbe des Pferdes; ***tün*** = Haut, Wolle (vgl. *japaj* = Hülle, Wolle); ***jong*** = Wolle (nach Lugati Fazlullah Chan); ***jün*** = Zierde; ***tonanmak*** = sich bekleiden.

alt. ***ton*** = Hülle, Oberkleid.

kaz. ***ton*** = Wolle, Vogelfedern; ***tun*** = Oberkleid.

osm. ***don*** = Unterhose (*ičton* = inneres Kleid); ***donatmak*** = zieren, schmücken; ***donanmak*** = illuminiren, ausschmücken.

ćuv. ***sjun*** = Wolle, Vogelfedern.

jak. ***ön*** = Wolle.

An die letzterwähnte, nämlich an die jakutische Form der Stammsilbe reiht sich lautlich ***ön, öng*** = Farbe, Aussenseite an (vgl. § 63), und aus der Sinnesrichtung letzterer Wortfamilie ist wol ziemlich leicht die Verwandtschaft beider zu erkennen.

197.

Tur, tor, tür, tör, vorn, oben, vorderer; hervorbringen, erschaffen, aufstellen, stellen, stehen.

I. —ö—.

uig. ***tör*** = obenan, vor, Ehrensitz (das Juxtaoppositum dieses Wortes ist ***eden, iden*** = der unterste Sitz im Zelte, Ursprung?); ***törümek*** = aufkommen, hervorkommen, zur Welt kommen; ***törük, türük*** und ***törükli*** = Geschöpf, Wesen, Aufgekommener (in diesem Worte dünkt mir das Etymon des Nomen proprium Türk = Türke zu liegen, der Urbedeutung nach Geschöpf, Wesen, Mensch, wie wir solches auch bei andern Sprachen wahrnehmen); ***törü*** = Gesetz, Sitte, Mode (eigentl. das Aufgekommene); ***törc*** = Prinz (Oberster), Panzer (oberes Kleid); ***törütmek, töretmek*** = hervorkommen lassen, erschaffen.

ćag. ***tür, tör*** = vorn, Ehrensitz, oberste Fläche, Aussehen, Gestalt (bezüglich der Identität von oben und Aussehen vgl. ***jüz*** = oben, Gestalt, § 64); ***türlik*** = von Art, Beschaffenheit oder Gestalt (*ni türlik*=was für ein?); *töre*, *töretmek* (wie oben); *türmek* = aufheben, aufschürzen (einen Saum).

alt. *törö*=erzeugen; *tör*=obenan; *töröl*=Geschlecht; *törömel til*=verwandte Sprache.

jak. *töröt*=gebären; *törüö*=geboren werden; *töröl*=Herkunft, Geschlecht.

kk. *törirben*=gebären.

čuv. *töre*=Richter (Oberster); *tört*=gebären.

II. —*o*, *u*—.

čag. *turmaķ*=aufstehen, entstehen, sein; *turguzmaķ*=aufstehen lassen, aufwecken; *turgalamaķ*=sich allmählich aufheben; *turgalan*, Aufstand, Revolte; *turgaķ*=Wache (Angestellter); *turaķ*=Stand, Standort; *torlamaķ*=aufhängen, aufstellen; *tor*=Schlinge, Falle, Netz (eigentl. das Aufgestellte); *torlaķ*=Vorhang (das Aufgehängte).

osm. *duruķ*= oberstes Ende, Gipfel, Spitze; *durmaķ*=stehen (und nicht aufstehen, da letzteres mit *ķalķmaķ* [§ 72] ausgedrückt wird).

jak. *tur*=aufstehen, sich erheben, stehen; *turuor*=aufstellen; *torui*=vor etwas vorstehen; *torut*=Vorsprung.

kk. *tori*=stets; *turerben*=stehen.

čuv. *tur*=aufstehen, stehen; *turas*=stellen; *turil*=abstehen.

alt. *tur*=stehen, aufstehen, leben; *turumdu*=hoch, erhaben.

Infolge stattgefundener Erweichung des auslautenden *r* müssen als hierher gehörig bezeichnet werden *tuzaķ* = Falle, Schlinge (vgl. čag. *turaķ*); uig. *tüzmek**) (*tizmek*)=aufstellen, aufstecken (vgl. čag. *türmek*) und andere auf die Handlung des Erhebens, Aufrichtens sowol im concreten als im abstracten Sinne Bezug habende Wörter.

198.

Tur, *tuz*, *Salz*, *gesalzen*, *gesäuert*.

osm. *turuš*, *turš*=gesäuert, gesalzen; *turši*=mittelst Salz gesäuerte Grünzeuge; *tuz*=Salz; *tuzlatmaķ*=einsalzen.

*) Eine verwandte Nebenform von *tüz* gibt das čag. *süzmek*, *süsmek* =aufstecken, haften; so *közüm anga sö züldi*=mein Auge heftete sich auf ihn.

jak. ***tur*** = gesäuerte Milch; ***tus*** = Salz.
čuv. ***tuvar*** = Salz; ***tuvarla*** = salzen (auch hier muss der Auslaut *r* gewesen sein, welcher mit *v* häufig wechselt).

An ***tur*** reiht sich das jetzt als Substantiv und Adverbium gebrauchte *šor*, *šur* = Salz, gesalzen an. In ersterer Bedeutung in Osttürkestan anzutreffen (vgl. Shaw, Grammar of Eastern Turki, S. 22), in letzterer in den übrigen Theilen des westlichen Sprachgebiets. Vgl. magy. *só-*, *sav* = Salz.

199.

Tök, tüg, čök, čük, *Boden, Grund, Abgrund, Ende, Schluss, beschliessen, beenden, ausleeren, ausschütten.*

I. *t*—.

uig. ***tök, tönk, tüng*** = Boden, Abgrund; ***töngge*** = bis zum Grunde, bis zu Ende.
čag. ***tüg, tüng, töng, tig*** = Boden, Grund; ***tükmek*** = ausfallen (von Haaren), ausgiessen; ***tükenmek*** = ein Ende nehmen, beschliessen; ***tükettirmek*** = beschliessen lassen; ***tüküllmek*** = aufhören.
jak. ***tügük*** = Grund, Boden.
alt. ***tügön*** = sich abkürzen, beschliessen.
kk. ***tügändä*** = der letzte (vgl. čag. *tükenmek*).

II. *č*—.

čag. ***čökmek*** = niederfallen, niederhocken; ***čöküńmek*** = sich niederkauern.
alt. ***čök*** = niederfallen, die Kniee beugen; ***čok*** = niederhocken, der Aufruf zum Niederknieen während des Opfers.

In ***tük, tög*** ist auf den ersten Blick eine Nebenform von ***tek, tik*** = eben (vgl. § 185) und von ***tüb, töb*** (§ 172) zu erkennen, von welchen das uz. ***tej*** = unten die Mittelform bildet; sowie es auch höchst wahrscheinlich ist, dass ***töš*** = von einer Höhe fallen, zu Boden fallen, aus einer der beiden Stammsilben (*töb-üš, tövüš, töñš, töš*) entstanden ist.

Schliesslich ist zu bemerken, dass der dentale Anlaut vorstehender Stammsilbe noch mit dem ihm zunächst stehenden *s* abwechselt. So:

III. *s*—.

uig. ***seküməck***, ***söküməck*** = niederfallen, auf die Kniee fallen (im Texte des Kudatku Bilik mit برانو انتادن interpretirt.

čag. ***sökmeck*** = niederreissen, ausreissen, erniedrigen, beschimpfen, zu Grunde richten; ***sökük*** = was leicht niederfällt, was dem Einsturze nahe ist (speciell: ein im Sande wachsender Baum [Tamarix], welcher trotz seiner oft bedeutenden Grösse leicht umgerissen wird); ***sökül***, ***sükel*** = niedrig, schwach, krank; ***sökünč*** = Erniedrigung, Beschimpfung, Fluch; ***söküklemeck*** = häufig fluchen oder schimpfen.

osm. ***sögmeck***, ***söjmeck***, ***söjünč*** = schimpfen, fluchen, Fluch, Schimpf; ***sökmeck*** = trennen, beenden; ***söküš*** = was zu Ende geht, was sich trennt; ***sügürt*** = niedrig, arm (vgl. čag. *sökül?*).

jak. ***üögü*** = das Schelten; ***üögüs*** = sich gegenseitig schelten.

kk. ***sökerben*** = auftrennen.

alt. ***sökküš*** = Schimpf, Fluch.

So wie Fluch, Schimpf von den Stammsilben ***tök***, ***čök***, ***sök*** (unten, nieder) entstanden ist, so finden wir den Gegensatz, nämlich Segen, Lob, von ***ol***, ***al***, ***ul*** (hoch, oben, vgl. § 11) abgeleitet.

200.

Töl, tül, tör, tür, *entgegen, gegenüber, was einem Gegenstande gegenübersteht oder zu stehen kommt, dem Werthe entsprechend, im Werthe aufwiegend, Ersatz oder Lösegeld.*

čag. ***tölemek***, ***tülemek*** = vergelten, entschädigen, ersetzen; ***tülek*** = Ersatz; ***tülečči*** = Vergelter, Zahler; ***tür***, ***türi*** = gegenüber (***türisike*** = als Ersatz); ***tülebir***, ***telebir*** = Finderlohn. Von diesem Worte ist das osm. *kelebir* = Finderlohn, Geschenk für einen Fund, entstanden.

osm. ***dülenmeck*** = einen Ersatz bekommen.

jak. ***tolui***=auslösen, loskaufen; ***tölön***=bezahlt werden; ***tölörü*** =sich loslösen; ***tolobur***, ***tölöbür***=Finderlohn, Lösegeld; ***tuora***=quer, gegenüber.
kk. ***tôra***=quer; ***tölirben***=bezahlen.
čuv. ***tül'***=gegenüber; ***tül' bol***=begegnen; ***tüle***=bezahlen, eine Schuld abtragen.
alt. ***tölö***, ***tüle***=bezahlen, entgelten; ***toli***=auskaufen; ***tolin***= sich auslösen.

Mit ***tör***, ***tür***, ***tuor*** = gegenüber im Zusammenhange scheint auch das uig. ***türemek***, ***türmek***, čag. ***tüzmek***=dulden, erdulden zu stehen. So: *su belaga tuzelmedim*=ich habe dieses Elend nicht dulden können. Es dünkt mir dies eine bildliche Verdolmetschung des Gegenüberstehens, des einem Vorkommnisse gegenüber Standhaltens zu sein; daher auch die Redensart uig. *bukatkuka türelmedim*=ich habe diesen Kummer nicht ertragen können, wörtl.: ich habe dem Kummer nicht stehen (widerstehen?) können. Vgl. den begrifflichen Gehalt des deutschen stehen, widerstehen und ertragen, dulden. Im Čagataischen hat das auslautende *r* sich in *z*, *s* verwandelt, was einigermassen dazu berechtigen würde, die vorliegende Wortfamilie der nächstfolgenden einzuverleiben; doch mit besonderer Hindeutung auf die Verwandtschaft wollen wir ***töz***, ***tüz*** u. s. w. separat bringen.

201.

Töš, *tös*, *tüš*, *tüs*, *das gegenüber*, *vor den Augen Befindliche*, *das Vorschwebende*, in eigentlicher wie bildlicher Bedeutung.

uig. ***töš***, ***tüš***, ***tuš***=gegenüberstehend, was dem Werthe entspricht, Traum, Gedanke; ***tüšemek***=träumen, denken.
čag. ***tüs***=gegenüber, entgegen, der vordere Theil eines Körpers, die Brust, Mittag, Süden (d. h. wenn die Sonne der Erde gegenübersteht. Eine Zusammenstellung der vier Himmelsgegenden ergibt daher folgende, mit den tellurischen Anschauungen des primitiven Menschen übereinstimmende Auffassung: 1) Ost=***öng***, wörtl.: vorn; 2) West=***kat***, wörtl.: hinten; 3) Süden oder Mittag=***töš***, wörtl.: gegenüber; 4) Nord oder Mitternacht=***kot***, wörtl: unten); ***töš-***

lemek = den Mittag zubringen; *tüšlešmek* = sich begegnen; *tüš* = Gedanke, Traum, Schlaf (doch nur im übertragenen Sinne, da hierfür das concrete *ujku* existirt), Einbildung, Wahn, Einfall, mit einem Worte, was dem geistigen Auge vorschwebt; *tüš körmek* = träumen, d. h. ein Traum- oder Wahngebilde sehen.

osm. ***duš, düš*** = gegenüber, gerade; *düš gelmek* = begegnen; *düšünmek* = nachsinnen, denken.

jak. ***tus*** = die vor einem liegende Seite, das gegenüber Befindliche; *tusun* = sich einander gegenüberstehen; *tosui* = begegnen; *tüsüö* = träumen.

kk. ***tus*** = entgegen; *tüš* = Süden, Mittag; *tüs, tüiš* = Traum.

Im Hinblick auf die concrete Bedeutung des *töš*, *düš* = gegenüber, entgegen mag es nicht besonders kühn erscheinen, wenn ich das für persisch gehaltene ***düšmen, düšman***, čuv.-alt. ***tušman***, kir. ***tuspan*** = Feind, Gegner, Widersacher, von *tuš*, *düš* und dem Collectivsuffix ***man men*** ableitend hierher rechne.

Ich habe ***töš, tös*** in einem separaten Abschnitte vorgeführt, doch dünkt mir sein lautliches Verhältniss in enger Beziehung zu ***tül, töl, tür, tör*** (vgl. § 200) zu stehen. Zu dieser Annahme verleitet das čuvaschische Beispiel, wo derselbe und ähnliche Begriffe mit einer auf *l* auslautenden, wahrscheinlich verwandten Stammsilbe ausgedrückt sind; so: ***tül*** = Zufall, Begegniss, was einem zukommt; vgl. ***tülük*** = Traum, Wahn, Gedanke.

202.

Töz, tüz, tös, töš, *glatt, eben, gerade, richtig, Richtung, Reihe, Ordnung, Gesetz,*
und die betreffenden Verbalformen, als:
ebnen, glätten, ausdehnen, ausstrecken, richten, zurecht machen u. s. w.

uig. ***tüz, tön, töz*** = glatt, eben, richtig, vollkommen, ganz, Ebene, Niederung; *tözün, tösün* = in Ordnung, gänzlich; *tüzük* = Regel, Richtschnur, Gesetz, Ordnung.

čag. ***töz, tüz, tüzük*** (wie oben); *tözelmek, tözlemek* = glätten, ebnen, ordnen; *tüzün, tüzen* = Schicklichkeit, Mass, Manier; *tüzük, tizik* = Reihe.

osm. *döz, düz* = eben, glatt, richtig; *düzetmek* = ordnen; *dizi, dize* = Reihe.

kk. *toza* = ganz, alles.

čuv. *türe* = glatt, gerade, gerecht; *türüs* = vollkommen; *türlet* ausgleichen, glätten; *tir* = reihen, aufstellen.

Was die Analogie des Begriffskreises anbelangt, so erinnert diese Stammsilbe sehr stark an *jat, jas, jaj* (§ 138, eben, flach und § 134, Reihe, Ordnung), wie aus folgenden Gegenüberstellungen ersichtlich ist. So:

jassi, jattuḳ × *töz* = glatt, eben,
jasaḳ, jasav × *tüzük* = Gesetz,
jasal . . . . . × *tizi* = Reihe, Ordnung,
jasamaḳ. . . . × *tüzlemek* = herrichten u. s. w.;

und weil eben aus *jat, jaj* auch eine Verbalform, nämlich *jatmaḳ* (= ausdehnen, ausstrecken), sich ergibt, so glaube ich nicht irre zu gehen, wenn ich zu *töz, tös* die Verbalform *töš, tüš* stelle.

čag. *töšemek* = ausbreiten, ausdehnen (eigentl. gerade legen); *töšek* = Bett (vgl. als Fortsetzung der oben angeführten Zusammenstellung *jatmaḳ* = ausdehnen mit *jataḳ* = Bett); *töšmek, tüš* = niederkommen, niederfallen, fallen (*töšken žaj* = Lagerplatz, Ort der Niederlassung); *tüšük* = abschüssig, was abwärts geht.

kir. *tös, tüs* = Abhang, abhängig; *tüsmek* = fallen.

osm. *düšemek* = ausbreiten, tapeziren (einen Teppich ausbreiten); *düšeme* = Möbel, Tapezirung.

jak. *tüs, tüsäbin* = von einer Höhe herabfallen; *tüsär* = etwas zum Fallen bringen.

kk. *tüšük* = niedrig; *tüšerben, tüšürmen* = herabsteigen, herabfallen.

In lautlicher Beziehung ist *töz, töš* wol schwerlich als Stammsilbe anzusehen und scheint, wie wir dies schon (vgl. § 199) angedeutet, aus *tök, tüj* oder *töb, tüv* (Boden, Grund) mittelst des frequentativen und transitiven *š*, etwa in der Bedeutung sich zu Boden begeben, entstanden zu sein. Soweit aus der vorliegenden Studie mir ersichtlich wurde, gehört das auslautende *š* der Verbalformen nur äusserst selten zur Stammsilbe.

203.

Tük, tik, čük, čig, stecken, aufstecken, einstecken, stechen, nähen;

auch zur Bezeichnung steiler, spitziger, mit Stechfähigkeit versehener Körper, als:

Stachel, Dorn, Nadel, Nagel u. s. w.

uig. ***tükün*** = Dorn, Stachel; ***čügi*** = chinesische Gabel, ein Esswerkzeug in Form eines spitzigen Stäbchens.

čag. ***tikmek*** = aufstecken, einstecken, nähen; ***tik*** = steif, steil, spitzig; ***tiklešmek*** = steif, steil oder starr (eigentl. aufgesteckt) sein; ***tiken*** = Dorn, Stachel.

kaz. ***tikmek, čikmek*** = aufstecken, auf- oder einpflanzen, nähen, eine Pflanze setzen.

kir. ***tikme, dikme*** = das Aufgesteckte, Fahne; ***tikme taš*** = Grabstein. Dieser Ideengang in der Wortbildung ist auch zu erkennen im čag. ***tüge*** = Grabstein, ferner čag.-osm. ***tug, tuķ*** = Fahne, ursprünglich die lange, mit dem Rossschweif gekrönte Stange.

osm. ***dik, dikmek (tik); dikili*** = aufgesteckt, aufgerichtet (so: *dikili taš* = Säule); ***diken*** = Dorn, Stachel; ***diven (el-diven)*** = Handschuh, ursprünglich *el-digin* = wohinein die Hand gesteckt wird. Vgl. kk. ***eltek, eldik*** = Handschuh, also von ähnlicher Bedeutung und Abstammung.

jak. ***tik, tigübin*** = stecken, stechen, nähen; ***tigi*** = das Nähen.

kk. ***t'egšurmen*** = verstecken, vergraben.

čuv. ***čik*** = hineinstecken, nähen; ***čigen*** = stecken; ***čikinjaķ*** = Säule.

Im Anschluss an das uig. *tükün* und *čügi* sei noch bemerkt, dass diese Stammsilbe mit *č*-Anlaut und mit *ü*-, *i*-Inlaut auch bei der Bezeichnung anderer spitziger, länglicher Körper vorkommt; so: čag. ***čügür*** = Dorn; ***čüg*** = penis; ***čük*** = Augenwimper; ***čügi*** = Nagel (clavis), čuv. ***čuga*** = penis, osm. ***čigi, čivi*** = Nagel; ***čivilemek*** = nageln, vernageln.

204.

Bag, beg, bik, bog, bük, baj, boj, büj, *Band, Zauber, gebunden, befestigt, stark, sehr, fest, befestigen, binden, knüpfen, bezaubern.*

I. *—g, k.*

uig. ***bak, bek*** = Band, Strick; ***baklamak*** = binden, schliessen; ***bik*** = Befestigung, Band; ***bikünmek, bekünmek*** = fest oder hart werden; ***bekük*** = geschlossen, befestigt; ***bekilmek*** = schliessen, befestigen, anbinden; ***bök, bük*** = Festigkeit, Kraft, Stärke.

čag. ***bag, baglamak*** (vgl. *bak, baklamak*); ***bek, bik*** = fest, hart, sehr; ***baginmak, beginmek*** = sich befestigen, sich verbinden, Frieden schliessen (vgl. den Gegensatz *aralari čozük* = ihr Verhältniss ist locker, aufgelöst, d. h. sie sind in Feindschaft); ***beklik*** = Härte, Festigkeit; ***bog*** = Knopf, Knoten, Knöchel, Schnur; ***bogmak*** = binden, würgen; ***bogulmak*** = sich würgen, ertrinken; ***bogau*** = Handfessel; ***bogra*** = Halsfessel; ***bokagu*** = Fessel, Fusseisen; ***bogun, bogum, bogdak*** = Knoten, Ast, Knospe, Bündel; ***bögüt*** = Knopf, Knorren; ***bögeöl, bükeöl*** = Arrièregarde (d. h. Schluss eines Zuges); ***böket*** = Damm; ***böketmek*** = einen Damm legen.

osm. ***bag, baglamak, bogmak, bogum*** (wie oben); ***pek*** = hart, fest, sehr; ***bogča*** = Bündel.

jak. ***bagatsi*** = Fischernetz (vgl. ***il*** = knüpfen, binden und ***ilim*** = Netz); ***bögö*** = fest, stark; ***bögök*** = Armband; ***bögük*** = guten Muthes (vgl. uig. *bök*); ***bögörgöl*** = befestigen; ***bugut*** Heuschober.

kk. ***bak, bag*** = Strick, Riemen; ***baglarmen*** = binden; ***bokse*** = Kehle, Gurgel; ***bektarmen*** = befestigen.

alt. ***püktö*** = befestigen, umschliessen; ***pükö*** = stark, männlich.

II. *—j, v*

(nebst gänzlichem Verschwinden des Kehllauts).

uig. ***bamak*** = schliessen, binden.

čag. ***baj*** = Band, Zauber; ***baflamak*** = bezaubern; ***bajgin*** = ohnmächtig, bezaubert (gebundener Sinneskraft).

trk. *bāju*, *büjü* = Zauber; *büjülemek* = bezaubern.

osm. *baali* = gebunden, bezaubert (*bagini čözmek* = den Zauber lösen).

jak. *bai*, *bajabin* = binden, verbinden; *bā* = Gewalt, Zwang (Band?); *bājilin* = gebunden werden; *bālā*, *bāliбin* = zwingen (binden?); *balai* = blind (vgl. *soḳ* = eng, dicht, fest und *soḳur* = blind).

alt. *pu* = Strick, Band, einen Fluss dämmen; *puuḳ* = Damm.

čuv. *püv* = eindämmen; *püve* = Damm.

In Berücksichtigung des Verhältnisses zwischen dem deutschen Geschenk und Angebinde wäre ich geneigt, das čag.-osm. *bagišlamaḳ* = schenken, sich gegenseitig binden (mittelst Geschenken) hierher zu rechnen. Demnach müsste das neupers. *bachšiden* = schenken und das osm. *bachšiš* = Präsent als entschieden türkischen Ursprungs betrachtet werden.

Aus *bog*, *bög* ist nach stattgefundener Nasalirung des gutturalen Auslauts *bong*, *böng*, *beng*, *bonž* entstanden, mit der Bedeutung von Knopf, Knoten, Knospe, Koralle, Korn, Muttermal u. s. w. So:

čag. *bonžuḳ*, *monžuḳ* = Koralle, Knauf, Fahne; *bündük* = Knospe, Knoten; *burč* = Pfefferkorn, Pfeffer; *burčaḳ* = Erbsenkorn, Erbse; *meng*, *beng*, *möng* = Korn, Fruchtkorn, Muttermal, Zeichen.

osm. *beñ* = Fleck, Muttermal; *beñekli* = mit Flecken oder Sprossen versehen.

jak. *mün* = Geburtsflecken.

kir. *muḳ*, *mug* = Korn, Fleck. Vgl. čag. *karamuḳ* = schwarze Beere; *kizamuḳ* = rothe Flecken, Masern; magy. *mag* = Korn, Kern.

205.

Baj, bat, bej, bet, bij, bit, boj, bot, böj, böt, baš, beš, boš, böš, *hoch, erhaben, reich, angesehen; Haupt, Oberhaupt, Anfang, Höhe, Wuchs, Gestalt; hoch werden, wachsen.*

Diese in der Lautveränderung ganz regelmässige Stammsilbe ist auch in der Entfaltung des Begriffskreises eine der schönsten und merkwürdigsten. Die Verschiedenheiten der verwandten Begriffe sind nach dem inlautenden Vocale ausgedrückt, was uns jedoch nicht verhindert, die Familienzweige nach dem Auslaute einzutheilen.

I. —*j*, *g*.

uig. ***baj*** = reich, wohlhabend, Prinz; ***bajumak*** = reich werden; ***bajitmak*** = bereichern; ***bajat*** = Gott (der Bereichere, der Allerhöchste?); ***beg*** = Fürst; ***bejlik*** = Herrschaft.

čag. ***baj*** (wie oben); ***bajmak*** = reich und gross werden; ***bajlamak*** = herrschen; ***bajurmak***, ***bujurmak*** = beherrschen, gebieten, befehlen; ***bajat***, ***bijat*** (wie oben); ***baja***, ***bajak***, ***bajir*** = alt, angesehen (eigentl. hochgewachsen).

kir. ***baj*** = reich, Gemahl, erstgeboren (*baj bese* = erstgeborenes Kind).

kaz. ***bajar*** *(russ. bojar)* = Hofmann, Magnat; ***bajdag*** = reichlich, hinreichend.

jak. ***bai*** = reich; ***bai***, ***bajabin*** = reich werden; ***bi*** = älterer Bruder.

kk. ***bai*** = reich; ***big***, ***bik*** = Herr, Stammführer.

osm. ***baj*** = reich; ***bajir*** = hoch, Höhe; ***bej***, ***beg*** = Fürst; ***bajat*** = alt; ***bujurmak*** = befehlen.

alt. ***pai*** = reich; ***pailak*** = reichlich.

čuv. ***pojan***, ***pujan*** = reich.

Während das inlautende *a*, mit Ausnahme des Čuvaschischen, vorliegenden Begriff sowol in concreter als auch in abstracter Form ausdrückt, finden wir mit dem inlautenden *o* und *ö* vorzugsweise Höhe, Länge, Wuchs und Gestalt bezeichnet. So:

čag. ***boj*** = Gestalt, Länge, Wuchs; ***boj***, ***böj*** = Gras, Gewächs (eigentl. das in die Höhe Kommende); ***bojun***, ***mojun*** = Nacken (eigentl. eine Bezeichnung für den hohen, langen Theil auch anderer Körper und Gegenstände); ***böjük***, ***bijik*** = hoch, erhaben; ***böjümek***, ***bijimek*** = wachsen, hoch werden.

kaz. ***boj*** = Gestalt, Person (*bojum* = ich selbst); ***bojat*** = Holfter (vgl. čag. *bojbag* = Kravatte, Halsbinde).

osm. ***boj*** (wie oben); ***bojlu*** = hoch; ***büjük***, ***böjük*** = gross; ***büjmek***, ***böjmek*** = wachsen; ***bijik*** = Schnurrbart [1]).

jak. **bäjä** = Gestalt, Statur.
čuv. **pü** = Wuchs, Höhe, Vollkommenheit.

II. —*s*, *š*, *z*.

uig. **baš** = Haupt, Anfang, Spitze; **baša**, **bašru** = aufs neue; **böšütmek**, **böšütmek** (von *bašetmek*) = führen, leiten (das Oberhaupt machen); **bašči** = Anführer, Leiter.

čag. **baš**, **baškarmak**, **bašarmak** = leiten, führen; **bašlamak** = anfangen; **bašak**, **mašak** = oberster Theil eines langen Körpers, Aehre, Pfeilspitze, Anfang.

osm. **baša**, **bešc** = Oberhaupt (letzteres Titel angesehener Dorfbewohner in Anatolien); **bašķa** = wieder (aufs neue, anfänglich).

jak. **bas** = Haupt, Kopf; **basïlïk** = der Angesehenste; **basta** = vorangehen; **basïi** = behaupten, überwinden (vgl. osm. *baša čikmak* = überwinden).

alt. **paš** = Haupt; **pašta** = anfangen; **paškar** = leiten, führen; **paštañi** = erster, vorderster; **paza** = aufs neue.

čuv. **pos**, **pus** = Kopf, Anfang, Aehre; **pos'nc** = anders, ausser; **pižik** = hoch, gross (vgl. *bijik*).

kk. **baš** (wie oben); **basa**, **bazük** = aufs neue, wieder.

III. —*t*, *d*.

uig. **batuk** = hoch, erhaben; **batiz** = hoch; **batumak** = hoch oder mächtig werden; **batir** = mächtig, angesehen (vgl. čag. *bajir* u. s. w.); **bot** = Wuchs, Gestalt, Höhe [2]); **bötük** = erwachsen, hoch; **bötmek** = wachsen, aufkommen.

jak. **bïtik** = Bart; **bïtirdirä** = wachsen, hervorkommen.

kk. **bedek**, **büzük** = hoch.

Anmerkung 1) Die Verwandtschaft des osm. **bijik**, jak. **bïtïk** (im čag. *burut* = Schnurrbart scheint das ursprüngliche *j* in *r* verwandelt zu sein), mit **boj**, **büj** (hoch, erwachsen, alt) wird nur dann hinlänglich erklärt, wenn wir auf die Wichtigkeit hindeuten, welche der Schnurrbart bei fast allen turko-tatarischen Völkern als Zeichen der Virilität und Grossjährigkeit besitzt. So heisst es im osm. *bijikli oglan* = ein herangereifter Jüngling. Vgl. ferner das Fest des *Burut kesimi* = Schnurrbartschneiden bei den Kirgisen,

13*

eigentlich ein Zustutzen des Schnurrbartes, wodurch der Jüngling für grossjährig erklärt wird.

Anmerkung 2). Mit Hinblick auf die Bedeutung von ***boj, bot*** (Gras, Gewächs im Allgemeinen) wäre ich geneigt anzunehmen, dass ***ot*** = Gras, Pflanze vom letzterwähnten uigurischen Worte stamme, nachdem es den labialen Anlaut verloren. Vgl. ***bile — ile*** (mit); ***bol — olmak*** (sein); ***bölüš — ölüš*** (Antheil) u. s. w.

206.

Bak, bek, anschauen, schauen, bewachen.

uig. ***bakmak*** = Acht geben; ***bakni*** = achtsam, wach; ***bakši*** = Aufseher, Seher, Prophet, Dichter, Priester; ***baklamak*** = umherschauen.

čag. ***bakmak*** = Acht geben, pflegen; ***bakinmak*** = gehorchen (eigentl. sich zuwenden); ***bakaul*** = Aufseher, Mundschenk.

osm. ***bakmak*** = sehen; ***beklemek*** = warten, beobachten (vgl. čag. *karab turmak* = warten, wörtlich: zusehend stehen); ***bekči*** = Wächter.

alt. ***pak*** = sich zuwenden, sich unterordnen, gehorchen (vgl. čag. *bu kul mangga bakadur* = dieser Sklave gehorcht mir).

čuv. ***pik*** = anschauen, sehen; ***pikni*** = Aufsicht.

Bei genauer Betrachtung der Grundbedeutung dieser Stammsilbe, namentlich aber bei voller Würdigung des ursprünglichen Werthes derselben muss unter ***bak*** nicht so sehr die Handlung des Sehens, Schauens als die des Sichzuwendens, Sichangezogenfühlens verstanden werden. Vielleicht steht ***b*** in irgendeinem Zusammenhange mit *bak* = Band, *bakinmak* = gehorchen, d. h. sich binden, sich anhängen, und ein derartiger Zusammenhang würde eine solche Annahme einigermassen rechtfertigen.

Aus demselben Grunde wäre ich auch geneigt, in ***bak, bek*** = Sehnsucht, Wunsch, Verlangen den Grundbegriff des Gebunden- oder Angezogenseins zu irgendeinem Gegenstande zu statuiren. Berechtigung dazu gibt wol der jetzige Gebrauch der betreffenden Wörter in den verschiedenen Turksprachen, wie:

uig. ***bakarmak*** = wünschen, verlangen; ***bak*** = Sehnsucht, Lust, Verlangen.

jak. ***bagar*** = mögen, wollen, wünschen; ***baga*** = Lust, Verlangen; ***bagard*** = reizen, anziehen (wünschen lassen); ***bagalak*** = auf etwas versessen sein.

osm. ***begenmek***, ***bejenmek*** = Wohlgefallen finden (wörtlich: sich anbinden).

alt. ***pakatli*** = sich gefesselt oder angezogen fühlen, einen Wunsch oder Verlangen haben; ***pakatllu*** = anziehend, Wunsch erregend.

207.

Bal, bel, böl, ol, öl, ül, üj, zerhauen, zertheilen, spalten; Theil, Antheil, Mass.

I. *b, p, v*—.

čuv. ***vala*** = Theil; ***valajas*** = in kleine Theile zertheilen, zerbröckeln; ***pül*** = abtheilen, eintheilen.

alt. ***pöl*** = theilen; ***pölgüš*** = Abschnitt, Theil.

kk. ***bâlak*** = Wunde (Einschnitt; vgl. ***jarmak*** = zerspalten und ***jara*** = Wunde); ***baltá*** = Axt.

čag. ***balta*** (wie oben); ***bel*** = Haue; ***belo***, ***bejlo*** = ein steinerner Keil zum Spalten des Holzes; ***belemek*** = umhauen, aushauen; ***bölmek*** = theilen, zertheilen; ***bölek*** = abgesondert, ausser, Abtheilung, Theil; ***bölüm*** = Abtheilung; ***bölüšmek*** = untereinander theilen.

II. *o, ö, ü*—.

uig. ***ol***, ***öl*** = Mass, Theil, Antheil, Los, Schicksal (vgl. arab. قسم = theilen und قسمت = Schicksal); ***ölemek*** = betheiligen, schenken; ***ölek*** = Antheil; ***ölüš***, ***ülüš*** = Abtheilung, Volksstamm.

čag. ***öléek*** = Mass; ***üleš***, ***ölüš*** = Escadron, Antheil; ***olča*** = Beute, eigentl. Antheil an der Beute; ***ölke***, ***ülke*** = Provinz, Eintheilung eines Landes.

osm. ***ölčü*** = Wage; ***ölčmek*** = messen, wägen.

kaz. ***ülkü*** = Mass, Muster; ***ülkülmek*** = nach Muster schneiden.

jak. *üllür* = theilen; *üläzerben* = sich theilen; *üllü* = Theil; *uoltsas* = Mass halten, die Zeit einhalten.

alt. *üle* = theilen, *ülü* = Antheil.

In der letztgenannten Form vorliegender Stammsilbe verwandelt sich das auslautende *l* in *j* und wir erhalten:

alt. *üje* = Glied, Theil, Vers; *üjele* = zertheilen, zergliedern.

čag. *üje* = Glied, Körpertheil.

208.

Bal, bol, bel, bil, hin- und herbewegen, schaukeln, schütteln, rühren, mischen, hin- und herwerfen, streuen, zerstreuen.

uig. *balinglamak̦* = sich schaukeln, sich bewegen (hin und her).

čag. *balga* = Schwingkeule, Dreschflegel; *balgalamak̦* = den Dreschflegel schwingen; *bolgamak̦*, *balgamak̦*, *bulamak̦* = mischen, aufrühren, aufwühlen; *bolaśmak̦*, *bulaśmak̦* = sich bestreichen, sich beschmieren; *belemek* = schleifen, wetzen, hin- und herziehen; *beleklemek* = walken, wälzen; *belek* = Walke, Walze; *belšik*, *belčik* = Wiege, Schaukel; *balčik̦* = Koth (eigentl. Maische, Mischmasch).

osm. *belinlemek* = schwanken, taumeln; *billemek* = schleifen, wetzen; *bešik* (vgl. čag. *belčik*) = Wiege.

jak. *biliü*, *bilibin* = schaukeln; *bula*, *bulabin* = mischen; *bulan* = sich vermengen.

kk. *bulgirben*, *bulkarmen* = beschmieren.

alt. *pulga* = umrühren, mischen; *pulgaak* = Aufruhr, Wirrwarr.

čuv. *pilčik* = Koth.

kir. *boltramak̦* = stolpern, taumeln; *boltak̦* = holperig.

An das kir. *boltramak̦* reiht sich noch das čag. *botramak̦* = zerstreuen, zerstäuben; *botrati* = Verwirrung, Aufruhr; ferner das čuv. *putrat* = durcheinander werfen, vermischen; *pudu* = Brei und *pudurmak* = Revolte.

209.

Bar, var, haben, sein, existiren, Vermögen, Sammlung.

čag. *bar* = es ist, es gibt, er hat; *barluk̦* = das Sein, das Haben, die Existenz; *barlig* = reich; *barim*, *barum* = Vermögen, Vieh (vgl. arab. *mal* = Vermögen und Vieh, slaw. *lichwo* = Vieh und Ertrag); ***barumtai***, ***baranta*** (kirg.) = Besitznahme von Vieh, Raubzug (Budagow nach dem über geogr. und statist. Materialien der kirgisischen Steppe veröffentlichten Aufsatze von Grigoriew); ***bari***, ***barča*** = alle, insgesammt.

osm. ***var*** = es ist, es gibt; ***varim*** = Gut, Habe; ***varlik*** = Besitz, Existenz.

jak. ***bar*** = Dasein, vorhanden sein; ***barï*** = all, ganz.

alt. ***par*** = sein, Existenz.

kk. ***barba*** = Ranzen (zusammengepackte Habe); ***brai***, ***berai*** = alle.

čuv. ***por*** = sein, existiren; ***poru*** = leben, sich befinden; ***pornis*** = Leben, Sein, Existenz.

210.

Bar, *var*, *gehen*, *wandeln.*

čag. ***barmak*** = gehen; ***barišmak*** = sich aussöhnen (zueinander gehen), Frieden schliessen; ***barkuluk*** = Zufluchtsort (wohin man zu gehen hat); ***barlamač*** = ungesäuert (nicht aufgegangen); ***barlamak*** = versuchen (etwas angehen); ***bariš*** = Weise, Manier (Gang); ***barik*** = Menage (Gang).

osm. ***varmak*** = gehen; ***bariš*** = Friede; ***barištirmak*** = versöhnen (machen, dass einer zum andern geht); ***bark*** *(ev barki)* = Haushaltung (Gang des Hauses).

jak. ***bar***, ***barabin*** = gehen, fortgehen.

kk. ***barerben*** = gehen.

čuv. ***pir*** = gehen, schreiten, anlangen; ***pirat*** = gehen lassen.

Ob nicht etwa im gegenseitigen Verhältnisse zwischen ***jorumak*** = gehen und ***jorumak*** = ermüden auch das des čag. ***harmak*** = ermüden und ***varmak*** = gehen eine Aufklärung findet?

Seiner Urbedeutung nach muss ***barmak*** nicht mit gehen, schreiten, wandeln, sondern mit fortgehen, vorwärtskommen, fortschreiten übersetzt werden, und die Stammsilbe ***bar*** hängt im selben Masse mit ***bor***, ***bar*** = vorwärts, zuvor zusammen wie etwa das jak. ***mannai*** = zuvor und das čag. ***mangmak*** = fortgehen, franz. *avant* und *avancer*. Aus diesem Grunde nehmen wir daher keinen Anstand, als hierher gehörig zu bezeichnen:

ćag. ***borun***=zuerst; ***borunḳi***=erster, vorderster; ***bornaśmaḳ***= zuvorkommen; ***borun***, ***burun***, ***murun***=jeder vorstehende Theil, als: Nase, Vorgebirge, Spitze. So: ***burnuni ḳirmaḳ*** =abstumpfen, die Spitze abbrechen, erniedrigen.

osm. ***burun***=Nase, Vorgebirge; ***barmaḳ***, ***parmaḳ***=Finger.

jak. ***barin*** = kurz zuvor, vor einiger Zeit; ***murun*** = Nase; ***muran***=grosser Erdberg.

kk. ***bar*** = der obere (vordere Theil) des Pelzes; ***burungo***= der frühere; ***burnirben***=vorangehen.

211.

Bat, baj, bas, *nieder, niedrig, gemein, unten, untergehen, sinken, untersinken, niedergehen, drücken.*

I. —*j*.

uig. ***bajiḳ***=nieder, gemein, eitel; ***bajiḳliḳ***=Vergänglichkeit, Gemeinheit.

ćag. ***bajag***=niedrig, gemein.

osm. ***baja***=niedrig, gemein; ***bajalik***=Gemeinheit.

II. —*s*, *t*.

uig. ***batiḳ***, ***basiḳ***=nieder, niedrig; ***basmaḳ***=drücken, niederdrücken; ***batmaḳ*** = untergehen, einsinken; ***batrumaḳ*** = unterdrücken; ***batar***=West, Sonnenuntergang.

ćag. ***basmaḳ***, ***batmaḳ***, ***basiḳ*** (wie oben); ***batiḳ***=was dem Untergange nahe ist; ***batu***, ***batiś***=Untergang; ***batḳamaḳ***=einsinken; ***batḳaḳ***=Morast; ***basti***=das Drücken (***al basti***= falsches Drücken, Alpdrücken); ***baskić***=Treppe.

osm. ***basmaḳ***=drücken, jemand auf die Spur kommen (***basḳin vermek***=sich erreichen lassen, erreicht werden); ***bataḳ***= eitel, Verlust, Sumpf; ***bataḳći***=Lump.

jak. ***bat***, ***batabin***=treiben, verfolgen (vgl. osm. ***basmaḳ***); ***batar*** =hineingehen machen; ***batis***=verfolgen; ***battä***=drücken, bedrücken; ***battl***=Druck.

kk. ***batarmen***=herabgehen, stromabwärts fahren; ***basarmen***= treten, drücken (vgl. ***tap***=nieder und treten in § 172).

čuv. ***pos*** = treten, drücken; ***pozin*** = sich erniedrigen, etwas in sich unterdrücken; ***pot*** = sich vertiefen, untergehen.

Lautlich sowol als begrifflich verwandt ist mit vorliegender Stammsilbe noch ***boś, boz*** = Leere, Nichtigkeit, Zerstörung, das wir jedoch in Anbetracht des selbständigen Begriffskreises separat anführen.

212.

Ber, bir, ver, vir, geben, schenken.

čag. ***birmek, birgu***
osm. ***vermek, vergi*** } = geben, schenken, Gabe, Abgabe.
kk. ***bêrmen***

jak. ***biär, biärübin*** = geben, hingeben, überlassen; ***bärik, biäri*** = Gabe, Geschenk (die lautliche Analogie in *ber, bir, bär, biär* = geben ist auch im čag. *beś, biś*, jak. *büs, biäs* = fünf vorzufinden); ***bärin*** = sich übergeben.

čuv. ***par*** = geben; ***parne*** = Gabe; ***parim*** = Abgabe, Schuld; ***parimla*** = Schuldner.

ber drückt fast in sämmtlichen Sprachen den Begriff von zugeben, sich begeben, lassen, gestatten aus. So: *gide ver* = begib dich zum Gehen.

213.

Berk, bert, fest, Mark, hart, gut.

uig. ***berk*** = sehr, fest, befestigt; ***berklemek*** = befestigen.
az. ***berk*** = hart, fest; ***berkitmek*** = härten.
jak. ***bärkkii*** = sehr, gut; ***bärd*** = vorzüglich.
kk. ***bert*** = kühn, tapfer.
čuv. ***parga*** = fest, gesund.

Ob und wie ***berk*** zu ***bek, pek*** (sehr, hart) sich verhält, kann vorderhand nur als Frage hingestellt werden.

214.

***Bil*, *bel*,** *der dünne Theil eines Körpers, Mitte, Lende.*

(Die Bezeichnung des untern Theils eines Körpers ist identisch mit dick, plump; so: ***kund*** = dick, ***kundag*** = Schaft.)

ćag. ***bil*, *bel*** = Lende, Mitte; ***bilek*** = Unterarm, Handgelenk; ***bilbag*** = Gurt, Gürtel; ***bilekeik*, *bilezik*** = Armband; ***bilekći*** = Fussschelle, Fessel; ***pilte*** = Docht (Mitte des Lichts).
osm. ***bel*** = Lende, Mitte.
jak. ***bil*** = Taille; ***bilsäk*** = Fingerring.
kk. ***bel*** = Gürtel.
ćuv. ***pilik*** = Lende.

215.

***Bil*, *bel*,** *wissen, kennen, bezeichnen; Zeichen, Marke.*

uig. ***belmek*, *bilmek*** = wissen, kennen; ***belkü*** = Zeichen, Spur; ***belkülemek*** = bezeichnen; ***belküsüz*** = spurlos; ***bilik*** = Wissen, Kenntniss, Meinung; ***bilge*, *belge*** = weise, klug.
ćag. ***bilmek*, *belgü*, *bilik*** (wie oben); ***bilgürtmek*** = zu wissen thun, bekannt geben; ***bilgülük*** = bekannt, gekennzeichnet.
osm. ***bilgi*** = Kennzeichen; ***bellemek*** = auswendig lernen, aufmerken; ***belletmek*** = bezeichnen; ***biliš*** = Wissen.
jak. ***bil*, *biläbin*** = kennen, erfahren; ***bilis*** = Bekanntschaft machen; ***bilsär*** = Bekannter; ***billiä*** = Zeichen; ***billiälä*** = bemerken; ***billük*** = Geschenk (eigentl. Merkmal, Erinnerung, und hat demzufolge nichts gemein mit ***bölek*** [Theil, Antheil], wie Böthlingk vergleicht).
ćuv. ***pil*** = wissen, verstehen; ***pildir*** = zu wissen thun; ***pallä*** = Zeichen, Merkmal, erkennen; ***palluturan*** = Bekannter.

Die ältere Form scheint *pal*, *bal* und *pel*, *bäl* zu sein. Die concrete Bedeutung der Stammsilbe ist einschneiden, einhauen, d. h. mittelst Einschneidens oder Kerbens etwas bezeichnen. Einen ähnlichen Ideengang zeigen die türkischen Sprachen in ***jar*** = spalten und ***jar*, *jaz*** = schreiben, in ***sür*** = ätzen und ***sür*** = Schrift, Zeichen (vgl. Anmerkung *) in § 159), in ***bić*** = schneiden und ***bitik*** = Schrift. Dem abstracten wissen, kennen liegt daher das concrete Merkmale machen zu Grunde.

216.

Bir, ein, einigen, sammeln.

uig. ***bir*** = ein; ***birik, birek, birkin*** = einzeln, allein; ***birikmek*** = einigen, versammeln; ***biriśmek*** = sich einigen.
ćag. ***bircö*** = einer, jemand; ***birge*** = zusammen, vereint; ***birgepmek*** = sammeln, anhäufen; ***birikmek*** = vereinigen.
osm. ***bir, birikmek*** (wie oben); ***birle*** = vereint, mit.
kk. ***ber*** = ein.
jak. ***bir*** = ein; ***biris*** = erster; ***birgü*** = zusammen.

217.

Bić, bis, bit, bes, bet, schneiden, zerschneiden, einschneiden, graviren, schreiben, zeichnen; Einschnitt, Zeichen, Schrift, Aussehen, Gesicht.

uig. ***bićek*** = Messer, Schnitzer.
ćag. ***bićmek, bićmak*** = schneiden, sägen; ***bićim*** = Schnitt, Zuschnitt, Form; ***bićimli*** = schön geformt; ***bićak, bićki*** = Messer, Säge; ***boćak, poćak*** = Rinde eines Baums oder einer Frucht (nur im abgeschälten Zustande); ***pućuk*** = nasenlos, einäugig (eigentl. verstümmelt, vgl. ***ćonak, sonak*** § 165); ***bućmak, bućkak*** = Zipfel, Winkel (eigentl. der vom Ganzen abgeschnittene, abgesonderte Theil); ***biz, bis*** = Ahle.
osm. ***bićmak*** (wie oben); ***bućuk*** = halb, Hälfte; ***bućak*** = Winkel, Bessarabien (ein Zipfel des Festlandes).
jak. ***bis, bisabin*** = schneiden; ***bisā*** = trennen; ***bisak*** = Messer; ***bisagas*** = Hälfte; ***bisan*** = befreit oder erlöst werden (von etwas abgeschnitten oder getrennt sein; vgl. dessen Juxtaoppositum ***bisabaćl*** = vollkommen, d. h. nicht getrennt); ***bisi*** = Schnitt, Gestalt; ***bistalā*** = zerschneiden; ***bisīn*** = Zeitabschnitt (vgl. ćag. ***ćak, ćag*** = Zeit, Zeitabschnitt und

ćakmak=schneiden); *bičigün*=sehr klein (vgl. *kismek*= schneiden und *kičik*=klein).

kk. *bit'ak, bisük*=Messer; *bit'erben*=zuschneiden; *bit'e, bit'i* =klein, wenig; *bis, bes*=Ahle.

ćuv. *pičik, piččik*=klein; *piččen*=einzeln.

Wie wir bei *sür* (§ 159) und *jar* gesehen, dass aus dem Grundbegriff des Schneidens, Einschneidens die Bezeichnung für zeichnen, schreiben, malen *) und daraus weiter Gemälde, Verzierung, Aussehen, Gesicht entstanden ist, so werden wir ein ganz ähnliches Verhältniss der Sinnesrichtung bei *bič, bis, bit* wahrnehmen, und zwar:

a) *bit, bet, bič, beč,* zeichnen, schreiben.

uig. *beček, bičik*=Schrift.

alt. *piči* = schreiben; *pičik*= Buch, Schrift; *pet*= Zeichen, Gesicht.

ćag. *bet*=Gesicht, Aussehen, Kennzeichen; *bitmek, petmek*= schreiben (eigentl. zeichnen, Zeichen machen); *petek* = Brief, Schrift, Urkunde; *bećek, pećek*=Zeichen, Merkmal, Muttermal.

kaz. *beti, biti*=Amulet (eig. Schreiben; vgl. magy. *betü*=Schriftzeichen).

jak. *bit*=Anzeichen.

ćuv. *pit*=Gesicht, Gesichtsbildung.

b) *bič, bis, bes,* schmücken, zieren.

uig. *besmek, bezmek*=zieren; *besük*=Schmuck, Zierde.

ćag. *bežek, bezek*=Zierath; *bežekči*=Putzwaarenhändler.

osm. *bezemek*=herrichten; *bezek*=Putz.

jak. *bičik*=Verzierung, Muster.

---

*) Einschneiden oder kerben ist noch heute bei Turaniern und andern primitiven Völkern die erste Schreibweise.

218.

Biś, buś, büś, boś, *sieden, kochen, braten, aufwallen, zürnen, böse sein.*

(Lautnachahmung des zischenden Tons beim Kochen, Sieden und Braten.)

uig. ***biśmek*** = kochen, sieden, reif werden (vgl. pers. *puchte* = gekocht, gebraten, reif); ***piśik, biśik*** = reif; ***bośmak*** = aufwallen, zürnen; ***bosu, bośu*** = Zorn, Groll; ***bośiś*** = das Zürnen; ***bośikli*** = der Aufgeregte (vgl. *kiz* = glühen und zürnen).

čag. ***biśmek, piśmek*** (wie oben); ***bośmak, bośukmak*** = in Zorn gerathen; ***bośukturmak*** = zürnen, in Wuth bringen.

kaz. ***bośanmak*** = zürnen.

kir. ***pülsmek, pismek*** = kochen, braten, aufwallen.

osm. ***piśmek*** = kochen, braten, reif werden.

jak. ***bus*** = reif werden; ***busar*** = kochen.

čuv. ***piś'*** = aufwallen, sich ereifern, zürnen; ***pizer*** = kochen, backen.

An ***boś, buś*** = kochen reiht sich ***boz, bor***, die Stammsilbe für gären, sieden, an, woraus ***boza, bozu***, uig. ***bor*** = ein mittelst Gärung erzeugtes Getränk (Wein, Most) entstanden ist.

219.

Bit, büt, büz, *Laus, Wurm, Käfer (Ungeziefer).*

čag. ***bit, büt*** = Laus (osm. *tachta biti* = Wanze, d. h. Bretlaus; *koj biti* = Zecke, d. h. Schaflaus; *budaj biti* = Kornlaus); ***büt*** = Wurm (*kagaz bütü* = Motte, d. h. Papierwurm); ***bütček, büček, müček*** = Käfer.

osm. ***bit, böžek*** (wie oben; so: *sümükli böžek* = Schnecke, d. h. geifriger Käfer; *jildiz böžegi* = Johanniskäfer, d. h. Sternkäfer).

jak. ***bit*** }
kk. ***bét*** } = Laus.

220.

Boj, *bot*, *Farbe*, *Röthe*, *Blut.*

uig. ***botuk̦***, ***butak̦***=Farbe; ***botak̦lamak̦***=färben, röthen.
čag. ***bojak̦***=Farbe; ***bojak̦či***=Maler, Färber; ***boj***=Menstruum.
jak. ***butui***=roth färben.
osm. ***boja***=Farbe; ***bojamak̦***=färben.
alt. ***puduk***, ***poju***=Farbe; ***pojo***=färben.

Mit ***bot***, ***boj*** scheint auch osm. ***bok̦***=Unflat verwandt zu sein, dessen Grundbedeutung daher nicht *excrementum*, sondern Schmiere sein würde. Ein analoges Verhältniss findet sich im magy. ***fosni***=*cacare* (osm. ***fišk̦i***=Dünger) und ***fösteni***=färben, malen. Viel wahrscheinlicher jedoch dünkt mir der Zusammenhang mit ***böt***=Hülle, Bedeckung (§ 229); denn was Curtius in seiner „Griechischen Etymologie", 1, 92, sagt: „Die Farbe fasst die Sprache als Decke auf, denn wie *color* mit *celare*, *oc-cul-ere*, so hängt sanskr. *varna-s (color)* mit der Wurzel *vr*=bedecken, verhüllen, griech. χρῶμα mit χρώς=Haut zusammen", kann auch hier mit Recht bei ***bot—böt*** seine Anwendung finden.

221.

Bor, *mor*, *boz*, *moz*, *bos*, *weisslich*, *grau*, *gräulich*, *falb.*

čag. ***bor***=weisslich, Kreide; ***borul***=grau, aschgrau; ***borlamak̦***=weissen, weiss übertünchen; ***boz***=grau, gräulich, falb; ***bos***, ***bus***=die gräuliche Farbe der Luft, Nebel.
osm. ***boz***, ***mor***=grau, weisslich (*mosmor*=ganz grau); ***pus***=grau, nebelig, Nebel.
alt. ***poro***=grau; ***purul***=gräulich.
jak. ***boroñ***=schwarzgrau (von Pferden); ***borolk̦oi***=grau, dunkel, trübe; ***boruor***=Dämmerung.
kk. ***bora***=schwarzgrau.

Ob ***bora***, ***bura***, ***burajan***=Sturm, Gestöber, indem wir darunter eine Bezeichnung der dunkeln, grauen Atmosphäre muthmassen, hierher oder zu ***bör***, ***bur*** (§ 228)=verdunkeln, verhüllen gehört, oder ob beide Stammsilben miteinander verwandt sind, muss vorderhand unentschieden bleiben. Um so sicherer aber ist es, dass **buz, mus, muz** = Eis, Frost in diese Wortfamilie gehört, da der Grundbegriff mehr auf die Farbe als auf den Gegenstand selbst anspielt. Vgl. osm. *ķir* = grau und *ķirau* = Reif, Frost; franz. *gris* und *grêle*; magy. *dér* = Reif und *deres* = gräulich, *derül* = es graut, schliesslich das deutsche eisgrau.

222.

Bos, bot, boć, boś, leer, wüst, öde, verlassen, verwüstet, verdorben, zerstört.

uig. **boś** = leer, wüst, eitel; **bośurmaķ** = loslassen; **bośatmaķ** = leeren, ausleeren; **bosuķ, busuķ** = Wüstenei, Ruine, Zerstörung; **busmaķ** = zerstören.

ćag. **boś** = leer, locker, schwach; **bośang** = feig, muthlos; **bośuķmaķ** = sich betrüben, Langeweile haben; **bośuķ** = betrübt; **bośamaķ** = loslassen, schwach werden; **bozmaķ, puzmaķ** = zerstören, auflassen, verlassen; **bosmaķ** = Haus und Hof verlassen; **bozgun** = verwüstet; **bosu, bosķu, busķu** = Hinterhalt (eigentl. Zurückgezogenheit); **busķući** = Spion; **poć, buć** = dumm (eigentl. leeren Gehirns).

osm. **bośatmaķ** = entlassen, ausleeren; **bozulmaķ** = sich verderben, eine Niederlage erleiden; **pusu** = Einsamkeit, Hinterhalt.

jak. **bosko** = frei, ledig, unbelastet.

alt. **poś** = leer, öde; **posto** = klagen.

kk. **bos, bot** = frei, leer; **bôzederben** = freilassen.

ćuv. **poźa** = leer, wüst, öde, unbekannt; **poźat** = ausleeren; **pus** = zerstören.

Mit Verlust des labialen Anlauts (vgl. **böl — öl** = theilen, **bile — ile** = mit) ist aus obiger Stammsilbe entstanden

os, us, uz, ut, übel, schlecht, verdorben, faul, träge. So:

uig. **osuķ, usuķ** = Verderben, Uebel (vgl. *bosuķ, busuķ*); **usal, osal** = träge, faul, feig.

ćag. **usal** = unschön, unlieb, schlecht; **usluķ** = Zersetzung, Revolution.

kaz. *usal* = böse; *usallamak* = verderben.
osm. *usanmak* = Widerwillen haben, sich langweilen; *usanı* = Widerwille, Langeweile.
čuv. *osal* = mager, schlecht.

223.

Bug, bugh, büg, bög, böü, müj, müg,

eine Lautnachahmung gewisser Thiere, als:
brüllen, blöken, wiehern, schreien,
auch die Benennung ähnliche Töne hervorbringender Thiere.

osm. *bügürmek, büjürmek, bughelmek*
čag. *mügremek, müjremek*
kaz. *müjremek*
alt. *möörü*
} = brüllen, blöken, wiehern, schreien.

Ferner osm.-čag. *buga, buka* = Stier; čag. *bugu* = Hirsch; osm. *bugu* = Eule; čuv. *vugur* = Ochse und nach Weglassung des labialen Anlauts *öküz, ögüz* = Ochse (vom veralteten *ögürmek* = brüllen?); čag. *ögü*; čuv. *üge* = Eule u. s. w. Schliesslich sei noch erwähnt, dass *bugh, pugh, puu* als Onomatopöie noch im čag. *pulamak* = blasen (eigentl. puh! machen); *puluman* = Pfeife sich vorfindet. Von ähnlicher Construction ist das čag.-osm. *ofurmak, üfürmek* = blasen, nämlich von *of, uf,* ebenfalls eine Lautnachahmung des Blasens bei den Turkvölkern.

224.

Bug, bugh, buu, *Dampf, Ausdünstung*

(eigentlich eine Lautnachahmung des Dampfens, Blasens; in letzterer Beziehung ist *puu, buu* mit *pulamak* = blasen [vgl. § 223] verwandt).

čag. *bug, mug, buh* = Dampf, Dunst; *buhlamak, buhlumak* = dampfen, dünsten. Ob nicht etwa von letztgenanntem Zeitworte *bulut,* jak. *bılıt* = Wolke, der Urbedeutung nach Dampf, Ausdünstung, abstammt, soll hier nur als Hypothese aufgestellt werden. Eine solche rechtfertigt einigermassen die bei Curtius, „Griechische Etymologie", I, 259, sich vorfindende Zusammenstellung von sanskr. *nabh-as* = Luft; lat. *nubes, nebula;* deutsch Nebel und griechisch νεφ-έλη = Wolke.

225.

But, böt, büt, eine Bezeichnung für runde plumpe Körper und Körpertheile.

ćag. ***put*** = Hüfte, Schenkel, Hinterfuss der Thiere (eigentl. der dicke, fleischige Theil); ***butur*** = Knorpel, Knöchel; ***buta*** = eine runde Staude, Klotz; ***butulak*** = klotzartig, dumm.
osm. ***bodur*** = Knirps, Zwerg; ***budala*** = dumm.
jak. ***but*** }
kk. ***but*** } Hüfte, Lende, Fuss.

put hat im ostturkestanischen Dialekte die Bedeutung von Fuss. Verwandt scheint auch das osm. ***paća*** = Schaffuss und eine Art Waden- oder Fussbekleidung, doch in Wirklichkeit ist dies nicht der Fall, denn *paća* ist eine Verkürzung des pers. *pajće* = Füsschen.

226.

Büt, püt, glauben, vertrauen.

uig. ***bütmek*** = glauben, Zutrauen haben; ***bütći*** = Gläubiger.
alt. ***püt*** = glauben; ***püdüm*** = Glaube; ***püdümćitü*** = gläubig.

Die concrete Bedeutung von ***büt*** ist mir unbekannt, wenn nicht etwa mit *böt, büt* (§ 229) glauben, vertrauen der Begriff des Sichanschliessens, Sichanbindens, sich identificiren lässt. Ebenso unentschieden bleibt vorderhand die concrete Bedeutung des für den Begriff glauben existirenden andern Wortes *inanmak* (§ 43).

227.

Bök, bög, bük, büg, boj, moj, *biegen, wenden, umbiegen, umwenden, winden, krümmen, umlegen, zusammenlegen.*

čag. ***bökmek, bükmek*** = krümmen, biegen, umlegen, flechten; ***bökünmek*** = sich beugen oder bücken; ***böge*** = Bug; ***bökür*** = Buckel, Höcker; ***bökürmek*** = sich hocken; ***bök*** = einhöckeriges Kamel; ***böklüm*** = Locke, Gewinde; ***bögri, bögrü*** = krumm gebogen.
alt. ***pügrük*** = höckerig, krumm.
kir. ***bökbe*** = Seil, Gewinde; ***bökül*** = Krümmung, Falte.
osm. ***bögri*** = Buckel, Krümmung.
jak. ***bügül*** = biegen; ***bügün*** = sich bücken; ***bökčöi*** = sich biegen; ***bökčögör, bakir*** = krumm, gebogen.
kk. ***büktür*** = Hügel.
čuv. ***pük, pügür*** = biegen, krümmen, zusammenlegen; ***pügürl*** = sich neigen.

bök, bög, böj ist, wie schon früher (vgl. § 31) angedeutet, die primitive Form von ***ek, eg, ej,*** respective ***ök, ög, öj,*** welchem es auch in begrifflicher Hinsicht ganz analog ist. Wie dem causativen ***egir, ögür, ejir, öjür*** das mit ***b*** anlautende ***bökür, bögür, bügür, büjür*** lautlich und begrifflich entspricht, so ist dies auch mit ***öür, ör, ür, ûr*** und ***bör, bür, bûr*** der Fall. So:

čag. ***burmak, bürmek (örmek, örümek)*** = wenden, drehen, umkehren, schrauben, bohren; ***bura, buragan*** = Wirbelwind; ***böréck, büréck*** = Locke, Gewinde (vgl. ***örüm*** = Locke, Zopf; ***borulmak, börülmek*** = sich im Kreise bewegen oder drehen.
jak. ***bürčüi*** = die Lippen zusammenpressen; ***bürčüčču*** = faltig.
alt. ***pur*** = drehen, schrauben; ***purmakta*** = sich winden, sich drehen.
čuv. ***pürün*** = sich zusammenziehen.

Die Stammsilbe *bög, böj* u. s. w. ist noch zu erkennen im alt. ***mojruk***; čag. ***majruk*** = krumm, gebogen; ferner im čag. ***mögüz, möjüz, mojnuz***; osm. ***bojnuz***; jak. ***muos***

= Horn, Gewinde, Geweih. Horn ist überdies im Türkisch-Tatarischen eine Bezeichnung für krumme, gebogene Gegenstände und nicht nur für fragliche Körpertheile.

So heisst es im Osmanischen noch heute *egri—bögrü* oder *ejri—böjrü* = krumm, schräg.

Mit *bür* ist verwandt nach Erweichung des auslautenden *r* *büzmek* = zusammenziehen, zudrehen, zuschrauben; jak. *mus* = sammeln, *musun* = sich sammeln; osm. *büzülmek* = zusammenschrumpfen.

228.

Bör, bür, bar, ber, bur, verhüllen, verdecken, überziehen.

čag. *börmek* = bedecken, zudecken; *börük, börk* = Kappe, Kopfbedeckung; *börek* = Sack, Maultasche (Mehlspeise); *börgenmek* = sich bedecken; *börküt* = Schleier; *börünček* = Schleier (vom nicht gebrauchten *börünmek* = sich verhüllen); *baru* (*boru*?) = Haut Fell.

osm. *börmek, bürümek* (wie oben); *börk* = Mantel, Kappe; *burunčak* = Felsenflor.

jak. *bürüi* = verdecken, von oben zudecken; *bürün* = sich mit etwas umhüllen; *bürüö* = Verdeck; *bürgäsä* = Mütze; *bürgäsälä* = mit einer Mütze versehen, trauen (verheirathen, d. h. unter die Haube bringen).

kk. *börben, börmen* = einschliessen; *bürük* = Mütze.

alt. *pürük* = Mütze; *pürlen* = sich bedecken; *pürke* = bedecken.

Bör, bör scheint in lautlicher wie begrifflicher Beziehung mit *ör, ür* (§ 64) verwandt zu sein. Lautlich findet sich der Annäherungspunkt im čav. *vir, vur*, begrifflich im jak. *bürüi* = von oben zudecken. *Bör* kann daher im Vereine mit *vir, vur* eine zweite (nächst der *j*-anlautigen) Primärform fraglicher Stammsilbe sein.

14*

229.

Böt, büt, *binden, sperren, schliessen, vereinigen, sammeln, gesammelt; Haufe, Menge, Volk.*

uig. ***böt, büt, but*** = Zaun, Sperrung, Schloss; ***bötmek*** = verschliessen, sammeln, einigen; ***büte*** = insgesammt (Gegensatz von ***birik*** = einzeln); ***bütün*** = Menge, Volk, alle, insgesammt (vgl. ***bül*** = binden mit ***bütün*** = Volk; ***ilmek*** = binden mit ***il*** = Volk); ***bütni, bütrü*** = gänzlich, im ganzen.

čag. ***bütmek, bitmek*** = fertig werden, ganz werden, sich schliessen; ***bütcü*** = vollkommen, ganz; ***bütkenmek*** = beschliessen; ***bütük, bitik*** = beschliessend, beendend, siech, hinfällig; ***bütünlük*** = Fülle.

osm. ***bütün*** = vollkommen, ganz; ***bitmek*** = enden, vergehen; ***bitirmek*** = beschliessen.

jak. ***büt, bütübin*** = fertig werden; ***bütüi*** = geschlossen, dicht; sich so schliessen, dass keine Oeffnung bleibt; ***bütür*** = beendigen; ***bütün*** = ganz.

kk. ***bütürü*** = alles; ***büdün*** = ganz.

čuv. ***püt, p't*** = beendigen; ***püdüm*** = insgesammt; ***p'tir*** = beendigen.

alt. ***pütti*** = beschlossen, fertig; ***püdün*** = ganz.

Lautlich verwandt ist ***böt, büt*** mit ***bag, bog, boj*** = binden, sammeln und steht am nächsten der letzterwähnten Form, nachdem das auslautende ***j*** in ***t*** sich verwandelt hat.

In begrifflicher Hinsicht muss hierher noch gerechnet werden die Bezeichnung für einige runde, geschlossene, kugelförmige Körper, nämlich § 225.

230.

Buñ, büñ, muñ, müñ, *Mühe, Mühseligkeit, altersschwach, verkommen, abgemattet.*

uig. ***muñ*** = Mühe, Arbeit, Kummer, Trübsal; ***muñalmiš*** = abgehärmt, schwach; ***münmek*** = altersschwach werden.

čag. ***muñ*** = Kummer, Noth; ***muñluk̦*** = betrübt; ***muñalmak̦*** = sich plagen; ***mon***, ***möñ*** = schwach, geplagt; ***monumak̦*** = alt werden.

osm. ***bön***, ***böñ***, ***büñ*** = altersschwach in geistiger Hinsicht, ungefähr das arab. *m'atuh* معتوه; ***buñalmak*** = ermüden, schwach werden.

jak. ***muñur*** = stumpf, ohne Spitze (die Begriffsanalogie von Spitze und Stärke, welche in der deutschen und andern arischen Sprachen sich vorfindet, ist auch im Turko-Tatarischen vorhanden); ***muñ*** = Qual, Mühe, Anstrengung; ***muñna*** = quälen; ***mänär*** = verrückt; ***mänik*** = dumm; ***mun***, ***munubin*** = sich irren.

Es ist höchst wahrscheinlich, dass ***buñ***, ***büñ*** lautlich zu ***bag***, ***bog*** gehört, indem nur der gutturale Auslaut sich in einen Nasallaut verwandelt hat. Erstens ist es nicht besonders schwer, dem Begriffe von Mühe, Kummer und Altersschwäche die Grundidee des Zwanges oder Gebundenseins gegenüberzustellen; zweitens ist das lautliche Verhältniss zwischen ***bag*** und ***muñ*** besonders im Jakutischen gewissermassen hervortretend. So: jak. ***muñka*** = Netz (der Urbedeutung nach ein Gebinde; vgl. *il* § 42); ***munn'us*** = versammeln (zusammenfassen, verbinden).

231.

Maj, *jagh*, *Fett*, *Schmiere*.

uig. ***majunmak̦*** = sich salben, sich schmieren.

čag. ***maj*** = Fett, Schmalz; ***majlik̦*** = fett, geschmiert; ***majlamak̦*** = schmieren.

kir. ***majluk̦*** = Taschentuch, Wischtuch. (Vgl. osm. ***jagh*** = Fett und ***jaghlik̦*** = Taschentuch, Wischtuch.)

In welchem Verhältnisse das osm. ***jagh*** in der Aussprache ***jaa*** zum osttürk. ***maj*** steht, wäre in Anbetracht des fast nie vorkommenden Wechsels zwischen ***m*** und ***j*** wol schwer zu bestimmen, wenn wir nicht etwa der vermittelnden ***v***-Form gedenken, die in einem verwandten Sprachkreise, nämlich im magy. ***vaj*** = Butter sich vorfindet. Die Urbedeutung von ***maj*** ist übrigens nicht Fett, sondern S c h m i e r e, wie dies aus der Verbalform ćag. *malmak̦* = tauken, eintunken, einschmieren ersichtlich ist.

232.

Mak̦, Höhe, Lob, Ruhm; rühmen, loben.

uig. ***mak̦*** = Lob, Ruhm, Auszeichnung; ***mak̦ulmak̦*** = erhöhen, loben, rühmen.

ćag. ***mak̦*** = Ehre, Ruhm (*mak̦i ćik̦k̦an kiši* = ein geehrter Mann): ***mak̦tamak̦*** = rühmen; ***mak̦tanćak̦*** = prahlerisch, der sich selbst lobt.

jak. ***mak̦tai*** = preisen, loben; ***mak̦tagal*** = Lob; ***mak̦tani*** = Dank.

kk. ***mak̦-pas*** = hoher Baumstamm (*pas* = Kopf); ***maktirben*** = loben.

ćuv. ***muk̦ta*** = loben, preisen.

Die concrete Bedeutung von *mak̦* ist, wie aus dem kk. *makpas* ersichtlich; hoch, erhaben. Vgl. magy. *magas* = hoch.

233.

Mañ, meñ, oben, vorderst, zuerst, zuvor sein, vorwärts kommen.

jak. ***mañnai*** = zuerst, Anfang; ***mañi*** = Bevorzugung, Ehreubezeigung; ***manā*** = hüten (eigentl. der vordere sein, an der Spitze stehen).

ćag. ***mañlai*** = vorderster Theil eines Körpers, Stirn (vgl. pers. *piš* = vor und *pišane* = Stirn, vorderer Theil; ferner *öng* = vor und *önglük̦* = Stirn); ***mañmak̦*** = vorwärts kommen, gehen; ***meñiz***, ***mengiš*** = Gesicht (eigentl. Aussenseite, Ansehen, Ansicht); ***mengzemek*** = Gesicht haben, Ansehen haben, ähnlich sein (*mengzemek* ist das osm. *beñzemek* = ähnlich analog).

kir. ***manap*** = Fürst, Graubart, Vorgesetzter (vgl. jak. *manā*).

alt. ***mangta***, ***mengde*** = eilen, zuvorkommen; ***mang*** = Galop.

kk. ***mangzerirben*** = eilen.

An den Begriffskreis von **oben, zuvor** reiht sich die concrete Bedeutung von **hoch, erhaben, in die Höhe gehen, aufsteigen** an, wie wir solche in ***meng, ming, müng*** bei folgender Familie antreffen. So:

uig. ***mengi, mingi*** = hoch, erhaben, ewig, himmlisch, unsterblich (vom veralteten ***meng*** = Höhe, Himmel; vgl. jak. *münge*); ***müngmek*** = aufsteigen, aufsitzen.

jak. ***münge*** = gross, ausgedehnt, unvergänglich, Himmel (vgl. magy. *menny* = Himmel); ***min*** = aufsitzen.

alt. ***möngkü*** = ewig; ***minit*** = Reitthier (ein Thier zum Aufsteigen als Gegensatz zum Zugthier).

čag. ***mengi*** = ewig; ***mengilik*** = Ewigkeit; ***mengülenmek*** = ewig dauern; ***mingmek, minmek, binmek*** = aufsteigen, aufsitzen; ***mingiś, mingel*** = Anhöhe, Höhe, Aufgang.

kk. ***munarmen, münerben*** = aufsitzen, zu Pferde sitzen.

Was den Ideengang dieser Stammsilbe anbelangt, so finden wir eine ganz analoge Entfaltung in *ös, öś, ör* (§ 64). So:

öze, üst — ***mañgnai*** = vorderst, oberst,
üsa — ***mengi*** = Höhe,
örmek — ***mingmek*** = aufsteigen,
jüz — ***mengiz*** = Aussenseite, Antlitz,
alu — ***manglai*** = Stirn.

WORTREGISTER.*

* Vorliegendes Wortregister konnte selbstverständlich nicht auf sämmtliche hier behandelte Theile der turko-tatarischen Sprache sich beziehen. Es ist nur mit Rücksicht auf das Ćagataische und Osmanische und zwar nur mit Anführung der meist vorkommenden Wörter zusammengestellt, und es sind auch nur die wesentlichen Abweichungen der beiden Sprachgebiete, nicht aber solche Verschiedenheiten, wie die zwischen einem harten und weichen Anlaute, z. B. *tolu* — *dolu*, *kelmek* — *gelmek*, berücksichtigt worden. — Die beigesetzte Zahl deutet auf den Paragraphen.

Druck von F. A. Brockhaus in Leipzig.

Zeitfracht Medien GmbH
Ferdinand-Jühlke-Straße 7
99095 Erfurt, Deutschland
produktsicherheit@kolibri360.de